产业组织演进与产权制度变迁的关联研究

胡川 著

WUHAN UNIVERSITY PRESS
武汉大学出版社

图书在版编目(CIP)数据

产业组织演进与产权制度变迁的关联研究/胡川著. —武汉:武汉大学出版社,2007.4
ISBN 978-7-307-05411-0

Ⅰ.产… Ⅱ.胡… Ⅲ.①产业组织—研究 ②产权—经济制度—研究 Ⅳ.①F062.9 ②F014.1

中国版本图书馆 CIP 数据核字(2006)第 163710 号

责任编辑:柴 艺 责任校对:黄添生 版式设计:杜 枚

出版发行:**武汉大学出版社** (430072 武昌 珞珈山)
(电子邮件:wdp4@whu.edu.cn 网址:www.wdp.com.cn)
印刷:湖北省荆州市今印印务有限公司
开本:880×1230 1/32 印张:8.625 字数:213 千字 插页:1
版次:2007 年 4 月第 1 版 2007 年 4 月第 1 次印刷
ISBN 978-7-307-05411-0/F·1027 定价:15.00 元

序

产业组织演进与产权制度变迁作为现代经济理论研究的两个重要方面，近年来各自均取得了一些有解释力和影响力的研究成果，得到学术界和企业界的普遍关注。20 世纪 90 年代以来，伴随着世界经济格局的深刻变化，产业组织演进过程和产权制度变迁过程之间出现了频繁交叉与深度互动的特征，有关学者敏感地察觉到了这一趋势，并研究了产业组织构成和产权制度构成的单个要素之间的作用与效应问题，在一定程度上证明了两者的“共生”性和强关联。该类研究的逻辑延伸应是探讨两者构成的全要素之间的相互作用和效应。胡川同志撰写的《产业组织演进与产权制度变迁的关联研究》这一著作的出版呼应了这一需求，开启了两个关联范畴或两个相关经济现象关联“共生”的系统研究。

《产业组织演进与产权制度变迁的关联研究》是胡川同志在其博士论文的基础上修改成书的。据我所知，这是他长期体验、关注和研究这个领域而获得的成果。他在企业工作时，就观察和体验到了产权制度与产业组织之间的相互影响。在攻读产业经济学专业硕士、博士学位期间，阅读了大量的产权制度及其变迁和产业组织及其演进的文献，密切关注国内外这两个领域的前沿研究，寻觅两者互动的规律，并公开发表了 40 多篇相关的论文。该书的出版可以说是厚积薄发的结果。

《产业组织演进与产权制度变迁的关联研究》一书以对产业

组织演进、产权制度变迁及其关联互动的研究为主线，涉及产业组织的许多方面，扩展了市场结构及其演进、企业行为及其演进、市场绩效及其演进，以及它们之间的作用与绩效的理论，涉及产权、产权制度及其变迁，提出并定义了宏观产权制度和微观产权制度以及分析两者互动关系；论述了宏观和微观（如企业）产权制度多维度变迁的理论。其实这些也是产业组织及其演进和产权制度及其变迁的主要理论，是科学制定产业组织政策和安排产权制度的理论基础。胡川同志对这些理论进行了归纳梳理、扩展和创新，给人们新鲜的感受。该著作的主要创新和理论贡献在于运用定性分析和定量分析相结合、分类研究与综合研究相结合、静态分析和动态分析相结合的方法，对产业组织演进中和产权制度变迁中两者发出的交叉互动信息进行了梳理，对交叉互动作用点予以分析与确定，对交叉互动的绩效予以估量，发掘了两者多要素密切互动关联的规律。

胡川同志的研究表明，产业组织演进与产权制度变迁是高度互动关联的，在两者相互作用的过程中，有可能在同一时空实现产业组织合理化与产权制度优化的双重目标。双重目标的实现，一方面要充分发挥市场机制的组织作用和市场的功能，而且政府要适时地调整与制定产业组织政策，使其适合宏观产权制度的安排；另一方面要关注产权制度变迁方式的选择及满足，要促使产权制度作出调整或提供适应产业组织演变的产权制度安排，从而使两者有机结合互动优化。

产权改革是我国经济体制改革的核心环节。胡川同志认为产权制度的安排与产业结构调整高度相关，前者要考虑上、中、下游产业的合理配制，保证产业链不断裂不梗阻的纵向有效性，同时还要考虑横向产业之间的有效配合，形成网状效应。而这种安排必然影响市场结构，企业行为和市场绩效。从产权制度变迁和产业组织演进紧密关联相互作用的角度观察我国企业的改革，尚存在很大的空间。我国市场已由卖方市场渐渐转变为买方市场，大多数工业制成品趋于饱和，特别是家庭耐用商品更为突出，企业之间的竞争炽热化，许多产业都出现了跨所有制购并的现象。这一变化表明产业组织和企业产权制度都在发生演变，如何把两者融合到最佳状态，产生最大绩效的问题就跃然纸上。这就需要政府制定产业组织演变的政策，同时提供相适宜的宏观产权制度，创新并充实企业产权制度选择集。《产业组织演进和产权制度变迁的关联研究》一书为此提供了理论依据，是大学生尤其是研究生追踪产业经济前沿理论的重要阅读书籍。

我国统计数据存在某些年代和行业的断链，统计口径和行业分类多次变化，这在一定程度上影响了胡川同志的研究工作。因此，我希望胡川同志在取得上述理论研究成果的基础上，继续付出艰辛的劳动，进一步扩展该项研究。

汪海粟

2007 年 2 月

前　言

一、本书研究的目的及重要性

（一）研究目的

国内外的相关文献资料表明，对产业组织及其演进和产权制度及其变迁是分别展开研究的，即以往的研究常常局限于单方面的研究，一些经济学者注重于产业组织及其演进的研究，在不长的时间里取得了不菲的成果。另一些经济学者偏重于对产权制度及其变迁的研究，至今取得了丰硕的成果。然而，对产业组织演进和产权制度变迁关联的专门研究尚未完全开启，只是散见于若干有关文章及文献中。在上述背景下，本书提出了产业组织演进与产权制度变迁的关联互动问题，试图研究两者互动的规律性，以利于在同一时空促使产业组织合理化和产权制度优化。

（二）研究的重要性

学科交叉研究方法的兴起，时代的进步要求我们对经济现象应该注重运用多种理论和方法综合研究，揭示客观规律。若只局限于一个方面来研究经济现象，得出的理论指导制定政策并付诸实践，其结果常常不能令人满意。本书旨在从动态和互动的角度，揭示产业组织和产权制度的相互关系，探寻其结合处和关联理论。为此，我们分析了产业组织演进及其趋势对产权制度变迁的作用；同时，在产业组织分析框架内导入产权制度的内容，以产权制度为依托促使产业组织优化。该研究有利于为优化市场结构、改进企业行为、提升市场绩效、创新产权制度提供理论依据，以弥补经济学中这一研究的不足。由此可见，该研究具有重要的理论意义。

经济转型国家经济运行的实践表明，产业组织和产权制度的状况存在一些问题，采取的相应政策与措施有时显得不合时宜。本书的研究表明，从产业组织演进的角度审视产权制度变迁，再从产权制度变迁的视角透析产业组织演进，可以为产业组织、产权制度及其关系的相悖之处，寻找出新的成因及解决问题的方法。因此，这一研究对科学地制定政策与措施及掌握实施的时机及力度，对及时和有效地矫正政策与措施的偏差，有重要的现实意义。

二、研究方法

本书运用现有并予以拓展的有关经济学理论及方法，对观察到的实际问题，进行严格的系统研究，力图科学地揭示经济现象的内在规律，以此指导社会经济运行并产生良好绩效。具体体现在：

(1) 本书运用定性的方法界定了宏观产权制度与微观产权制度及其关系，阐释其变迁的主要维度。用博弈论研究了产业组织受多个因素影响而呈现出的变化规律。以定性方法与定量方法相结合研究了产业组织演进与产权制度变迁之间的互动关系。

(2) 在继承和总结已有研究成果的基础上，本书首先按既有学科理论体系，对产业组织演进、产权制度及其变迁进行了分类研究。以此为基础，对这两个方面的关联互动进行综合研究，使得不同学科体系之间相互交融，以形成新的理论体系。

(3) 本书不仅静态分析了产业组织演进和产权制度变迁在某一时点上的表象和本质，也分别比较了它们在不同时点上的差异，还分析了它们随着时空的变换所显示出的演变规律。

三、主要内容

从整体上看，本书沿着分析产业组织及其演进、产权制度及其变迁以及两者关联互动，并通过政策与措施促使其双优这一逻辑思路展开。

本书首先陈述该项研究的理论背景，并引出本书的论题，这是全书的逻辑起点。接着回顾了产业组织演进相关理论（包括马克思对产业组织演进的论述、西方产业组织理论流派，经济演化论等）和产权制度变迁的相关理论（包括马克思关于产权制度变迁的相关理论、新制度经济学关于产权制度变迁的相关理论、企业产权制度变迁的相关理论等）；同时简介了国内外学者散落在有关文著中，关于产业组织和产权制度单个要素相互关系的研究和论述，并作出简要评论。

其次，本书对产业组织的学科理论进行了拓展，界定了市场结构演进、企业行为演进及市场绩效演进等基本概念。在此基础上研究了产业组织演进的一般规律，着重分析了产业性质的变化、供求关系的变化、技术创新、制度创新等因素对产业组织演进的影响；并且从产业生命周期视角透析了产业组织演进的规律。上述分析，为后续研究作了铺垫。

再次，本书回顾了不同学者对产权及产权制度所下的定义，并进行了归纳与总结，接着对产权制度进行了分类，研究其构成，然后阐明了宏观产权制度在政权与产权关系、完备性程度及产权转让的有序化程度三个主要维度的变迁和企业产权制度在产权清晰、产权融合、产权结构及产权流动四个主要维度的变迁。这是对新制度经济学理论的延伸，为下文综合研究做准备。

以此为背景，通过定性和定量相结合的研究方法，系统地深入分析了产业组织演进和产权制度变迁的关联性。一方面，揭示了产业组织演进对产权制度变迁的推动作用。分析了市场结构中垄断竞争程度变化的两种趋向，对企业产权制度变迁的推动作用和对宏观产权制度变迁提出的要求。从动态的角度分析了企业行为从数量扩张或价格竞争等单一行为方式向多元组合行为方式演进的趋向，对企业产权制度和宏观产权制度的影响效应。另一方面，研究了产权制度变迁作用于产业组织演进的内在逻辑。从宏观产权制度在政权与产权关系、完备性程度及产权转让的有序化程度三个维度的变化，论述了对企业行为，市场结构及市场绩效的影响效应。从企业产权制度的产权清晰、产权融合、产权结构及产权流动四个维度的变化，论述了对企业行为的影响，由此对市场结构及绩效产生显性或隐性的促进作用。

在关联研究的基础上,本书探究了产业组织合理化与产权制度优化互动过程中的政策措施。在论述了产业组织合理化政策体系的构成和可选产权制度变迁方式之后,指明了产业组织政策与产权制度变迁模式的结合,以促进产业组织合理化与产权制度优化。

最后，本书从总体上得出了相关结论。

四、主要创新点和有待深入研究的问题

（一）主要创新点

1. 选题及研究视角的新意。历史地看，对产业组织、产权制度做分别专门研究的理论文献可谓卷帙浩繁，非常翔实，但两者关联互动的研究尚待开拓。本书运用多种理论与方法研究两种理论体系之间的结合部，专门研究产业组织演进与产权制度变迁的关联，揭示其规律。因此，该选题既有创意也有挑战。

2. 本书在拓展传统产业组织理论体系的基础上，用博弈论模型分析了供求关系的变化、工艺流程创新及产品创新对产业组织演进的量化影响，得出了相关结论。

3. 本书对产权制度及其变迁进行了归纳总结，提出了按涉及范围将产权制度分为宏观与微观两个层面，对宏观产权制度进

行了定义，对其内涵、外延进行了描述，并揭示了宏观产权制度和微观产权制度的关系。同时提出了宏观产权制度变迁的三个维度和企业产权制度变迁的四个维度。

4. 本书分析了市场结构中垄断竞争程度的变化，对企业产权制度变迁和宏观产权制度变迁的作用。从动态的角度分析了企业行为由单一模式向多元组合模式的演变，对企业产权制度和宏观产权制度的影响效应。

5. 本书从宏观产权制度多维度变化的视角，探析了其对企业行为、市场结构和市场绩效演进的作用。从企业产权制度变迁多维度变化的视角，研究了其对企业行为的影响。在此基础上，进一步分析了企业产权制度变迁对市场结构及绩效的影响。

6. 本书把产业组织政策与产权制度变迁方式结合起来进行了研究，并以此制定相应政策，促使市场结构、企业行为及市场绩效的合理化，同时使宏观产权制度和企业产权制度达到优化。

（二）有待深入研究的问题

本书受能力、信息和时间等因素的制约，对产业组织演进和产权制度变迁关联的许多问题的研究，还有待进一步深入，这些问题也是本人后续研究的方向和重点。

1. 市场结构演进、企业行为演进及市场绩效演进三方面，包含的内容非常丰富，本书仅对若干主要方面进行了讨论，并用之于对产权制度变迁推动作用的分析。

2. 本书建立了若干博弈论模型，模型分析必然是对现实的抽象，是建立在假定条件之上的，因而舍弃掉了许多因素，若要逼近现实，就要放松假设条件，考虑更多因素，这是今后应努力的方向。

3. 本书虽然应用了一些案例和表格数据来印证所阐述的理论，但主要侧重于理论分析，所提出的相关理论还有待今后实证研究予以完善。

Abstract

Ⅰ. Purpose and importance of the research

1. Purpose of the research

The domestic and international literature relating to the study shows that the research of the industrial organization and its evolution, the research of the property right system and its change are confined to one aspect. Some economists laid stress on the research of the industrial organization and its evolution, so they gained the substantial achievements in a short time. In 1959, a book on the industrial organization wrote by Bain was published. The book symbolizes the formation of the theory of the industrial organization. Its basic theory model is the analysis frame of SCP, mainly studying the correlation of the market structure, the market conduct, the market performance. On one hand, the theory has continuously developed, on the other hand, it has been constantly challenged. The school of Chicago thought and the school of new Austria thought who represent the unorthodox school of the theory of industrial organization, criticized the traditional theory of industrial organization. They also contributed to the theory of industrial organization. Other economists one-sidedly emphasized the research of the property right system and its change. Especially, with the rising of the new institutional school, research departments and scholars in both developed countries and developing countires began to attach importance to the study of the new institutional economics. Undoubtedly, they made great contributions to enrich economic theories and promote the social development. However, the specialized research into the relation between the evolution of the industrial organization and the change of the property right system hasn't been completely started. Under the above-mentioned background, this book comprehensively studies the relation between them.

2. Importance of the research

Since the age goes forward, we should pay attention to research the economic phenomena by various theories and methods. Moreover, we should analyze the relation between economic categories from many angles and many dimensions, and find out the objective law. If we get the relevant theory and formulate the policy by one-sidedly studying the economic problem from an angle of view or an aspect, its result is dissatisfactory. Therefore, this thesis points out that we should study the relation between the evolution of the industrial organization and the change of the property right system. This research tries to reveal the law of interaction between them, which is beneficial to make the industrial organization excellent and the property right system effective in the same space and at the same time. This shows that this research will fill in the gaps in this study. Therefore, this research has important theoretical significance.

The practice of transitional countries shows that the industrial organization and the property right system are unreasonable in many aspects, sometimes, the corresponding policies and measures are inappropriate, the strength is not enough. This research will reveals, we should examine the property right system from the angle of the evolution of the industrial organization, observe the evolution of the industrial organization from the angle of the property right system. It is helpful to seek new causes and formulate new policies to solve the problem. Therefore, this research has important practical significance to draw up the scientific and reasonable policies and measures, to control the point and strength to carry out, to correct the deviation of the policies and measures effectively and in time.

Ⅱ. Methods used in the research

This book strictly and systematically researches practical problems by applying the current and developed economic theories concerning this research, and tries to make the scientific explanation to internal law of economic phenomenon.

1. The book defines the macro system of property right, the micro system of property right, and the relation between them by the qualitative method. It researches many factors that affect the evolution of industrial organization by the game theory. In a word, this book researches the mutual relation between the evolution of industrial organization and the change of property right system.

2. On the foundation of inheriting and summarizing past researches, according to the current theoretical system, this book respectively researches the evolution of industrial organization, the system of property right and its change. Then, the comprehensive research is carried on their interactions.

3. This book statically and comparatively analyses phenomenon and essence of the evolution of industrial organization and the change of the property right system at some time. Furthermore, it dynamically

analyses their change laws.

Ⅲ. Main contents

On the whole, this book follows this logic thinking of analyzing the industrial organization and its evolution, the property right system and its change, and the relation between them, urging both of them excellent through policies and measures.

Firstly, this book illustrates the theoretical background of the research, poses main problems, points out theoretical and practical significance of the research. Then, this book reviews the domestic and international literature relating to the evolution of the industrial organization and the change of the property right system, and makes a summary comment on them.

Secondly, some basic concepts are defined. On this basis, the general law of the evolution of the industrial organization is researched. The book emphatically analyzes how the change of the industrial nature, the change of the relation between supply and demand, the technological innovation, and the system innovation influence the evolution of the industrial organization. Moreover, from the angle of view of the industry life cycle, we can know that the change of industrial organization has certain regularity. This book analyses the evolution law of industrial organization from cultivation, growth, maturity and decline stages of the industry. Through the above-mentioned research, the traditional theory of industrial organization is developed, which makes preparation for the following study.

Thirdly, the book mainly analyses the change of property right and its system. This book looks back upon the definitions that different scholars have given to property right and its system, and sums up. Furthermore, this book carries on the classification towards the property right system. There are two types of classification by the scope. One is the macro system of property right. The other is the enterprise system of property right. The macro system of property right is the system platform on which enterprises operate. It places restrictions on the choice scope of the enterprise system of property right, and affects the efficiency of the enterprise system of property right. The enterprise system of property right is the foundation of the macro system of property right, and reflects the influence of the macro system of property right. Both of them interact. On the foundation of the classification of the property right system, this book clarifies the constitution of the macro system of property right and the enterprise system of property right, and makes the comparison between them. The macro system of property right is composed of the national formal restrains of property right, the macro informal restrains of property right and the macro enforcement mechanism of property right. The enterprise system of property right is composed of the formal restrains that are drawn up by enterprises, the informal restrains of property right in the enterprises and the enterprises' enforcement mechanism of property right. This book reveals similarities, differences and relations between them. Then, this book builds up and elaborates three main dimensions of the change of the macro system of property right, and four main dimensions of the change of the enterprise system of property right. The change of the macro system of property right is elaborated from the relation between political power and property right, perfect degree of property right and the order of the transfer of property right. The change of the enterprise system of property right is mainly researched from the clarified degree of property right, the fusion degree of property right, the structure of property right and the liquidity degree of property right. This is an extension of the new institutional economics, which makes the preparation for the following synthetic research.

Fourthly, according to the background, on one hand, the thesis researches how the evolution of industrial organization acts on the change of property right system. The internal evolution inclination of the competitive degree between enterprises will urge the change of the enterprise system of property right and demand the change of the macro system of property right. Moreover, The enterprise behaviors convert from single increase in output, or price competition to the combination behaviors including technological innovation, merger and acquisition, which will also urge the change of the enterprise system of property right and demand the change of the macro system of property right. On the other hand, the book studies how the change of the property right system affects the evolution of the industrial organization. This book discusses how the relation between political power and property right, perfect degree and the order of the transfer of property right affect the evolution of enterprise behavior, market structure and market performance. Then, this book analyses how the clarified degree of property right, the fusion degree of property right, the change of structure of property right and the liquidity degree of property right act on enterprise behavior, which will urge the evolution of market structure and market performance.

Fifthly, the book studies the policies and measures that urge the industrial organization excellent and the property right system effective in the same space and at the same time. This book firstly analyses the constitution of policies that make industrial organization rational. Then, this book researches the choice of the change mode of property right system, and discusses the compulsive and seductive change mode of property right system. Moreover, this book explores the combination of the industrial organization policy and the change mode of property right system.

Lastly, the book draws the conclusion of this research.

Ⅳ. Main innovations and the problems requiring further research

1. Main innovations

(1) This book comprehensively studies the relation between the evolution of the industrial organization and the change of the property right system. This topic is very original.

(2) This book investigates the traditional theory system of industrial organization from the view of evolution, analyses how the change of the industrial nature, the change of the relation between supply and demand, the technological innovation, and the system innovation influence the evolution of the industrial organization. On this basis, we draw some related conclusions.

(3) This book sums up the property right system and its change, and poses that the property right system can be classified into macro and micro types in the light of the scope. It defines the macro system of property right, describes its intension and extension, and reveals the relation between the macro system of property right and the micro system of property right. This book builds up and elaborates three main dimensions of the change of the macro system of property right, and four main dimensions of the change of the enterprise system of property right.

(4) The change of monopoly and competition degree of market structure acts on the change of the property right system. The enterprise behavior changing from single behavior to the combination behaviors will urge the change of property right system.

(5) The book studies how the change of three dimensions of the macro system of property right affects the evolution of enterprise behavior, market structure and performance. It analyses how the change of four dimensions of the micro system of property right acts on the evolution of enterprise behavior, market structure and performance.

(6) The book studies the policies and measures that urge the industrial organization excellent and the property right system effective in the same space and at the same time.

2. The problems requiring further research

Because of the restriction of capability, information and time, many problems relating to the mutual relation between the evolution of industrial organization and the change of system of property right requires further researches. These problems are important subjects of the follow-up research.

(1) The evolution of market structure, enterprise behaviors and market performance includes many contents. This book only discusses several main aspects.

(2) This book builds up some game theory model. The model analysis is by all means to abstract the actuality. They are constructed on the supposition. If we need to approach the actuality, we should relax supposition conditions.

(3) Although this book applies some data and cases to argue the subject, it mainly stresses on the theoretical analysis. The theories still need to be perfected by data and cases analyses.

目　录

第一章　导论 …… 1
　第一节　选题及其意义 …… 1
　第二节　本书的研究视角及其方法 …… 4
　第三节　全书结构 …… 8

第二章　产业组织演进和产权制度变迁的相关理论述评 …… 11
　第一节　产业组织演进相关理论述评 …… 11
　第二节　产权及其制度变迁相关理论述评 …… 23
　第三节　产业组织和产权制度关联的理论述评 …… 29

第三章　产业组织演进的一般规律 …… 33
　第一节　产业组织演进的内涵 …… 33
　第二节　产业组织演进的主要影响因素分析 …… 53
　第三节　从产业生命周期视角分析产业组织演进 …… 76

第四章　产权及产权制度变迁相关分析 …… 85
　第一节　产权及产权制度的要义 …… 85
　第二节　产权制度变迁的多维度研究 …… 99

第五章　产业组织演进对产权制度变迁作用的规律分析…… 122
　第一节　市场结构演进对产权制度变迁作用的

规律分析 …………………………………………………………… 122
第二节 企业行为演进作用于产权制度变迁的
规律分析…………………………………………………………… 140

第六章 产权制度变迁作用于产业组织演进的内在逻辑…… 150
第一节 对宏观产权制度变迁作用于产业组织演进
的分析……………………………………………………………… 150
第二节 对企业产权制度及其变迁作用于产业组织演进
的分析……………………………………………………………… 167

**第七章 产业组织演进与产权制度变迁互动优化的
政策与措施……………………………………………………………** 213
第一节 产业组织趋向合理的政策……………………………… 214
第二节 产权制度变迁方式的选择……………………………… 219
第三节 产业组织政策与产权制度变迁方式的结合……… 224

第八章 结论…………………………………………………………… 234

参考文献…………………………………………………………………… 245
后记…………………………………………………………………………… 253

第一章 导 论

科学的伟大作用在于向人们揭示事物的运动规律，推动人类社会的进步。经济学的意义在于寻觅经济现象的变化规律，造福于人类社会。为此，学者们一直努力探寻隐匿其后的规律性。在其感召、启迪下，本书试图寻求产业组织演进与产权制度变迁及其互动关联的规律性，使其有效关联互动，产生优良绩效。

第一节 选题及其意义

一、问题的提出

以往关于产业组织及其演进和产权制度及其变迁的研究常常局限于单方面的研究，一些经济学者注重于产业组织及其演进的研究，在不长的时间里取得了殷实的成果。1959 年贝恩所著《产业组织论》的出版，标志着产业组织理论体系的形成。其基本理论范式是 SCP 分析框架，即主要研究市场结构（Market Structure）、市场行为（Market Conduct）、市场绩效（Market Performance）的相互关系。自贝恩等人的 SCP 分析框架创立以来，一方面不断获得发展，另一方面也不断受到挑战。以芝加哥学派、新奥地利学派等为代表的非主流产业组织理论学派对传统的产业组织理论提出了批评，并进行了深入研究，对产业组织的优化也作出了贡献。另一些经济学者偏重于对产权制度及其变迁的研究，取得了丰硕的成果，长足的进展，特别是20世纪30年代以来，以科斯、诺思等为代表的新制度经济学派的崛起，不仅引起发达国家研究部门和学者重视新制度经济学的研究与拓展，而且导致经济转型国家和发展中国家也注重制度及其变迁对经济发展的研究，产权制度及其变迁更是研究的核心领域，期望寻觅并建立有效的产权制度。由于历史阶段的局限性，他们偏于一个方面的研究，无可厚非，而且前人的研究成果是我们提出“关联”研究的基础。

由于科学发展、时代前进，我们对经济现象应该特别注重运用多种理论和方法进行综合研究，从多视角、多维度剖析经济现象间或两个以上经济范畴之间的关系，找出客观规律。如果继续局限于仅从一个视角、一个方面来研究经济问题，得出有关理论并以此制定政策用以指导实践，往往会产生不能令人满意的结果。从产业组织与产权制度研究的状况来看，一种情况是只强调市场结构的优化，欲通过竞争性的市场结构解决全部问题。另一种情况是只注重产权制度变迁的某一方面，而忽视产权制度的其他方面和产业组织的优化，使得市场绩效的改善不尽如人意。如国外一些主流经济学家，认为私有产权是一个国家市场经济运作的必要前提，主张对计划经济国家采取迅速的和完全的私有化。但是，来自于俄罗斯、东欧等国的改革实践，说明仅仅注重财产所有权性质由公有向私有的转变，欲以此促进经济绩效的改善是相当片面的。也就是说，虽然私有化浪潮风靡全球，但单纯的所有制转变不能完全解决问题。大量的经验研究结果表明，在某些产业，所有权的转变取得了良好的绩效，而在另一些领域，则无法取得预想的效果。① 事实上产业组织与产权制度两个范畴是密

① 刘小玄：《中国转轨过程中的产权和市场——关于市场、产权、行为和绩效的分析》，上海三联书店、上海人民出版社，2003年，第3页。

切联系的，割裂开来分析，各执一端，就难免产生偏颇，不利于实际问题的解决。本书就此提出产业组织演进与产权制度变迁的相关关系问题，试图通过对它们互动规律的揭示，以利于在同一时空，促使产业组织合理化和产权制度优化。

二、研究的理论意义和现实意义

产业组织理论学者，研究产业组织及其演进的理论和对经济的作用，取得了卓越的成果。同样产权经济学家研究产权、产权制度及其变迁的理论和对经济的影响，至今也取得了显著的成果。他们在各自的研究领域为丰富经济学理论，促进社会经济发展作出了巨大贡献。然而，对产业组织演进和产权制度变迁关联的专门研究尚未完全开启，只是散见于若干有关文献中。从实质上看，产业组织与产权制度密切关联，对其中一个问题的研究结果，需要从另一角度审视其结论的合理性，对其中一个方面制定政策与措施，需要另一方面政策与措施的配合、协调。

本书旨在从动态和互动角度，揭示产业组织和产权制度的相互关系，对产业组织理论与产权及其制度变迁理论的关联进行综合研究，探寻其结合处，研究其关联理论。为此，我们一方面分析产业组织演进及其趋势对产权制度创新的能动作用；另一方面，把产权制度的内容，引入产业组织分析框架，以产权制度为依托或平台使产业组织优化。研究产业组织演进、产权制度变迁及其相互作用规律的目的，在于为优化市场结构、改进企业行为、提升市场绩效和创新产权制度制定相关政策与措施提供理论依据，期望弥补经济学中这一研究的不足。由此可见，该研究的理论意义在于揭示把优化的产业组织与有效的产权制度适宜地结合于同一时空的规律。

经济转型国家现实经济运行表明，产业组织和产权制度的状况有着诸多不合理之处，相应的政策与措施有时显得切入点失当、力度不够。本书研究表明，从产业组织演进的角度审视产权制度变迁，再从产权制度变迁的视角透析产业组织演进，可以为产业组织、产权制度及其关系的不合理或相悖，寻觅到新的成因及解决问题的对策。因此，这一研究对科学地制定政策与措施及掌握实施的切入点与力度、对及时和有效地矫正政策与措施的偏差，有重要的现实意义。

第二节 本书的研究视角及其方法

一、研究的视角

本书在前人研究的基础上，对产业组织演进和产权制度变迁进行了概括性的描述，对其内涵予以重新界定，并作了相关的拓展。以此为基础，系统地深入分析了产业组织演进和产权制度变迁的关联性，然后针对关联性分析了应采取的政策与措施，以促进在同一时空实现产业组织合理化和产权制度优化。对此归结为图 1-1，并予以说明。

经济学家对产业组织的研究，在于采用市场结构—市场行为—市场绩效（Market Structure—Market Conduct—Market Performance，SCP）分析框架，长期以来一直是传统产业组织理论研究的核心。20 世纪 70 年代以前，SCP 分析框架揭示了市场结构、市场行为和市场绩效之间存在的是一种简单的、单向的、静态的因果关系，即市场结构决定市场行为，市场结构通过市场行为影响市场绩效，如图 1-2 所示。

20 世纪 70 年代以后，经济学家们丰富了上述框架，阐明了三者之间的复杂关系，如图 1-3 所示。图中表明了不仅市场结构决定市场行为，市场结构通过市场行为影响市场绩效，而且市场行为会作用于市场结构，市场绩效会影响市场行为，市场结构与

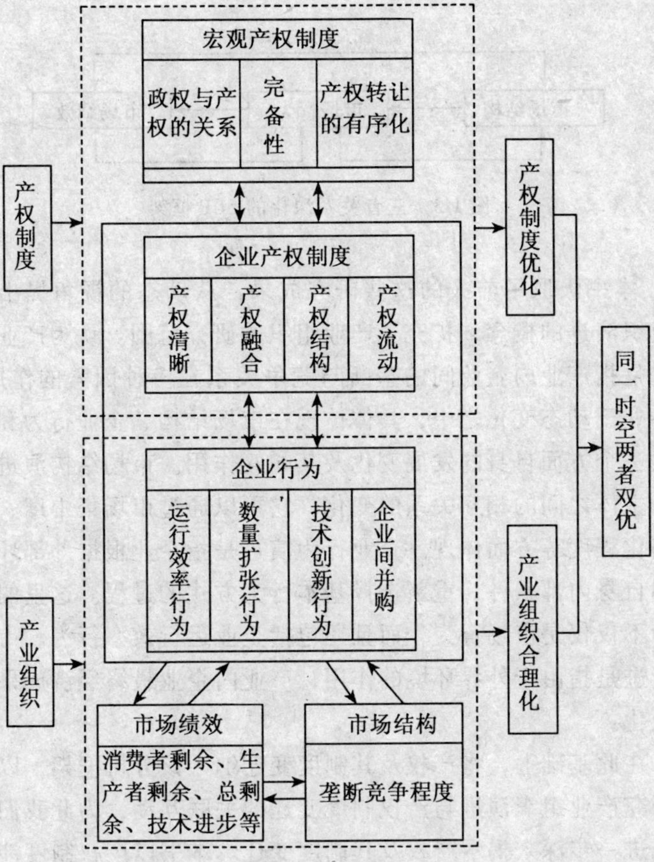
宏观产权制度
政权与产权的关系
完备性
产权转让的有序化
产权制度
企业产权制度
产权清晰
产权融合
产权结构
产权流动
企业行为
运行效率行为
数量扩张行为
技术创新行为
企业间并购
产业组织
市场绩效
消费者剩余、生产者剩余、总剩余、技术进步等
市场结构
垄断竞争程度
产权制度优化
同一时空两者双优
产业组织合理化

图 1-1 产业组织演进与产权制度变迁关联互动“双优”的基本分析框架

市场结构
市场行为
市场绩效

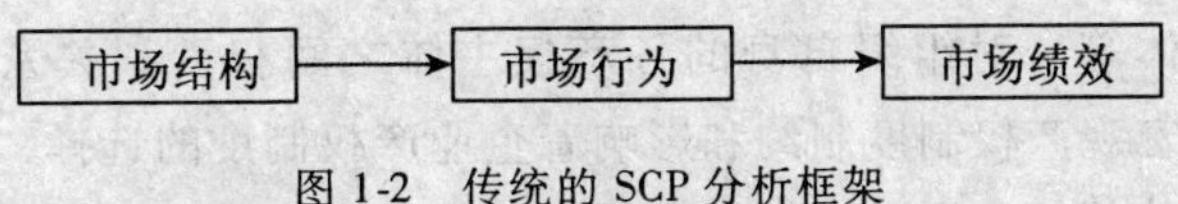

图 1-2 传统的 SCP 分析框架

市场绩效之间也存在一定的相关关系。

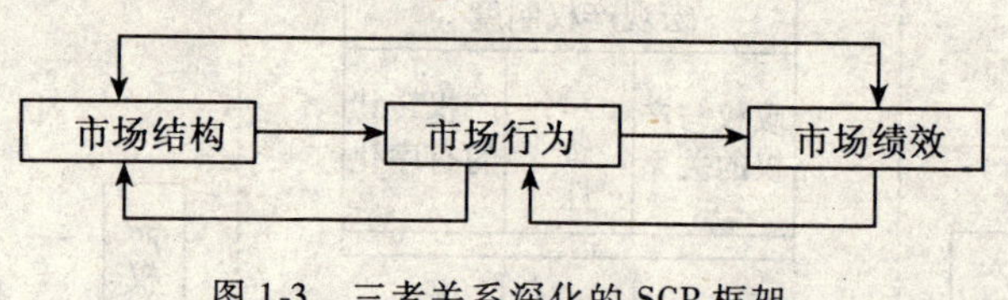

图 1-3　三者关系深化的 SCP 框架

本书汲取了前人的这些研究成果，从动态的视角提出了产业组织演进的概念，扩充了产业组织的研究范围。认为产业组织演进是指产业内企业间的垄断与竞争关系在多种因素的作用下，始终处于动态变化之中，具体体现在市场结构、企业行为和市场绩效三个方面自身的发展变化及其相互作用。市场结构演进是指市场主体之间的相互关系的变化，它可以通过市场集中度、产品差别化程度等方面体现。企业行为演进是指企业根据外部环境变化和自身内部条件，重新选择基本行为方式的过程。这里的企业行为不仅仅是市场行为，而且还包括企业运行效率行为。市场绩效演进是指由于外界环境的作用，产业内企业最终经济成果的动态变化。

在此基础上，将产权及其制度变迁纳入该分析框架，以此系统研究产业组织演进与产权制度变迁的关联互动，为此我们必须首先进一步深入揭示产权及其制度变迁。本书以产权制度涉及的范围为标准，将其分为宏观产权制度和微观产权制度。宏观产权制度是对一定的国别、地域或者是一定产业领域范围内的社会产权关系作出的制度规范。微观产权制度是指微观组织（如企业、社会团体等）对组织自身的各产权主体之间权责利关系的制度规范。宏观产权制度制约和影响着企业产权制度的选择，企业产权制度的创新对宏观产权制度的变迁也具有推动作用。宏观产权制度变迁主要体现在政权与产权的关系、完备性程度、产权转让的有序化程度等三个维度，企业产权制度变迁主要体现在产权清晰、产权融合、产权结构和产权流动四个主要维度，这四个维度及其有机结合是影响企业产权制度优劣的重要因素。

对产业组织演进和产权制度变迁两大体系作了深入拓展和系统研究后，我们进一步探讨了产业组织演进与产权制度变迁的关联互动规律。

产业内企业间的垄断竞争程度、企业行为与市场绩效受诸多因素的影响，总是处在不断变化的过程中，即产业组织在因素变化推动下，总是处于不断演进的状态。产业组织演进对产权制度变迁有很大的推动作用，这种动力机制正是产权制度变迁或创新的重要因素。同时宏观产权制度三个维度和企业产权制度四个维度的变化，也将影响企业行为、市场结构及市场绩效演进的方向和进程。

二、研究的方法

（一）定性分析与定量分析相结合

本书运用产业组织和新制度经济学等相关理论，以定性与定量相结合的方法分析产业组织演进和产权制度变迁的内在规律及其关联效应。用定性的方法阐明产权制度应分层予以研究，论述了宏观产权制度与企业产权制度及其关系，多维度地揭示了宏观产权制度变迁和企业产权制度变迁的规律。用博弈论研究了产业组织受供求关系、技术创新等因素影响而呈现出的变化规律，以及产业组织演进与产权制度变迁之间的互动关系。

（二）分类研究与综合研究相结合

在继承和总结已有研究成果的基础上，本书首先按既有学科理论体系，对产业组织演进进行了深入拓展，将产权制度按涉及的范围分为宏观和微观产权制度两类，并进行了论述。以此为基础，对这两个方面进行关联综合研究，这使得不同学科体系之间相互交融，以形成新的理论体系。

（三）静态分析、比较分析与动态分析相结合

本书不仅考察研究对象在某一时点的现象和本质，同时比较研究对象在不同时点上的差异，而且分析研究对象随着时间的推移和空间变换所显示出的种种演变规律。

第三节　全书结构

一、整体思路与结构安排

从整体上看，本书沿着产业组织及其演进、产权制度及其变迁、两者关联互动、通过政策与措施促其双优这一逻辑思路展开，具体可分为以下几个部分。

第一部分（第一、二章），主要陈述本文的理论背景，回顾国内外产业组织演进与产权制度变迁理论的相关文献，并导出本书的论题，这是全书的逻辑起点。

第二部分（第三、四章），主要为产业组织演进与产权制度变迁关联互动的研究作准备，界定基本概念并对产业组织和产权制度的学科理论进行拓展，为后续研究作铺垫。

第三部分（第五、六章），主要进行产业组织演进与产权制度变迁关联互动的综合研究，揭示产业组织演进与产权制度变迁的关联互动规律，探求产业组织合理化与产权制度优化的有效结合。这是本书的中心议题和核心构件。

第四部分（第七章）在前面理论分析的基础上，主要研究优化产业组织与形成有效产权制度及其合理结合的政策与措施，提出相关政策与措施建议。

第五部分（第八章）是全书的结论部分。

二、各章内容

第一章为导论，提出本书研究的主要问题及其理论与实践意义，阐明了研究的视角及研究的方法，概述了研究的框架和基本内容。

第二章主要对产业组织演进和产权制度变迁的相关理论文献进行述评，对国内外相关理论进行了回顾与思考。主要阐明了产业组织演进相关理论（包括马克思对产业组织演进的论述、西方产业组织理论流派，经济演化论等）和产权制度变迁的相关理论（包括马克思关于产权制度变迁的相关理论、新制度经济学关于产权制度变迁的相关理论、企业产权制度变迁的相关理论等)；同时整理了国内外学者散落在有关文著中对产业组织和产权制度相互关系的研究和论述，并作出简要评论。

第三章主要研究了产业组织演进的一般规律，界定了产业组织演进的内涵，阐释了市场结构演进、企业行为演进和市场绩效演进的含义及趋势；然后主要分析了产业性质的变化、供求关系的变化、技术创新、制度创新等因素对产业组织演进的影响；接着从产业生命周期视角透析了产业组织演进的过程。通过上述研究，拓展了传统产业组织理论，为后续研究做理论准备。

第四章主要对产权制度变迁作了相关分析。首先，回顾了不同学者对产权所下的定义，并进行了归纳与总结，接着陈述了产权制度的定义；其次，对产权制度进行了分类，将其分为宏观产权制度和微观产权制度，阐释了宏观和微观产权制度的内涵并指明了两者之间的关系；最后揭示了宏观产权制度变迁可以从政权与产权的关系，完备性程度及产权转让的有序化程度三个主要维度深入展开。企业产权制度变迁主要从产权清晰度、产权融合度、产权结构变化及产权流动程度等四个维度来研究。“多维度”分析是对产权制度理论的条理化，也是对新制度经济学理论的延伸，为后面的综合研究做准备。

第五章主要研究了产业组织演进对产权制度变迁的推动作用。首先，探寻了市场结构中垄断竞争程度变化的两种趋向，对企业产权制度变迁的推动作用和对宏观产权制度变迁提出的要求。其次，研究了企业行为演进对产权制度变迁的作用，企业行为从数量扩张或价格竞争等单一行为方式向多元组合行为方式演进的趋向，对企业产权制度变迁的推动作用和对宏观产权制度变迁提出的要求。

第六章主要研究了产权制度变迁作用于产业组织演进的内在逻辑。首先，从宏观产权制度在政权与产权关系、完备性程度及产权转让的有序化程度三个维度的变化，探讨其对企业行为，市场结构及市场绩效的影响效应。其次，从企业产权制度的产权清晰、产权融合、产权结构及产权流动四个维度的变化，分析其对企业行为的影响，由此对市场结构及市场绩效产生显性或隐性的促进作用。

第七章主要研究了产业组织合理化与产权制度优化互动过程中的政策与措施。本章首先分析了产业组织合理化政策体系的构成，它包括经济规模政策、企业并购政策、产业退出援助政策、反垄断政策及中小企业政策等内容。其次研究了产权制度变迁方式的选择，描述了强制性产权制度变迁模式和诱致性产权制度变迁模式。最后探寻了产业组织政策与产权制度变迁模式的结合，以促进产业组织合理化与产权制度优化。

第八章为结论，主要对本书的研究从总体上作出结论。

历史地看，对产业组织、产权制度分别作专门研究的理论文献可谓卷帙浩繁，非常翔实，但两者关联互动的研究尚待开拓。本书运用多种理论与方法研究两种理论体系之间的结合部，专门研究产业组织演进与产权制度变迁的关联，揭示其规律。

第二章　产业组织演进和产权制度变迁的相关理论述评

第一节　产业组织演进相关理论述评

一、马克思对产业组织演进的相关论述

（一）马克思关于生产组织方式的论述

马克思在《资本论》中阐明了资本主义生产组织方式经历了“简单协作”、“工场手工业”和“机器大工业”三大阶段，揭示了资本主义生产组织方式是一个渐进累积的演进过程。

在《资本论》第四篇“相对剩余价值的生产”中，马克思详尽分析了资本主义生产组织方式从协作、工场手工业分工到机器大工业的发展。其主要内容是，资本主义生产以资本的形式继承了自然经济、半自然经济和小商品生产阶段产生的协作和分工，并发展了工场手工业所特有的生产组织方式，即以分工为基础的协作，最后在机器分工的基础上形成特殊的资本主义生产方式。揭示了资本主义生产组织方式是一个渐进累积的演进过程，同时也表明了生产组织方式随生产力的进步在不断演进。

根据《资本论》的分析，不同生产组织方式的形成取决于产业的历史差别和行业差别。马克思认为生产组织方式的变化是由生产条件的变化引起的，生产条件的变化又包括劳动过程中社

会条件的变化和技术条件的变化。所谓社会条件是指劳动的社会组织形式。它最根本的变化是建立了雇佣劳动关系，由于有了这种变化才出现了工场手工业。工场手工业实现的生产组织方式的变革是以劳动力的组织形式为起点的。由于劳动工具最初表现为劳动者个人身体器官的延长，工场手工业必然要采取各种主观的分工形式，因而表现为单纯的劳动组织的变革。技术条件的变化是在工场手工业时期产生的。机器大工业以劳动资料的变革为起点，一旦机器生产取得支配地位，劳动分工也就具有了客观的性质，从而劳动的社会组织形式发生适合于机器的变化，表明生产组织方式随着机器大工业的变化而变化。

马克思在《资本论》中还论及了行业的差别。它们的差别通常是由对自然环境的依赖程度、社会分工的特殊要求、生产或服务对象的性质决定的。马克思说："撇开社会生产的不同发展程度不说，劳动生产率是同自然条件联系的。"① 例如农业与工业相比，其生产方式更依赖于自然条件。马克思指出，由于行业和产品的不同，工场手工业具有不同的组织形式。在资本主义社会，许多产业都可能采用雇佣劳动的形式，但这绝不是说它们的生产关系就完全相同。由于自然、技术、历史和社会等差别，这些产业势必采用不同的生产方式，而与这些生产方式相适应的生产关系也会在许多方面形成不同的制度安排。

总之，按照马克思的观点，生产组织方式的变迁同资本家追求剩余价值密切相关。马克思认为：资本家为追求相对剩余价值，"必须变革劳动过程的技术条件和社会条件，从而变革生产方式本身，以提高劳动生产力，通过提高劳动生产力来降低劳动力的价值，从而缩短再生产劳动力价值所必要的工作日部分"。②

① 马克思：《资本论》，中国社会科学出版社，1983年，第560页。

② 马克思：《资本论》第1卷，人民出版社，1975年，第350页。

而且，为获得剩余价值而展开的竞争，使资本家千方百计采取新的生产组织方式，追求分工与协作带来的效率。企业采取的生产组织方式的演变，改变企业的规模，从而最终影响了产业组织内企业与企业之间的竞争与垄断关系。

（二）马克思关于竞争与集中、垄断的论述

马克思认为，工业化过程中企业规模的扩大，以及资本家之间为获得剩余价值而展开的竞争，引起生产的集中和市场结构的变化，进而产生垄断的必然趋势。

马克思在《资本论》第一卷的第七篇分析了资本积累过程，阐明了剩余价值转化为资本，资本积累并使它的数量日益增大。马克思指出，资本家为获得更多的剩余价值，总是竭力扩大资本规模，因为更大的资本规模可以带来更多的剩余价值。这促使着资本家把更多的剩余价值积累起来，转化为扩大再生产的资本，企业规模逐渐扩大。同时，马克思还揭示了资本家不断地进行资本积累及扩大规模的深层原因是资本主义客观经济规律作用的结果，而最重要的经济规律是竞争规律。对于竞争如何迫使资本家把剩余价值转化为资本这一问题，马克思指出："竞争斗争是通过使商品便宜来进行的。在其他条件不变时，商品的便宜取决于劳动生产率，而劳动生产率又取决于生产规模。"① 在资本主义制度下，竞争迫使所有资本家无一例外地都要极力扩大自己的资本和生产规模，这不仅仅是为了获取更多的剩余价值，而且也是保存自己的需要，否则就要在竞争中处于劣势，最后走向垮台或被吞并。

对于单个资本扩大生产规模的问题，马克思指出，单个资本的扩大有两条途径：一条是不断把剩余价值的一部分转化为资

① 马克思：《资本论》第1卷，人民出版社，1975年，第686～687页。

本，即通过积累的办法扩大生产规模。另一条途径是资本的集中，即原有的各个单个资本的积聚，是原有资本个体独立性的丧失，是资本家掠夺资本家，是许多小资本变为大资本的过程。资本集中同资本积累相比，对资本主义垄断的发展起了更大的推动作用。马克思指出："积累，即由圆形运动变为螺旋形运动的再生产所引起的资本的逐渐增大，同仅仅要求改变社会资本各组成部分的量的组合的集中比较起来，是一个极缓慢的过程。假如必须等待积累去使某些单个资本增长到能够修建铁路的程度，那末恐怕直到今天世界上还没有铁路。但是，集中通过股份公司转瞬之间就把这件事完成了。"①

资本和生产的集中，不仅可以使规模巨大的企业迅速建立起来，而且集中达到一定程度之后，必然会导致垄断的产生。早在19世纪60年代，马克思就指出："美国南北战争的结果造成了巨额的国债以及随之而来的沉重的赋税，产生了最卑鄙的金融贵族，使极大一部分公有土地被滥送给经营铁路、矿山等的投机家公司，——一句话，造成了最迅速的资本集中。"② 马克思在《资本论》中分析资本集中发展的趋势时指出，随着资本主义生产的发展，资本积累的增加，竞争也以同样的程度发展起来，从而造成了资本在更高程度上的集中。集中起来的资本又会以更高的速度和更大的规模进行积累，然后又在这一新的基础上展开更大规模的竞争，并由此引起资本和生产的更大规模的集中。"在一个生产部门中，如果投入的全部资本已溶合为一个单个资本时，集中便达到了极限。"③

马克思的这些分析表明，早在19世纪中期，在自由资本主

① 马克思：《资本论》第1卷，人民出版社，1975年，第688页。

② 马克思：《资本论》第1卷，人民出版社，1975年，第842页。

③ 马克思：《资本论》第1卷，人民出版社，1975年，第688页。

义还没有开始向垄断资本主义过渡的时候，马克思就已经通过对资本积累趋势的分析，预见了垄断的产生。

二、西方产业组织理论的产生、形成与发展概述

（一）产业组织理论的产生

产业组织理论是西方经济学家运用微观经济理论分析企业与市场的相互关系，以及分析和指导制定产业组织政策的一门应用经济学。

古典经济学家亚当·斯密较早关注市场竞争效率与生产组织内部经济效率，在其名著《国富论》中全面阐述了自由贸易和自由竞争的基本原则，主张经济自由竞争，反对政府过多干预经济，指出依赖于市场这只“看不见的手”可以使经济自由发展达到均衡。

1890年阿弗里德·马歇尔出版了他的代表作《经济学原理》，在这本书中，马歇尔指出：“有时把组织分开来算作是一个独立的生产要素，似乎最为妥当。”① 也就是说，他已明确地把“组织”列入生产要素。同时，马歇尔还提出了规模经济与市场竞争之间的矛盾，被后人称为“马歇尔冲突”。

20世纪30年代，资本主义发展已经进入成熟阶段，垄断资本已成为控制资源配置与社会分配的重要力量，经济学界开始关注垄断与竞争问题。30年代初，琼·罗宾逊夫人所著的《不完全竞争经济学》和爱德华·张伯伦所著的《垄断竞争理论》相继问世，这两本著作的共同特点，是对完全垄断与完全竞争之间的市场进行了分析，不完全竞争理论为现代产业组织理论的发展作出了巨大贡献。

---

① 马歇尔：《经济学原理》上卷，商务印书馆，1964年，第158页。

（二）产业组织理论的形成

20世纪初，经济发达国家的工业已处于批量生产阶段，集中化的大规模生产是制造业普遍采取的生产组织方式。企业组织的内部经济与市场竞争活力之间的矛盾日益尖锐起来。针对这一问题，1938年，哈佛大学建立了以梅森教授为主的产业组织研究小组，他们收集、分析了相关资料和案例，研究了产业市场结构。1940年，约翰·克拉克发表了《关于有效竞争的概念》一文，克拉克认为，应探讨可行的、有效竞争的市场条件，实际上是要寻找竞争与规模经济之间的均衡状态，即同时能够兼得规模经济与市场竞争活力的资源组织方式。

1959年，贝恩所著《产业组织论》的问世，标志着产业组织理论框架的确立，贝恩建立了产业组织的三个基本范畴：市场结构、市场行为、市场绩效，构成SCP分析框架，见图2-1，并被称为结构主义学派。

（三）产业组织理论的发展

以哈佛学派为代表的正统产业组织理论在发展的同时，遭受到了非主流学派的异议和批评。这些学派包括芝加哥学派、新制度学派和新奥地利学派等。

1. 芝加哥学派的产业组织理论

芝加哥学派一开始就对哈佛学派重视市场价格的理论提出质疑，他们反对积极的反托拉斯政策，反对政府更多介入经济，主张自由竞争的市场机制发挥作用，认为市场配置资源是最有效率的。其代表人物有施蒂格勒、弗里德曼、德姆塞茨等学者。

芝加哥学派对产业组织理论与政策实践的贡献主要表现在以下几个方面：（1）指出了政府介入和管制经济的种种负效应，最终推动了政府放松管制；（2）认为企业兼并未必一定会损害竞争，垄断厂商的高利润率未必一定是垄断定价的结果，关键在于要注重判断企业集中及定价的结果是否提高效率；（3）芝加

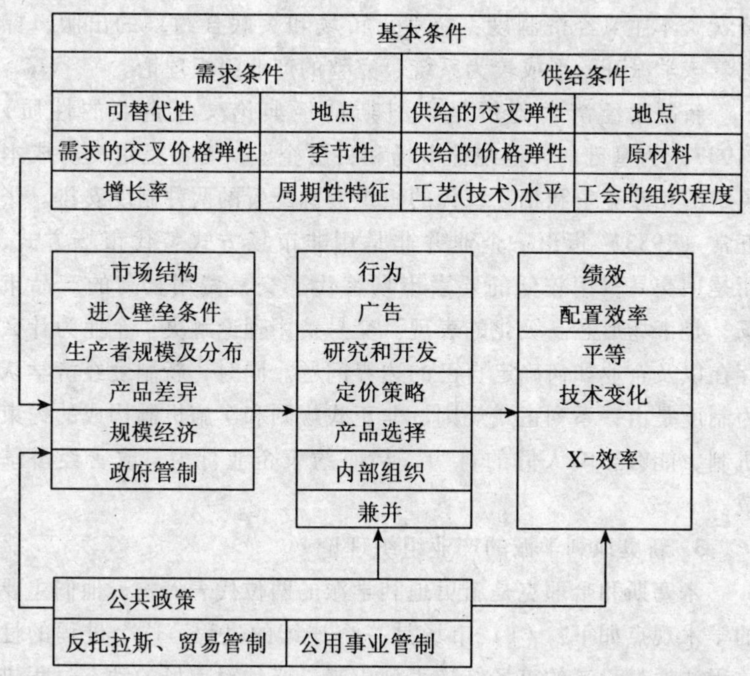

图 2-1　贝恩结构—行为—绩效理论范式框架

资料来源：肯尼斯·W. 克拉克森：《产业组织：理论、证据和公共政策》，上海三联书店，1989 年版。

哥学派以企业的市场行为为中心建立分析模型，有别于哈佛学派以市场结构为中心建立模型。论证了市场行为和市场绩效对市场结构的影响。

2. 新制度学派的产业组织理论

新制度学派形成于 20 世纪 50 年代，其主要代表人物有加尔布雷思、博尔丁、缪尔达尔、科斯、诺思等。新制度经济学的产业组织理论兴起于 20 世纪 60 年代末 70 年代初。“新制度经济学”这个概念是由威廉姆森最先提出来的。1985 年威廉姆森所著《资本主义经济制度：企业、市场和关联合约》的出版，标志着该学派开始形成较为系统、完整的产业组织理论。

新制度经济学分析是以科斯的经典论文《企业的性质》(1937) 为基础的，把纯粹市场和科层企业，看做是由交易成本决定的相互竞争和相互替代的组织资源配置的两种制度安排。张五常（1983）指出：企业并非是用非市场方式替代市场方式，而是用交易费用较低的要素市场替代了交易费用较高的产品市场，是市场形态高级化的表现。交易费用理论解决了企业为什么存在以及企业如何确定自己的边界问题。同时，新制度经济学认为制度是由一系列正式规则、非正式规则和实施机制构成的约束机制，能够影响人们的行为，从而约束企业行为，改善经济绩效。

3. 新奥地利学派的产业组织理论

米塞斯和哈耶克是新奥地利学派的两位代表人物，他们主要的学术观点如下：（1）市场是一个连续的过程，这个过程的性质无法通过静态的市场结构表现出来，必须对市场的动态过程进行分析，在过程中认识竞争和企业家的作用；（2）关于利润。新古典主义认为，获取高于正常利润的利润是垄断力量发挥作用的典型形式，而新奥地利学派认为，超额利润是大企业创新程度和规模经济的报酬；（3）在政策取向上，新奥地利学派反对政府严厉的反托拉斯政策，主张实行自由竞争。

对于上述产业组织理论学派的主要研究范式、注重方面可归结为表 2-1。

表 2-1　　产业组织理论学派的主要研究范式

兴起时代	产业组织理论学派	代表性学者	主要研究范式及注重方面
20世纪30年代	哈佛学派，也称结构主义学派	梅森、克拉克、贝恩、谢勒等	哈佛学派关注企业间的关系，研究市场结构、市场行为和市场绩效，形成贝恩的结构—行为—绩效理论范式框架（见图 2-1）。结构—行为—绩效的意义在于开创性地建立了产业组织理论的分析框架及范围，在大量的经验性分析中，运用了主流微观理论的推论，并提出了问题，大大深化了对厂商理论的微观经济研究。
20世纪60年代	芝加哥学派	施蒂格勒、弗里德曼、德姆塞茨等	芝加哥学派更加注重对结构—行为—绩效的理论分析。主张从价格理论的基础假设出发，强调市场的竞争效率。其主要理论范式是竞争性均衡模型，关键是提出了长期均衡中的配置效率和技术效率，配置效率的条件是价格等于长期边际成本，技术效率的条件是价格等于企业长期平均成本曲线最低点。
20世纪60年代末	新制度学派，也称为“后SCP流派”	加尔布雷思、科斯、诺思、威廉姆森、阿尔钦等	新制度学派更加关注市场环境与厂商行为的互动关系，其互动关系体现于逻辑上的循环和反馈链。研究中运用了大量的现代数学的分析方法、特别是多变量的分析方法。新制度学派更加强调在不完全竞争市场结构条件下，厂商的组织、行为与绩效的研究，特别是对垄断竞争、寡头垄断的市场研究。同时在理论假设中增添了交易成本与信息的维度。
20世纪60年代初	新奥地利学派	米塞斯、哈耶克	新奥地利学派注重个体行为的逻辑分析，在理解市场时着重过程分析，其研究目标是个人效用和行为到价格的非线性因果传递。其产业组织理论基础是奈特式的不确定性概念，从不完全信息出发，把竞争性的市场过程理解为分散的知识、信息的发现和利用过程，而市场不均衡就是因为存在着未被发现的信息或信息不完全，而造成的决策失误所导致的利润机会的丧失。

三、经济演化论

经济演化论，顾名思义，它融入了生物学关于物种及其群体适应环境而演化的观点，经济学沿着这一总体方向迅速发展。但由于受生物学领域不同理论的启发，又被分为“演进经济学”(Evolutionary Economics) 和“组织生态学” (Organizational Ecology)。两个学派是相近而又存在相异的分支流派。

(一) 演进经济学

演进经济学是一门以动态理论，来研究经济发展变化规律的学科，有别于传统经济研究的有关经济在某一时点上的静态特征。演进经济学创新了一种新的分析框架，具体内容如下：

1. 有限理性

新古典经济学认为企业会不断追求一个所谓的最大化利润，直至达到某个静态的均衡点；而在整个趋于均衡的过程中，企业都是无所不知，无所不能的。演进经济学学者则认为，企业经营管理者的能力是有限的，因此，企业不可能完全知晓纷繁复杂且不断变化的市场。这决定了企业只能争取某种令人满意的利润而非最大化利润，即企业或个人的行为是以有限理性作为指导的。

2. 差异、选择和维持机制

演进理论认为，经济系统的变迁，通常被归为三大机制的共同作用，即：差异、选择和维持机制。

(1) 差异是企业组织在结构及战略上的不同。企业的差异性特征取决于其内在的知识基础，而其中所谓蕴涵型知识 (tacit knowledge) 是植根于企业组织的成长经验中的，通过“干中学”积累起来的，不能以成文的规范形式加以传授。蕴涵型知识的传授是相当困难的，这就形成了企业组织间的差异，也使企业相对稳定。正是由于企业能够相对稳定地保持某种特征，才可能使组织与环境相互作用的所谓选择机制发挥作用。

（2）选择机制。它强调的是一种动态的选择过程，优秀的盈利企业，将不盈利的企业逐出产业领域，能够实现利润者生存下来，而经营亏损者逐渐消失掉，这类似于达尔文所说的优胜劣汰的“自然选择”过程。演进经济学与传统的主流理论不同，认为即使是竞争中的胜出者，它们也并不会被推到某个最优的均衡点，企业组织的常态是处于不断由一种相对稳定状态，向另一种相对稳定状态运动的过程中。

（3）维持机制。维持主要源于组织的惯例，演进经济学认为，个人或企业是用习惯或惯例来指导行动的。这首先因为，企业或个人遵循惯例原则可以省去许多计算、成本和时间；其次，惯例还是调和各种矛盾或冲突的有效方法。例如，企业内存在股东与经理之间的矛盾、经理与雇员之间的矛盾，以及管理层内部的矛盾，这些矛盾错综复杂，惯例作为过去形成的大家公认的处理方法，能有效地解决这些矛盾。①

惯例可以看做是生物基因在组织行为学中的一个对应概念，因为它们支配着企业的行为，并且企业未来的行为在很大程度上是以当前特征为基础的。惯例还具有可遗传性，众多演进经济学学者认为，企业组织通过对成功惯例的复制而延续，而且正是由于系统中基本惯例的延续，极大地缩短了企业组织适应环境的时间。但是另一方面，同样是因为惯例的存在，使得企业组织适应环境的过程经常受到限制，甚至造成适应环境成为不可能。拉马克主义则认为，只要环境压力足够大，企业就会被迫搜寻新技术和新的组织形式，由此导致企业惯例的变异。

（二）组织生态学

在20世纪20年代中期，同样受生物进化论的启发，并以社

---

① Nelson, R. and Winter, S., Evolutionary Theorizing in Economics, *Journal of Economics Perspentires*, Vol. 11 (Spring, 2002), pp. 29-30.

会学原理为基础，形成一种新的组织理论，即组织生态学。该学派强调组织适应于环境变化的灵活性与适应性。该理论认为，新组织形式的出现，首先是个别企业创新成功的产物，而这种成功的经验通过交流和反馈得以在环境中不断扩散，一旦当它达到某个临界规模的公众支持（例如一定的市场份额），则会导致新的技术范式对原有技术范式的替代，并对市场结构产生显著影响，导致所谓市场创新。当新的组织形式在整个环境中获得充分扩散之后，系统中旧的规则被抛弃，新的惯例取而代之，于是实现了所谓制度创新。组织生态学家们认为，相对于环境变化而言，组织在形态上的适应改变是缓慢的，他们将这种相对缓慢的适应过程称为“相对惯性”。即认为在一个迅速变换的环境中，系统能否以足够迅捷有效的组织形式变化，来对付新的环境状况，值得怀疑，有时环境变化的激烈程度甚至是根本不可能适应的。

四、产业组织演进相关理论的简评

由于社会经济的发展，产业得以形成和发展，在发展过程中，要求相应的理论支撑和对其中产生的问题作出解释，产业组织演进的相关理论应运而生。上述理论无疑对产业界的运作起到了很大的作用，为政府制定产业组织政策提供了理论依据。随着社会经济的进一步发展，对产业运作提出了更新的要求，则产业组织演进相关理论仍处在不断深化的过程中。产业组织演进相关理论学者重视对产业组织演进的研究是当然的，但从其与产权制度变迁关联互动视角来看，未能进行专题系统研究。目前研究要么局限于市场结构、企业行为和市场绩效及其相互关系；要么局限于新制度经济学所阐明的制度能够影响企业行为，最终影响经济绩效；要么局限于经济演化论中的“差异、选择和维持”三大机制等方面。上述理论无疑表明产业组织演进与制度变迁，特别是经济制度的核心——产权制度的变迁密切关联。这就要求从综合的视角深入研究。

第二节　产权及其制度变迁相关理论述评

一、马克思关于产权制度变迁的相关理论

西方学者 S. 配杰威齐在《马克思、产权学派和社会演变过程》一文中说："马克思是第一位有产权理论的社会科学家。"①这一论断揭示了产权制度是马克思主义经济学关注的研究领域。尽管使用了不完全一致的范畴和语言，然而从本质上说马克思从多种角度，尤其是从生产力与生产关系的矛盾运动视角，详尽地分析了人类不同历史时期产权关系的变迁过程。

马克思运用历史唯物论的研究方法，指出，"在每个历史时代中所有权是以各种不同的方式，在完全不同的社会关系下面发展着"，批评普鲁东把所有权当做一种抽象的和永恒的观念来定义，马克思从与生产力、经济和文化发展环境有关的历史演变视角来研究产权关系，认为产权形态和产权制度处于不断变化之中。

马克思主义的产权理论阐明了社会生产力及其发展水平决定着所有制的结构和演变，分析了各种社会形态下，产权关系的社会性质及其历史地位，指出了不同所有制和产权制度下人们的生产关系，揭示了不同所有制和产权制度的演变规律及其趋势。主要有以下几个方面的观点：

（一）公有产权的形成

马克思提出了人类的第一种产权关系是公有产权，而后在此

① 转引自吴易风：《马克思的产权理论与国有企业改革》，中国社会科学，1995 年第 1 期。

基础上发展变迁到私有产权。马克思认为公有产权的形成是由原始社会的自然状况所决定的。马克思指出，人类社会的“第一种所有制形式是部落所有制。它是与生产的不发达阶段相适应的，当时人们是靠狩猎、捕鱼、牧畜，或者最多是靠耕作生活的。在后一种情况下，它是以有大量未开垦的土地为前提的”。① 他认为有大量未开垦的土地是部落公有产权的前提条件，马克思已经将资源的稀缺程度与产权制度的形式联系起来了。可见，马克思认为人类的第一种产权制度形式是部落公有产权，这种产权形式在原始社会中普遍存在。

（二）生产力的发展促使私有产权的形成

马克思在考察了私有产权的起源后认为，共同体的解体和相应的产权制度的变迁，最根本的原因在于生产力的发展。原始公有产权及其制度安排，起初是适宜于生产力并有利于生产力发展的，而随着生产力的发展，这种制度安排就成了生产力进步的障碍。马克思指出：“一个民族的生产力发展的水平，最明显地表现在该民族分工的发展程度上。”“分工发展的各个不同阶段，同时也就是所有制的各种不同形式。这就是说，分工的每一个阶段还根据个人与劳动的材料、工具和产品的关系决定他们相互之间的关系。”② 由于生产力的发展引致劳动效率的提升，剩余产品开始大量出现，剩余产品和私有财产的出现破坏了公有产权的基础，私有产权制度逐步发展起来。

（三）产权制度的变迁

马克思将历史上人类产权制度的变迁分为四个阶段，出现了四种形式：

---

① 《马克思恩格斯选集》第1卷，人民出版社，1972年，第26页。

② 《马克思恩格斯选集》第1卷，人民出版社，1972年，第25～26页。

1. 部落所有制

部落所有制是在自然状态下形成的公有产权制度，它与原始社会极不发达的生产力状态相适应。

2. 古代公社所有制和国家所有制

当几个部落通过契约或征服联合为一个城镇后，部落所有制变迁为古代公社所有制和国家所有制。此时不动产的私有制和动产的私有制已经开始形成并发展起来，同时城乡之间的矛盾和国家之间的对立开始出现。当时整个社会中可利用的资源基本上被分割为几大部分，被不同的公社或国家所有。

3. 封建或等级所有制

由于战争的破坏，城市人口大量减少，生产水平倒退，在广大的乡村逐渐由古代公社所有制和国家所有制变迁为封建所有制，这种所有制与部落所有制和公社所有制一样，也是以某种共同体为基础的，在城市中则出现了行会所有制，封建国家是由几个大的庄园联合而成的。封建所有制在它出现的初期促进了生产力的发展，减少了战乱对生产的破坏，但随着人口的增长和生产力的发展，这种生产关系开始发生变化，原因源于两个方面：其一，集中的封建庄园制向分散的个人土地所有制变迁；其二，劳动力产权独立出来，由劳动者个人所有。并形成与之相适应的一种典型的小生产方式，“它既排斥生产资料的积聚，也排斥协作，排斥同一生产过程内部的分工，排斥社会对自然的统治和支配，排斥社会生产力的自由发展。它只同生产和社会的狭隘的自然产生的界限相容……它发展到一定的程度，就造成了消灭它自身的物质手段……它的消灭，个人的分散的生产资料转化为社会的积聚的生产资料，从而多数人的小财产转化为少数人的大财产”。① 于是封建、等级所有制向资本主义私有制变迁。

---

① 马克思：《资本论》第1卷，人民出版社，1975年，第830页。

4. 对资本主义私有制的分析

马克思认为，在资本主义私有制下，社会化大生产与生产资料的私人占有之间将发生根本性的矛盾，其结果是产权制度将进一步变迁，资本主义生产由于自然过程的必然性，造成了对自身的否定。这种否定不是重建私有制，而是在资本主义时代的基础上，重建个人所有制。① 形成一个自由人联合体，他们用公共的生产资料进行劳动。这样经过几次否定之否定，产权制度又成为一种公共产权。

由此可知，根据马克思的论述，随着生产力的发展和资源稀缺程度的变化，产权制度将作出相应变迁。

二、新制度经济学关于产权制度变迁的相关理论

产权制度是制度集合体中最基本、最重要的制度。② 产权制度的效率比较和产权制度的变迁都属新制度经济学的研究范畴。

新制度经济学家对产权及其制度问题的研究拓宽了西方经济学的研究领域，增强了对各种经济及社会现象的解释力。如科斯指出，如果市场交易费用为零，真正有意义的各方的权利必须给以明确的规定，合法的活动应该易于预测。在交易费用为正的时候，产权规则将对生产和资源配置产生至关重要的影响。同样，阿尔钦也指出："经济学中的问题，或价格如何决定的问题，实质上是产权应如何界定与交换以及应采取怎样的形式的问题。"③ 新制度经济学家们强调了不同产权制度将有不同的运行效率，产

① 马克思：《资本论》第1卷，人民出版社，1975年，第832页。

② 卢现祥：《西方新制度经济学》，中国发展出版社，1996年，第174页。

③ 菲吕博腾、配杰威齐：《产权与经济理论：近期文献的一个综述》，载R. 科斯等编：《财产权利与制度变迁》，上海三联书店，上海人民出版社，1994年，第205页。

权制度存在一定程度和一定范围的比较，这种效率方面的差异和比较将在一定条件下导致产权制度变迁。

新制度经济学家认为西方国家产权制度的演变主要经历了三个阶段，即公有产权→排他性公有产权→排他性私有产权。从公有产权到排他性私有产权的变迁过程中，人类社会经历了相当长的一个排他性公有产权的阶段。在这个演变过程中，并非所有的公有产权都演变为排他性的私有产权。如一些社团产权、集体产权以及国有产权，在当代资本主义国家都不同程度地存在着。任何国家都未曾建立起纯粹的排他性私有产权制度。由此可见，在人类社会的发展历程中，产权制度一直处在不断变迁和完善的过程中。

新制度学家也揭示了影响产权制度形成与变迁的若干因素，主要有以下几方面：一是资源稀缺程度对产权制度变迁的影响。人类社会发展史上许多排他性产权制度的建立与资源稀缺性的变化有关。如某些资源稀缺程度的增加，使建立排他性产权制度的收益大于其成本，促使产权制度变迁。二是技术因素对产权制度变迁的影响。缺乏阻止他人“搭便车”的技术，使得某些资源或要素的排他性产权制度难以建立。一旦克服“搭便车”的技术被发明出来，产权制度就具备了演变的可能。

除此之外，交易费用、要素和产品相对价格水平甚至人口因素，对产权制度的变迁都有着重要影响。

三、企业产权制度变迁的相关理论

企业产权关系构成了社会产权关系的主体与基础，具有较强的代表性，许多学者对企业产权制度演变的历史进行了归纳和分析，指出企业产权制度的变迁大体经历了三个历史阶段：一是业主制企业阶段；二是合伙制企业阶段；三是公司制企业阶段。有些学者也指出企业产权制度演变的三个历史阶段，可以更概略地归纳为两种企业产权制度，即自然人产权制度和法人产权制度。前两个历史阶段的企业产权制度都是以自然人为主体的产权制度形式，人们称之为自然人产权制度。第三个历史阶段的企业产权制度是以法人为主体的产权制度形式，谓之法人产权制度。与自然人产权制度相比，法人产权制度是借助于股权这一特定的产权形式，来实现产权制度创新的。① 在知识经济来临之际，企业产权关系更趋复杂，企业产权制度呈现多样化与复杂化的趋势，从多角度揭示企业产权制度的本质特征意义重大。

四、产权制度变迁相关理论的简评

上述产权及制度的变迁，无论是马克思用生产力与生产关系的矛盾运动，来分析人类各历史时期产权制度变迁的四个阶段，还是新制度经济学揭示的产权制度演变的三个阶段以及企业产权制度演变的规律等，均对各历史时期的社会经济发展起了一定的推动作用，同时使产权及其制度变迁的理论不断发展，极大地丰富了产权理论文库，这是人们一致肯定的。但人们还没有专门系统地论述产权制度变迁对产业组织演进的影响效应。在产权经济学者论证产权及制度变迁的描述中深深地蕴含着产业组织的适应性调整，如私有企业的行为表现为追求尽可能多的利润，而公有企业的行为表现为多元化目标，其中包含着社会责任目标。可见企业的产权性质不同，企业的行为也相异，这将导致市场结构和绩效的不一样。表明公有产权变迁到排他性私有产权，必然引起相应的市场结构、企业行为以及市场绩效的变化。这就要求对这种“关联互动”展开整体深入的研究。

---

① 李晓丹:《国有资产管理与经营》，中国统计出版社，2000 年，第 25 页。

第三节　产业组织和产权制度关联的理论述评

一、关于市场竞争、产权及市场绩效关系的相关理论

经济理论一般强调市场竞争在促进资源配置效率上的作用，竞争作为一种选择机制，与企业的优胜劣汰、市场结构及经济绩效存在一定的联系。基恩·哈特（Keith Hartley）的研究表明，产品市场竞争是怎样影响股东和管理者之间的激励合同的性质的，① 即市场竞争可以作为一种激励机制，促进企业内部效率的改善。其原因就在于竞争打破了信息垄断，委托人通过在市场上寻找同类企业作为标杆与本企业进行比较，以揭示代理人努力的信息，委托人从而可以合理决定代理人的报酬，市场竞争促进了企业内部效率的改善。随着产品市场竞争性的加强，企业成本最小化行为的激励也会被不断地提高。② 市场中企业间的垄断竞争关系将影响市场绩效。

随着新制度经济学的兴起，产业组织理论越来越多地开始考察产权对于绩效的影响。乔治·亚罗认为，所有权是重要的，其原因就在于所有权的变化将导致企业决策制定者面临的激励结构的变化。③ 英国经济学家史蒂芬·马丁和戴维·帕克认为，国有企业无效率的主要原因是：（1）过多的政治干预；（2）管理者

① John Vickers and George Yarrow, *Privatization: An Economic Analysis*, MIT Press, 1988, p. 89.

② Attiat F. Oh and Keith Hartley, *Privatization and Economic Efficiency*, Edward Elgar, 1991, p. 125.

③ George Yarrow, *Does Ownership Master? Privatization and Competition*, Edited by Cento Valjanovski, London: Institute of Economic Affairs, 1989, p. 87.

模糊的、相互冲突的目标；（3）政治家和公务员不能像私人资本市场那样去有效地监管管理者的行为；（4）管理者的薪金是由政府决定的，缺乏绩效与报酬的相关激励机制等方面的原因。① 这就具体地描述了产权对绩效的影响。产权理论指出不同的所有权将导致不同的目标函数和激励约束机制，最终影响到企业内部效率。

在上述研究的基础上，一些学者将产业市场结构与产权理论进行了结合研究。如基恩·哈特和戴维·帕克分析了所有权和市场结构对于经济绩效的影响，如表 2-2 所示：

表 2-2

市场 企业 所有权	垄断	竞争
公有产权	A	B
私有产权	C	D

根据表 2-2，大致有以下结果：（1）D 优于 A 和 C，反映了竞争的有利作用；（2）D 优于（或等于）B，有证据表明在竞争下，私有企业有很大的可能优于国有企业；（3）B 优于 A 反映了竞争的作用；（4）B 优于、等于或不如 C，这取决于竞争和所有权的相对强度。②

① Stephen Martin and David Parker, *The Impact of Privatization Ownership and Corporate Performance in UK*, London Routledg, 1997, p. 113.

② Keith Hartly, and David Parker, Privatization: A Conceptual Framework, in Attiat F. Oh, and Keith Harthey, *Privatization and Economic Efficiency*, Edward Elgar, 1991, p. 146.

这一研究指出了市场结构和产权结构共同影响着实际经济绩效。国内学者也进行了这方面的理论归纳与研究，如刘小玄总结了产权和市场之间的关系，指出：（1）在竞争的市场结构条件下，与公有企业相比较而言，私有产权的确具有显著的良好绩效，这是多数经验研究的结果。（2）在缺乏竞争的市场结构条件下，所有权的绩效差异并不明显。（3）在不同的市场结构或不同的市场竞争环境中，所有权对绩效的影响效果也是不同的。（4）市场结构和产权结构又具有多样性，而且构成许多不同的组合，这就使得决定绩效的空间多维化和复杂化。① 通过实证研究得出了以下结论：产业绩效取决于产权结构、规模结构以及集中度这些因素的相互关系及相对强度。

二、关于产权、企业行为与绩效关系的相关理论

1932 年，伯尔 · 米恩斯所著《现代公司和私有制》出版，该书分析了企业产权结构和组织结构的演变，将引致企业行为的变化，并对市场绩效产生影响。这一研究将产权理论引入产业组织范围，促成对企业行为的研究成为被关注的领域。

20 世纪 80 年代中期以来，以威廉姆森、肯尼斯 · W. 克拉克森等为代表的经济学家，沿着科斯、诺思等新制度经济学家的思路，运用产权理论分析企业行为及其对市场绩效的影响。他们指出：一方面经济主体在交易过程中，对经济组织的选择将直接影响交易成本的大小和交易的效率，另一方面企业总是以一定的产权制度为基础的，不同的产权制度将产生不同的企业行为，最终将影响经济绩效。

---

① 刘小玄：《中国转轨过程中的产权和市场——关于市场、产权、行为和绩效的分析》，上海三联书店、上海人民出版社，2003 年，第 56 页。

三、产业组织与产权制度关联的理论简评

综上所述，经济学者们根据他们论证问题的需要，仅局限于从不同视角在某一方面阐述了产权与企业行为、市场结构以及绩效的关联关系，一定程度地揭示了其互动的规律，但未能系统全面论述。笔者在他们的启迪下，将对产业组织演进与产权制度变迁的关联进行系统研究和量化分析。

第三章　产业组织演进的一般规律

产业组织演进有其规律。下面先描述产业组织演进的内涵，然后系统地分析产业组织演进的主要影响因素和产业组织演进理论中产业生命周期四阶段，分析中运用博弈论建立相关模型，以期从量化的角度揭示产业组织演进的一般规律，从而使市场结构、企业行为、市场绩效向优化的方向演进。同时，也为研究其与产权制度变迁的互动关联做理论准备。

第一节　产业组织演进的内涵

产业组织演进是指产业内企业与市场相互关系的演进，包括市场结构、企业行为和市场绩效自身的发展变化，以及受供求状况、技术创新、制度变迁，特别是产权制度变迁等相关外部因素变化的影响而不断演进。也就是说，产业组织始终处于动态变化之中。我们研究产业组织演进，就是要从动态的角度分析市场结构的不断优化、企业行为的不断完善和市场绩效的不断提高。本节就市场结构、企业行为和市场绩效的演进予以描述，并揭示产业组织演进的一般规律。

一、市场结构演进

（一）市场结构演进的内涵

市场结构演进是指在市场集中度、产品差别化程度和市场进退壁垒等因素变化的作用下，而导致市场主体的构成、市场主体之间的相互关系的变化。市场结构演进是一个反映市场竞争和垄断关系演变的概念，它是由效率低的市场结构向效率高的市场结构模式的转化，是寻找垄断和竞争的最佳组合模式。

理论证明，在一定假设条件下，完全竞争的市场结构是最有效率的，是资源配置的最佳方式，符合帕累托最优的条件。但现实经济中，完全竞争的市场结构是很难长期存在的，或者是转瞬即逝的；完全垄断的市场结构可能会造成资源的巨大浪费和社会福利的损失，从长期来看将导致低效率。在实践中，最为常见的是垄断和竞争不同程度结合而成的市场结构，如垄断竞争和寡头垄断的市场结构。

当代经济学家依据竞争的程度把市场分为多种类型，例如，谢佩德（Shepherd，1985）根据市场势力（Market Power）和市场份额（Market Share）把市场结构分为6种，如表3-1所示。

表3-1　**主要的市场结构类型**

市场类型	主要条件	现实经济生活中的例子
完全垄断	一个厂商占有100%的市场份额	电力、电话、自来水、公共汽车等。
占优厂商（或主导厂商）	一个厂商拥有的市场份额在50%～100%之间，没有与之抗衡的厂商	报纸、柯达胶片、吉列刀片等。
紧密寡头	前4位厂商共同占有60%～100%的市场份额，它们之间很容易串谋固定价格	铝、铜、TV传播、地区性银行等。
松散寡头	前4位厂商共同占有最高40%的市场份额，它们之间串谋固定价格是不可能的	家具制造业、木林业、小型机械、五金工具等。
垄断竞争	存在许多有实力的竞争对手，任一企业都不能占有10%以上的市场份额	零售业、服装业等。
完全竞争	至少存在50个以上的竞争者，任一企业的市场占有率均微不足道	小麦、谷物、牲畜、家禽等。

资料来源：Shepherd，William G.，*The Economics of Industrial Organization*，Second Edition，Prentice-Hall，Inc.，1985，p. 4.

市场结构本身有多种中间类型，而且这些市场结构类型不是静止不变的，而是处于一个动态变化的过程中，是垄断和竞争不断调整、组合、持续演进的过程。

（二）市场结构演进的测度

1. 产业的垄断和竞争程度的测度

在市场经济条件下，产业组织的集中程度过高，就会削弱企业的活力，甚至会形成对市场的垄断；集中程度过低，又会出现企业组织间的过度竞争。因此，合理的集中程度，是产业组织合理化的重要标志。如何衡量集中程度，通常采用集中度、赫芬达尔指数、熵指数、洛伦兹曲线和基尼系数来衡量一个产业的市场集中程度。本书主要介绍前三种：

（1）集中度。

集中度是指规模最大的前几家企业的有关数值（可以是产值、产量、销售额、销售量、职工人数、资产总额等）占整个市场或行业的份额，以下仅用销售额为例，计算公式为：

$$C_n = \sum_{i=1}^{n} x_i \Big/ \sum_{i=1}^{N} x_i$$

式中，C_n 为某产业内规模最大的前 n 家企业的集中度，x_i 为产业内第 i 家企业的销售额，N 为该产业内全部企业数，n 为前 n 家企业数。通常情况下，C_n 越大，市场集中度越高，反之则相反。

（2）赫芬达尔指数（简称 H 指数）。

赫芬达尔指数是指某产业内所有企业的市场份额的平方和。其计算公式为：

$$H = \sum_{i=1}^{n} s_i^2$$

式中，s_i 为第 i 个企业所占的市场份额，n 为全部企业数。当独家企业垄断时，该指数等于1；当所有厂商规模相同时，该

指数等于 $1/n$。一般说来，H 指数越大，说明市场集中度越高；反之，H 指数越小，则市场集中度越低。

(3) 熵指数（简称 E 指数）。

它是借用信息理论中熵的概念提出来的，其计算公式为：

$$E = \sum_{i=1}^{n} s_i \log(1/s_i)$$

式中，s_i 为第 i 个企业所占的市场份额，n 为全部企业数。熵指数对每个企业的市场份额赋予一个 log（$1/s_i$）的权数。它表明赋予大企业的权数较小，而赋予小企业的权数较大。其结果是 E 值越大，表示集中度越低；反之，E 值越小，则表示集中度越大。①

上述三个衡量生产集中状况的指数，随着各种因素的影响，总是处在演进的过程中。下面以我国若干产业 1990-1995-2000 年市场集中度 C_8 的变化情况为例，用表 3-2 予以描述。在表 3-2 中，总共有 27 类工业产业领域，对 1990 年、1995 年及 2000 年三个年份市场集中度指标 C_8 进行比较，有 8 类工业产业领域市场集中度逐步降低，有 6 类工业产业领域市场集中度逐步升高，有 5 类工业产业领域市场集中度先降后升，有 8 类工业产业领域市场集中度先升后降，这说明市场集中度是受多因素影响而处于不断的变化调整过程中的。市场集中度的稳定是相对的，变动是绝对的，我们应动态地看待市场结构变化，企图把其固化在某一点是徒劳的。

2. 产品的替代程度测度

(1) 需求的交叉价格弹性。

需求的交叉价格弹性是指某种产品价格的相对变动，而引起

---

① 孙敬水：《市场结构与市场绩效的测度方法研究》，《统计研究》2002 年第 5 期。

的另一种相关产品需求量的相对变动。需求的交叉价格弹性可以反映产品之间的替代性程度，进而反映市场中垄断和竞争的程度。具体描述如下：

假设 x 产品价格的相对变动，而引起的其相关产品 y 产品需求量的相对变动，即 y 产品对 x 产品需求的交叉价格弹性系数为 E_{xy}，其数学表达式为：

$$E_{xy} = \frac{\Delta Q_y / Q_y}{\Delta P_x / P_x} = \frac{\Delta Q_y}{\Delta P_x} \cdot \frac{P_x}{Q_y}$$

式中，Q_y 为 y 产品的需求量，ΔQ_y 为其变动量，P_x 为 x 产品的价格，ΔP_x 为其变动价格。

当 $\Delta P_x \to 0$ 时（即价格变动量非常小）：

$$E_{xy} = \lim \frac{\Delta Q_y}{\Delta P_x} \cdot \frac{P_x}{Q_y} = \frac{\mathrm{d}Q_y}{\mathrm{d}P_x} \cdot \frac{P_x}{Q_y}$$

表 3-2　**1990-1995-2000 年中国工业产业市场集中度的变化（%）**

产业	集中度 C_8			
	1990 年	1995 年	2000 年	变化
石油和天然气开采业	88.3	76.8	21.3	逐步降低
黑色金属矿采选业	32.6	24.5	24.1	逐步降低
电力生产与供应	64.9	39.0	23.4	逐步降低
有色金属冶炼业	23.4	14.7	13.9	逐步降低
石油加工与炼焦业	55.2	44.8	35.9	逐步降低
化学纤维制造业	44.6	37.6	32.9	逐步降低
黑色金属冶炼业	31.0	30.2	27.9	逐步降低
化学原料及制品业	15.6	11.3	10.7	逐步降低
电子及通信设备制造业	14.6	14.7	13.8	先升后降

续表

产业	集中度 C_8			
	1990 年	1995 年	2000 年	变化
塑料制品业	6.1	6.7	5.1	先升后降
有色金属矿采选业	12.5	15.9	13.7	先升后降
自来水生产与供应	20.4	24.8	16.0	先升后降
金属制品业	3.7	4.6	4.3	先升后降
食品制造业	2.3	9.9	9.4	先升后降
橡胶制品业	12.7	32.7	17.2	先升后降
烟草加工业	26.0	37.0	36.5	先升后降
纺织业	1.4	2.8	4.1	逐步升高
家具制造业	5.4	5.4	6.6	逐步升高
煤炭采选业	19.4	20.3	21.3	逐步升高
医药制造业	9.7	11.8	14.4	逐步升高
机械制造业	4.0	6.4	7.6	逐步升高
饮料制造业	5.4	8.6	15.9	逐步升高
造纸业	10.8	5.3	8.1	先降后升
交通运输设备制造业	21.0	20.9	22.4	先降后升
电气机械及器材制造业	9.3	8.8	13.5	先降后升
印刷业	5.5	5.1	8.2	先降后升
仪器仪表制造业	10.5	7.8	18.1	先降后升

资料来源：唐要家：《进入竞争与市场绩效：辨明与检验》，《产业经济研究》2004 年第 4 期，第 15 页。

从理论上讲，可以根据 E_{xy} 的正负，把 x 产品价格变动引起 y 产品需求量变动的关系分成独立品、替代品和互补品三类（如

图 3-1 所示）。

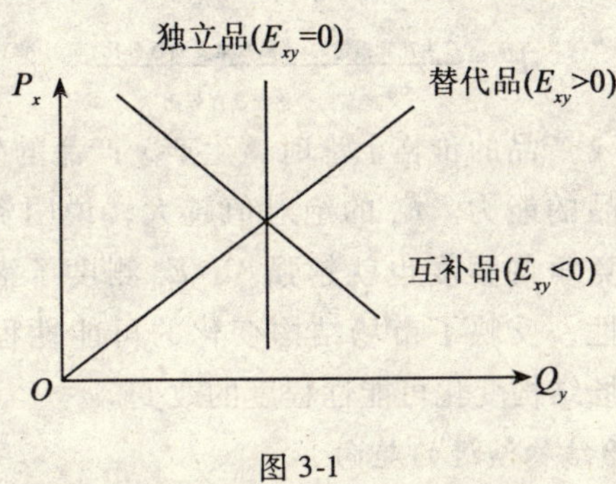

图 3-1

当 $E_{xy}>0$ 时，两种产品之间存在替代效应，E_{xy}值越大，两种产品之间的替代程度越大；当 $E_{xy}<0$ 时，两种产品之间存在互补效应，E_{xy}的绝对值越大，两种产品之间的互补性越强；当 $E_{xy}=0$ 时，两种产品之间相互交叉的价格与需求量没有关系，说明这两种产品之间无相互关系，叫独立品。

把需求的交叉价格弹性运用到衡量市场垄断和竞争的程度时，一般情况下是运用分析产品的替代效应，即 $E_{xy}>0$ 的情形。此时，E_{xy}值越大，两种产品之间的替代程度越大，竞争程度越强。① 产品需求的交叉价格弹性的波动，反映了产业内企业之间的垄断竞争关系，对产品需求的交叉价格弹性的测定，有利于掌握产业内市场结构变动的信息。

（2）供给的交叉价格弹性。

从生产者角度看，生产产品的生产要素和技术之间存在替代性。这种替代性从生产要素和技术的角度反映了新企业加入市场竞争的可能性。替代性越强，就表明新企业加入市场竞争程度越

① 邬义钧：《产业经济学》，中国统计出版社，2001 年，第 268 页。

强，反之，则相反。用 E_s 表示供给的交叉价格弹性，计算公式如下：

$$E_s=\frac{x_{\text{生产者提供的}x\text{产品数量变动百分比}}}{y_{\text{产品的价格变动百分比}}}$$

E_s 表示当 y 产品的价格上涨时，生产 x 产品的生产者把资源转向生产 y 产品的能力。E_s 的绝对值越大，说明资源转移的能力越强，市场竞争的程度也就越强。① E_s 测度了潜在进入者进入市场的可能性，反映了市场结构变化的可能性程度，E_s 值的变动将反映市场结构变化可能性程度的改变。

（三）市场结构演进的趋向

马克思在《资本论》中指出，谋求超额利润的资本家之间的竞争，诱发减少生产费用的新的生产方式，必然追求规模的经济性，结果导致企业的大型化，淘汰那些落后企业，发展为垄断，也就是说竞争孕育了垄断。马克思从实质上指出了产业中的垄断竞争关系是不断演变的。西方国家市场经济发展的实践证明，从总体上看产业组织中的市场结构总是处于不断地调整和变化之中，是动态而非静态的，在不同产业领域有不同的演变趋向。

下面根据不同产业类型讨论市场结构演进的趋向：

1. 在一家企业生产经营比由两家或更多企业同时生产经营成本更低的自然垄断产业中，由于科学技术的创新，竞争性的替代产品或服务的出现，市场结构由完全垄断向占优企业或紧密寡头方向演进。如电信产业中无线信号企业与有线信号企业的竞争，无线信号企业中不同技术实现形式之间的竞争。

2. 在规模经济效益非常显著的产业中，竞争的结果将导致生产集中，形成以少数企业为竞争主体的市场结构，即寡头垄

① 邬义钧：《产业经济学》，中国统计出版社，2001 年，第 269 页。

断，其基本特征是市场上只存在少数大企业，企业间竞争在一定规模上展开。具体形式有三种：占优厂商、紧密寡头和松散寡头，如飞机制造、汽车制造等产业领域。

3. 在规模经济较为显著的产业中，最终会形成垄断竞争的市场格局。在这些产业中，每个企业都尽力使自己的产品与其他企业的产品有所不同，于是每个企业都拥有一些垄断力量，但这种力量通常很小。因为每个企业的产品非常相似，这种产品间的可替代性导致了企业间的竞争。

4. 在规模经济效益不显著的产业中，数目众多的企业，每一个企业的市场份额相对于市场总容量是微不足道的，不具备任何市场支配力，近似于完全竞争的市场结构，市场集中度在低位反复徘徊。

由上述可见，只有适合不同产业要求的市场结构模式建立起来了，市场结构模式的演变才能相对达到稳定的状态。过度分散竞争和过度垄断都是市场结构的失衡状态。

二、企业行为演进

（一）企业行为演进的内涵

企业行为是企业为实现经营目标，而根据市场环境的变化采取相应的策略和措施的行为。企业行为演进既是体现产业组织演进的重要组成部分，又是促使市场结构及其绩效演进的重要推进力量。

在产业经济学中，常用的行为分析主要是指市场行为，大致包括价格调整、产品数量调整、技术进步与并购等行为，而这种行为又直接决定了企业可能的盈利率，因而是连接市场结构和绩效的重要环节。传统产业组织理论的分析一般不考虑产权制度及组织结构所决定的企业运行效率行为问题，后来的有些分析考虑到了低效率问题，因而研究了产权制度及组织结构决定企业效率性行为，进而影响绩效。①

我们这里探究的企业行为不仅仅是传统的市场行为，而是将企业运行效率行为纳入进来。我们认为企业行为的基本模式主要包括以下几个方面：

1. 企业运行效率行为。它指的是企业为追求利润最大化目标，而内部成员在日常生产经营中尽量减少偷懒、“搭便车”及窃取财物等低效行为。

2. 数量扩张行为。它指的是企业为了抓住市场机遇和获得市场势力，在一定的条件下，会采取通过自身积累筹资或对外融资来扩大企业生产能力。这里的数量扩张行为不包括通过企业间并购来扩张的行为。

3. 价格竞争行为。它是指以控制和影响价格为基本特征和直接目的的价格竞争行为，包括成本加目标利润定价、限制性定价和掠夺性定价等行为。

4. 技术创新行为。它指的是企业进行工艺流程创新、新产品开发等创新行为。

5. 企业间并购行为。它指的是企业间通过兼并和收购，从而扩张规模，获得跨越式发展的一种行为模式。

上述企业行为的基本模式构成的选择集合不是静态的，而是随着行为模式创新不断丰富和扩展的。这正如纳尔逊和温特指出的，企业行为不像传统的主流理论那样，被假定为在明确界定的选择集合中寻找使其利润最大化的均衡解，而被看成是利润推动

① 刘小玄：《中国转轨过程中的产权和市场——关于市场、产权、行为和绩效的分析》，上海三联书店、上海人民出版社，2003 年，第 131 页。本书把企业运行效率行为与企业市场行为同时并入企业行为模式集合，为综合考察企业行为演进与产权制度变迁的关系作铺垫。

的，并寻找增进利润的途径。① 在企业行为选择集合中，多种基本行为方式的组合，促成了企业行为模式的多样化，企业行为选择集合的丰富与扩大，为企业行为模式演进提供了更大的选择空间。

企业行为的演进就是企业根据外部环境变化和自身内部条件重新选择一套基本行为方式的组合，而这种基本行为方式可以是既有行为选择集合中的，也可以是被创新和发明出来的。在实际中，由于信息的不对称和能力的有限性，企业往往很难按利润最大化原则来选择行动，企业行为往往是由企业经营管理者以前积累的经验和知识所决定的，其中包含着不可言传的蕴含型知识。这有利于省去许多计算、节省许多时间和费用。

企业按现有的经验和知识行动后，如达到预期的经营目标，这种经验和知识将被维持，否则企业将进行搜寻或创新，以获取新的经验和知识，这其实就是一种适应性学习机制，这种机制是企业行为演进的动力。西蒙曾指出，适应性学习指的是以下过程："逐渐地并且以对过去曾经有最频繁回报的选择作出更为频繁回应的经验为基础。"② 意即人类的学习采取的是一种选择性的试错式搜寻的形式。从本质上说，西蒙认为："人类学习主要通过一个适应性反馈机制发挥作用。"③

企业过去行为的结果影响着企业经营管理者的经验和知识是否被更新，企业经营管理者的经验和知识的可变性决定了企业行为的演进。

---

① 理查德·R. 纳尔逊、悉尼·G. 温特：《经济变迁的演化理论》，商务印书馆，1997 年，第 8 页。

② Simon, Theories of Decision-Making in Economics and Behavioral Science, *American Economic Review*, 49, 1959, pp. 53-83.

③ Simon, Models of Bounded Rationalty, *Behavioral Economics and Business Organization*, Vol. 2, Massachusetts: MIT Press, 1982, p. 75.

（二）企业行为演进的趋向

企业行为经历了由单一化行为方式向多元化组合行为方式的演变过程，行为选择集合的扩大，企业行为模式更趋复杂化、多样化。具体而言，企业行为从只依赖于运行效率行为、数量扩张行为或价格竞争行为转为向运行效率行为、数量扩张行为、价格竞争行为、技术创新行为和企业间并购行为等多元组合的方向演进。从产业组织层面来看，数量扩张行为或价格竞争行为是企业采用较多的基本行为方式，但数量扩张或价格竞争容易导致恶性竞争。企业将逐步认识到靠粗放型扩张和恶性价格战只能获取短期收益，长期而言，企业将面临微利或亏损的低效状态。

从企业行为演进的一个趋向来看，越来越多的企业开始注重以产品技术创新和提高产品质量树立自己的品牌，进行工艺流程创新以降低运营成本，同时深入挖掘消费者的需求类别和层次，并提供相应的带有差异性的产品予以适应和满足。企业通过不断技术创新寻找市场机会，这就为企业提供了差异化竞争的可能，因此可以避免恶性竞争给双方带来的损害。这种通过创新以形成产品的差异性是企业基本行为模式组合复杂化的典型表现。从长期看，把技术创新行为纳入行为选择集合的企业数目在产业中的比重会增加。

从企业行为演进的另一个趋向来看，企业越来越注重规模经济的效应，产业内的企业通过并购的方式以利于发挥规模方面的协同效应。企业的基本行为方式从只注重竞争带来效益和效率的改善，转到竞争与并购并重来提高效率和收益。企业并购泛指在市场机制作用下，某一企业为获得对其他企业的控制权，而进行的产权交易活动。产业在成熟阶段后期或衰退阶段，企业仅以数量扩张、价格竞争作为主要竞争行为，有局限性。因为此时不少企业在这种竞争方式中败落下来，处于停产、亏损的状态，面临着淘汰或各种类型并购的压力，例如为求得规模效应以降低成本而进行的横向并购，为提高效率和利润率而进行纵向并购，为发挥协同效应和拓展企业的管理能力而进行混合并购。这些压力的存在有多种原因，正如弗雷德·威斯通所说：产业的产量差不多已经达到了它所能达到的顶峰。由于销售和生产能力之间的关系对企业不利，利润率变得很少。① 此时，产业中的企业必须在行为模式上寻求突破，企业并购是企业避免过度竞争以改善绩效状况的一种重要行为模式。正如著名经济学家施蒂格勒（George J. Stigler 所说的那样："一个企业通过兼并其竞争对手的途径发展成巨型企业，是现代经济史上一个突出现象"，"没有一个美国大公司不是通过某种程度、某种方式的兼并而成长起来的，几乎没有一家大公司主要是靠内部扩张成长起来的"。②企业为了获取规模经济、范围经济及效率方面的支配力量，而避免恶性竞争，将会把并购行为纳入行为选择集合。③

我国彩电企业经历了上述演变过程。20 世纪 80 年代末 90 年代初，我国彩电产业处于卖方市场条件下，彩电企业采取了数量扩张行为，产能迅速扩张。20 世纪 90 年代中期，我国彩电产业由"卖方市场"转向"买方市场"，彩电产业进入生产量大于销量的时期。截至 2003 年，全国还约有 60 家生产企业、100 多条生产线，国内产能在 8000 万台左右，而销售量为 6600 万台（国内外市场）。④ 由于供给超过需求的局面出现，以长虹、康

---

① J. 弗雷德·威斯通：《兼并、重组与公司控制》，经济科学出版社，1998 年，第 93 页。

② G. J. 施蒂格勒：《产业组织与政府管制》，上海三联书店、上海人民出版社，1996 年，第 242 页。

③ Shepherd, William G., *The Economics of Industrial Organization*, Second Edition, Prentice-Hall, Inc., 1985, p. 8.

④ 邵春光：《我国彩电市场的实证分析及对策研究》，《宏观经济研究》2004 年第 2 期。

佳为代表的彩电企业之间爆发了十分激烈的价格战，且持续时间较长。然而在彩电市场供过于求的情况下，我国彩电技术创新缓慢，产品功能的同质化使企业之间只能在价格上比拼，价格战的主要目标就演变成了争夺市场占有率，排挤竞争对手。仅仅依赖数量扩张和价格竞争行为，使彩电产业生产能力过剩和价格趋低，这迫使企业重视技术创新。同时迫使竞争力强的企业发展，竞争力弱的企业消亡或被并购，使市场集中度提高，规模经济逐步增强。

综上所述，从企业行为看，产业组织将从仅注重数量扩张行为或价格竞争行为，向以技术创新行为和企业间并购为重要内容的多种基本行为方式组合的方向演进，这是一个按市场经济规律不断演进的动态过程。这种行为动态演进过程除有其内在变动规律外，都得到或要求相应的制度，特别是产权制度变迁的支持，否则其演进迟缓。

三、市场绩效演进

（一）市场绩效演进的内涵

市场绩效是指在市场供求状况、市场结构等外部环境的作用下，通过一定的企业行为使企业在价格、产量、费用、利润、产品、质量、品种以及技术进步等方面所形成的最终经济成果。

市场绩效演进是反映产业组织演进的一个重要方面，它是在充分考虑了产业性质、供求状况、技术创新及制度创新等因素后，理性看待最终经济成果的动态变化。市场绩效演进主要体现在资源配置效率、规模结构效率、技术进步程度、生产率指标以及X效率等指标的变动上。下面我们仅就前三个方面予以分析。

（二）市场绩效演进的衡量

1. 市场资源配置效率的演进

资源配置效率是从消费者的效用满足程度和生产者的生产效

率大小的角度来考察资源的利用状态。其内容可以分为三个方面：一是有限的消费品在消费者之间进行分配以使消费者获得的效用满足程度。一般用消费者剩余来衡量，它指的是消费者购买而获得的满足一般大于因支付购买费用而放弃的满足，二者之差便是消费者剩余。二是有限的生产资源在生产者之间进行分配以使生产者获得的产出大小及盈利状况。通常用生产者剩余衡量，它指的是销售收入与生产费用之差。三是同时考虑生产者和消费者两个方面。即生产者利用有限的生产资源所得到的产出大小程度及盈利状况和消费者使用这些产出所获得的效用满足程度。通常用社会总剩余来衡量，它等于生产者剩余和消费者剩余之和。①

以消费者剩余、生产者剩余和社会总剩余三个方面来判断不同产业组织形式是否有利于竞争，不同的学派有不同的观点。芝加哥学派采用效率至上的标准，他们认为一种产业组织形式与另一种产业组织形式相比，只要它增加了社会总剩余，这种产业组织形式就是促进竞争的。后芝加哥学派采用公平至上的标准，他们认为一种产业组织形式与另一种产业组织形式相比，只要它减少了消费者剩余，这种产业组织形式就存在限制竞争的危害。②本书以后芝加哥学派的标准为基础，并运用动态的观点来考察资源配置效率，如消费者剩余、生产者剩余和社会总剩余等的变动情况，以此分析产业组织形式的合理性。

评价市场资源配置效率最常用的指标有以下三种：

（1）利润率指标。

---

① 邬义钧：《产业经济学》，中国统计出版社，2001 年，第 594 页。

② Shapio, C. and Willig, R., On the Antitrust Treatment of Production Joint Ventures, *Journal of Economic Perspectives*, Vol. 4, No. 3 (Summer), 1990, pp. 113-130.

利润率是一种衡量单位投资盈利多少的方法，之所以可以使用利润率指标来描述市场绩效，是因为微观经济理论认为，在完全竞争的市场结构中，资源配置实现最优，该市场上的所有企业都只能获得正常利润，且不同产业的利润率水平趋向一致。在产业组织理论中的利润是指经济利润，而不是会计利润。经济利润等于收入减去劳动、物资和资本成本，资本成本等于出租资本可能获得的总租金。① 而会计利润是根据会计原则所计算的利润，一般而言，它等于销售收入减去变动成本和固定成本。由于经济利润的计算十分复杂，在实证分析时往往采用会计利润来代替。利润率指标有销售利润率、税后股本收益率等指标，产业内利润率指标总是处于不断变化之中。下面以我国若干工业产业 1990-1995-2000 年销售利润率的变化情况为例，用表 3-3 予以描述。在表中，总共有 27 类工业产业领域，对 1990 年、1995 年及 2000 年三个年份销售利润率进行比较，有 7 类工业产业领域销售利润率逐步降低，有 4 类工业产业领域销售利润率逐步增加，有 13 类工业产业领域销售利润率先降后升，有 3 类工业产业领域销售利润率先升后降，利润率指标在不同产业领域呈现出不同的变化情况。

下面我们分析市场集中度指标 C_8 变动与销售利润率变动的相关性，在 8 类市场集中度逐步降低的产业领域，其中有 6 类销售利润率也出现了逐步降低的变化趋势；8 类市场集中度先升后降的产业领域，其中有 2 类销售利润率也出现了先升后降的变化趋势；6 类市场集中度逐步升高的产业领域，其中有 2 类销售利润率也出现了逐步增加的变化趋势；5 类市场集中度先降后升的产业领域，全部销售利润率出现了先降后升的变化趋势。这说明市场结构变动与市场绩效变动有一定的相关性，但并不存在一一

① 鄔义钧：《产业经济学》，中国统计出版社，2001 年，第 595 页。

对应关系。

(2)勒纳指数(Lerner Index)和贝恩指数(Bain Index)。

勒纳指数(即价格-成本加成)量度的是价格与边际成本的偏离率,其计算公式为:

$$LI = (P - MC)/P$$

式中:LI 表示勒纳指数;P 为价格;MC 为边际成本。

勒纳指数的数值在0到1之间变动,在完全竞争条件下,$P = MC$,$LI = 0$。

表3-3 **1990-1995-2000年中国工业产业利润率的变化(%)**

行业	销售利润率			
	1990年	1995年	2000年	变化
化学原料及制品业	5.67	3.34	3.15	逐步降低
石油加工与炼焦业	3.98	3.71	0.05	逐步降低
黑色金属矿采选业	10.02	1.86	1.86	逐步降低
有色金属矿采选业	12.21	7.39	7.39	逐步降低
化学纤维制造业	9.71	5.88	5.33	逐步降低
黑色金属冶炼业	6.11	3.47	2.90	逐步降低
有色金属冶炼业	5.95	3.33	3.23	逐步降低
煤炭采选业	-11.50	3.09	0.04	先升后降
自来水生产与供应	8.66	9.64	3.01	先升后降
烟草加工业	-0.15	12.65	9.97	先升后降
家具制造业	0.78	2.42	4.63	逐步增长
石油和天然气开采业	-11.50	9.00	39.40	逐步增长
电子及通信设备制造业	4.41	4.84	6.75	逐步增长
饮料制造业	0.91	3.31	5.92	逐步增长

续表

行业	销售利润率			
	1990 年	1995 年	2000 年	变化
食品制造业	2.34	1.83	4.05	先降后升
塑料制品业	3.01	0.82	3.94	先降后升
电力生产与供应	9.17	6.43	6.70	先降后升
造纸业	9.39	2.39	3.96	先降后升
印刷业	8.73	2.52	8.05	先降后升
医药制造业	6.40	5.70	8.39	先降后升
橡胶制品业	2.94	0.89	1.41	先降后升
金属制品业	4.29	1.73	3.04	先降后升
机械制造业	3.19	2.34	3.23	先降后升
交通运输设备制造业	4.90	2.73	3.72	先降后升
电气机械及器材制造业	4.24	3.00	4.32	先降后升
纺织业	1.54	-0.97	2.85	先降后升
仪器仪表制造业	5.87	1.66	4.50	先降后升

资料来源:唐要家:《进入竞争与市场绩效:辨明与检验》,《产业经济研究》2004 年第 4 期,第 15 页。

在垄断情况下，勒纳指数会大一些，但不会超过 1。当 *LI* 由 0 趋向 1 时，市场的垄断程度增强，反之亦然。必须指出的是，勒纳指数本身反映的是当市场存在支配能力时价格与边际成本的偏离程度，但是却无法反映企业为了谋取或巩固垄断地位而采取的限制性定价和掠夺性定价行为，原因在于这两种情况下，勒纳指数接近于 0，不能表明该市场一定就是竞争性的。

在实际计算过程中，由于边际成本的数据很难获得，常常要使用平均成本代替边际成本，这就是贝恩指数。贝恩指数是著名的产业组织学学者贝恩提出的一个指标。他把利润分为会计利润和经济利润两种，其计算公式为：

$$BI = \pi_e / V$$

式中：BI 表示贝恩指数，π_e 表示经济利润，即 $\pi_e = R - C - D - iV$，其中 R 为总收益；C 为当期总成本；D 为折旧；i 为正常投资收益率；V 为投资总额。

实际上，贝恩指数代表的是产业的超额利润率。其理论依据是，市场中如果持续存在超额利润，那就表明该市场上存在垄断势力，且超额利润越高，垄断力量越强。

与勒纳指数相比，贝恩指数所要求的基础数据相对比较容易取得，产生系统偏差的可能性就减少了。但是这两个指标都存在一定缺陷，因为企业或产业所获得的超额利润并不必定是通过垄断力量实现的，而且在有垄断力量的市场中，上述两指标也不一定就表现得更高，原因在于垄断企业往往会出于驱逐竞争对手和阻止新竞争者进入的目的而制定低价格，使行业市场显得无利可图。

(3) 托宾 q（Tobin's q）值

托宾 q 值是指一家企业资产的市场价值（通过其已公开发行并售出的股票和债务来衡量）与这家企业资产的重置成本的比率（Tobin，1969）。使用托宾 q 值的优点是避免了估计利润率或边际成本的困难。在另一方面，为了使 q 值具有意义，企业资产的市场价值和企业资产的重置成本都需要精确的衡量。若一企业资产的市场价值与重置成本的比值较大，那么他赚得了超额利润。这些利润远远超出了使企业留在产业中所必需的利润水平，这表明企业拥有较强的市场力量。

上述三项指标较多地从生产者的角度来反映市场绩效的变动情形，本书后续对市场绩效演进的分析将更多地考察消费者剩余和社会总剩余的变动情况。

2. 产业的规模结构效率演进

从长期来看，企业的最佳经济规模是长期边际成本与长期平均成本相等时实现的产量。产业的规模结构效率是指产业经济规模的实现程度，它主要体现产业内达到最佳经济规模企业的比重，以及企业规模能力有效利用程度。

企业的最佳经济规模主要运用以下四种方法来确定：

(1) 成本法。不同规模企业都有自己的最佳批量，比较产业内不同规模企业在达到最佳批量时的平均成本，就可以选出资源利用效率最佳的规模。

(2) 利润率法。该方法假设企业的利润率是其规模的函数，利润率越高的企业规模就越有效。但是由于企业规模不是影响利润率的惟一因素，这种方法准确性不高。

(3) 适者生存检验法。在激烈的竞争中能够生存，并且市场份额不断上升的企业或工厂的规模就是最优的。但是由于规模经济不是企业在竞争中生存下来且市场份额不断扩大的唯一原因，所以该方法也是有缺陷的。

(4) 工程技术法。它根据基本设备参数、工艺参数以及标准的技术费用定额来确定规模成本曲线，并以此确定最佳经济规模。①

企业随着技术革新、学习效应、自身产权制度及管理体制等的创新，其最佳经济规模水平总是处于变动的过程中，在许多领域如钢铁、汽车等产业，企业最佳经济规模水平呈现逐步扩大的态势，相应的产业规模结构效率就必须作出适应性调整，因而应从动态的角度来考察产业的规模结构效率。

3. 技术进步程度的演进

---

① 邬义钧：《产业经济学》，中国统计出版社，2001年，第599页。

根据索罗等人的观点，从广义上讲，在全部生产要素中，除劳动力、资本投入增加促使经济的产出增长外，其余使经济增长的因素都可以归为技术进步的作用。由此可以看出，技术进步程度是推动经济发展水平和产业组织合理化的重要推动力量。

在国家和产业层面，技术进步程度指的是技术进步对经济增长的贡献和对各种资源的合理利用程度。在国家和产业层面衡量技术进步主要有以下指标：

（1）年技术进步速度（a,%）。根据索罗的“余值”法，年技术进步速度 a 可表示为：

$$a = y - \alpha k - \beta l$$

式中：y 为产出增长率，k 为资本投入增长率，l 为劳动投入增长率。α、β 分别为资本和劳动产出弹性。

（2）技术进步对净产值（总产值）增长率的贡献。该指标反映技术进步对经济增长的综合影响。在企业层面上，评价技术进步的指标也很多，如专利数量、新产品比率等。

产业内技术进步的速度和方向是处于动态变化过程中的，它是衡量市场绩效改善程度的一个重要方面。从人类经济社会发展总体方向来看，产业和企业技术进步程度呈现出逐步提高的趋向。

第二节　产业组织演进的主要影响因素分析

产业组织演进是在产业性质、供求关系、技术创新、制度变迁和经济开放等各种因素变动的影响下，产业内企业之间的垄断与竞争关系，企业行为以及市场运行效率动态变化的一个过程。即产业组织本身并不是一成不变的，它受各种因素的不同程度的影响，而规律性地变化着。下面对前四个因素分别予以分析：

一、产业性质

产业由于自身特殊性质，而呈现出不同的演进过程。对涉及国家安全、公益性和自然垄断等产业部门，政府一般采取国家垄断经营或者管制经营模式，所以，这些产业部门并未呈现出自组织的演进过程，而是在很长一段时期处于行政垄断或行政管制状态下。由于进入这些产业面临政策性壁垒，产业内显然缺乏有效竞争机制和自然选择机制，企业缺乏外部有效约束，因此产业内的效率提高只能依赖政府监督。然而，政府相对企业来说，处于信息劣势，进行有效监督，将付出较高费用。

基于此，政府开始认识到对这些特殊性质的产业有的可以放松管制，降低进入壁垒，形成有效竞争机制。如英、法 20 世纪五六十年代进行的电信、铁路部门的私有化运动，放松管制，允许民间资本进入，这些产业的市场结构，企业行为与市场绩效将处于一个剧烈调整期。在经济转型国家中，这种现象就更为明显。从几乎全部产业都由国家垄断经营，到大部分产业允许民营资本、外资进入，产业组织自身将处于一个集中的、剧烈的变动期。

随着管制的放松，潜在进入者的进入，产业内的市场结构、企业行为及市场绩效将产生重大变化。产业中的市场结构将由垄断性程度较高的市场结构向竞争性程度较高的市场结构演变；单个企业的行为受到产业内企业群体行为的约束，企业间数量扩张、价格竞争行为难以避免。从长远看，企业间竞争程度的加剧，将导致价格下降，消费者剩余增加，生产者获取的原有超额垄断利润会趋于产业平均利润水平，社会整体福利水平改善。当然，并不是所有的产业都适合放松管制及引入竞争，各国可根据自身经济条件不同，对一些特殊产业仍然实施国家垄断和管制，这些产业的产业组织状态就较为稳定，具有特殊性。本书主要讨论一般性产业（即政府已放松管制，引入竞争机制的产业）的演进规律。

二、供求关系

产业内产品市场的供求关系，对产业组织演进有重大影响。这种影响体现在信息不对称条件下，市场供求状况往往难以达到均衡状态，因而生产能力时而不足，时而过剩，使得产业组织中的市场结构、企业行为及经济绩效处于一个动态的调整过程中。下面建立模型对其动态过程予以研究。

（一）基本模型的假设

假设1：市场上有 n（$n>2$）家对称的寡头垄断企业，生产同质产品，企业可以自由进入或退出。

假设2：企业的成本函数如下：成本函数 $c(q_i)=c\,q_i$，不考虑固定成本。

假设3：市场需求函数是线性的，表示为：$p=a-bQ$。

假设4：市场中其它条件不变，市场需求的不确定性是唯一影响因素。

（二）基本模型构建

企业根据需求函数 $p=a-bQ$，$Q=\sum_{i=1}^{n}q_i$，进行库诺特数量博弈。第 i 个企业的收益函数可表示为：

$\pi_i(q_1,q_2,\cdots,q_i,\cdots,q_n)=[a-b(q_1+q_2+\cdots+q_n)]\cdot q_i-cq_i$，求偏导得：

$\frac{\partial\pi_i}{\partial q_i}=a-b(q_1+q_2+\cdots+q_i+\cdots+q_n)+q_i(-b)-c=0$，联立解之得：

单个企业均衡产量、价格和利润分别为：$q^*=\frac{a-c}{b(n+1)}$，$p^*=$

$\frac{a+nc}{n+1}$，$\pi^*=\frac{(a-c)^2}{b(n+1)^2}$，产业总产量 $Q^*=\frac{na-nc}{b(n+1)}$，产业总利润 $\Pi^*=\frac{n(a-c)^2}{b(n+1)^2}$，市场集中度 $C_4^*=\frac{4}{n}$，赫芬达尔指数 $H^*=\frac{1}{n}$。

（三）对模型的分析讨论

下面仅就需求函数的变化分析其对产业组织演进的影响，分情况讨论如下：

情形 1：市场需求状况好，需求曲线向右移动，需求函数 $p=a_1-b_1Q$ 变动到完全处于原需求函数 $p=a-bQ$ 的右侧，如图 3-2 所示。

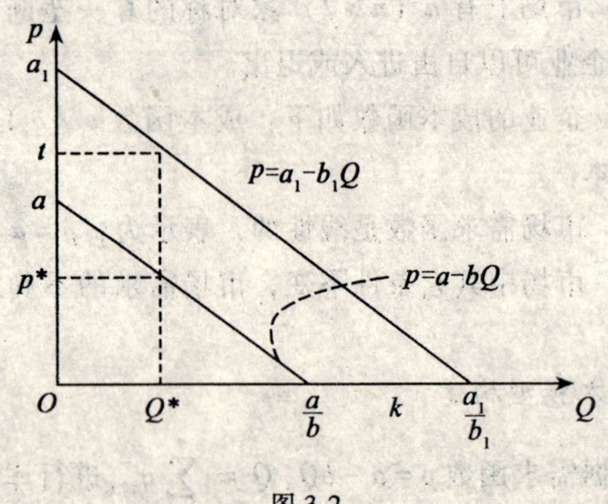

图 3-2

$$a_1>a,\frac{a_1}{b_1}>\frac{a}{b},a_1=a+t,\frac{a_1}{b_1}=\frac{a}{b}+k$$

此时，假定其它条件不变，仅仅考虑需求函数右移带来的影响，如不考虑企业的进入与退出，产业内企业数目不变，不考虑技术创新等因素，按库诺特博弈，企业的收益函数为：

$\pi_i=[a_1-b_1(q_1+q_2+\cdots+q_n)]q_i-cq_i$，求偏导得，$\frac{\partial\pi_i}{\partial q_i}=0$，联

立解之得：

需求函数右移后单个企业均衡产量、价格及利润分别为，$q_1^* = \frac{a_1 - c}{b_1(n+1)}$，$p_1^* = \frac{a_1 + nc}{n+1}$，$\pi_1^* = \frac{(a_1 - c)^2}{b_1(n+1)^2}$，产业总产量 $Q_1^* = \frac{n(a_1 - c)}{b_1(n+1)}$，产业总利润 $\Pi_1^* = \frac{n(a_1 - c)^2}{b_1(n+1)^2}$，市场集中度 $C_{14}^* = \frac{4}{n}$，赫芬达尔指数 $H_1^* = \frac{1}{n}$。

比较如下：

首先，比较市场需求变好前后的库诺特均衡产量 q_1^* 与 q^*：

已知，$a_1 > a$，$\frac{a_1}{b_1} > \frac{a}{b}$，$q_1^* - q^* = \frac{a_1 - c}{b_1(n+1)} - \frac{a-c}{b(n+1)}$，等价于比较$\frac{a_1 - c}{b_1} - \frac{a-c}{b}$，等价于比较 $a_1 b - bc - b_1 a + b_1 c$，下面需分情况讨论：

(1)当 $b_1 \geqslant b$ 时：$a_1 b - bc - b_1 a + b_1 c = (a_1 b - ab_1) + c(b_1 - b) > 0$

(2)当 $b_1 < b$ 时：$a_1 b - bc - b_1 a + b_1 c > ab - bc - b_1 a + b_1 c = a(b - b_1) - (b - b_1)c = (a-c)(b - b_1) > 0$

由此可知，$q_1^* > q^*$。

其次，比较 π_1^* 与 π^*：$\pi_1^* = \frac{(a_1 - c)^2}{b_1(n+1)^2}$

$$\pi^* = \frac{(a-c)^2}{b(n+1)^2}$$

$$\pi_1^* - \pi^* = \frac{(a_1 - c)^2}{b_1(n+1)^2} - \frac{(a-c)^2}{b(n+1)^2}$$

等价于比较$\frac{(a_1 - c)^2}{b_1} - \frac{(a-c)^2}{b}$，等价于比较$\frac{a_1 - c}{\sqrt{b_1}} - \frac{a-c}{\sqrt{b}}$，分

情形讨论：

(1) $b_1 \geqslant b$ 时：$\frac{a_1}{\sqrt{b_1}} - \frac{c}{\sqrt{b_1}} - \frac{a}{\sqrt{b}} + \frac{c}{\sqrt{b}} = \left(\frac{a_1}{\sqrt{b_1}} - \frac{a}{\sqrt{b}}\right) + \frac{c(\sqrt{b_1} - \sqrt{b})}{\sqrt{bb_1}} > 0$

已知，$a_1 > a, \frac{a_1}{b_1} > \frac{a}{b}, \frac{a_1^2}{b_1} > \frac{a^2}{b}, \frac{a_1}{\sqrt{b_1}} > \frac{a}{\sqrt{b}}$，所以上式大于零。

(2) $b_1 < b$ 时：$\frac{a_1}{\sqrt{b_1}} - \frac{c}{\sqrt{b_1}} - \frac{a}{\sqrt{b}} + \frac{c}{\sqrt{b}} > \frac{a}{\sqrt{b_1}} - \frac{c}{\sqrt{b_1}} - \frac{a}{\sqrt{b}} + \frac{c}{\sqrt{b}}$

$$= a\frac{\sqrt{b} - \sqrt{b_1}}{\sqrt{bb_1}} + c\frac{\sqrt{b_1} - \sqrt{b}}{\sqrt{bb_1}} = \frac{(\sqrt{b} - \sqrt{b_1})(a - c)}{\sqrt{bb_1}}$$

此时，$p_1^* > p^*, q_1^* > q^*, \pi_1^* > \pi^*, Q_1^* > Q^*, \Pi_1^* > \Pi^*$。

在此条件下，需求曲线右移，即需求扩张将导致价格上涨，企业的产量将扩大，企业的寡头垄断利润增加，市场结构无变化。

情形 2：若需求函数左移，完全处于原需求函数 $p = a - bQ$ 左侧，如图 3-3 所示：实际需求函数 $p = a_2 - b_2Q, a_2 < a, \frac{a_2}{b_2} < \frac{a}{b}$。

$$\pi_i = [a_2 - b_2(q_1 + q_2 + \cdots + q_n)]q_i - cq_i$$

求偏导得：$\frac{\partial \pi_i}{\partial q_i} = 0$，联立解之得：

需求函数左移后均衡产量、价格及利润分别为：$q_2^* = \frac{a_2 - c}{b_2(n+1)}, p_2^* = \frac{a_2 + nc}{n+1}, \pi_2^* = \frac{(a_2 - c)^2}{b_2(n+1)^2}$，总产量 $Q_2^* = \frac{n(a_2 - c)}{b_2(n+1)}$，总利润 $\Pi_2^* = \frac{n(a_2 - c)^2}{b_2(n+1)^2}$，市场集中度 $C_{24}^* = \frac{4}{n}$，赫芬达尔指数 $H_2^* = \frac{1}{n}$。

同理比较可得：$p_2^* < p^*, q_2^* < q^*, \pi_2^* < \pi^*, Q_2^* < Q^*, \Pi_2^* < \Pi^*$。

也就是说，当市场需求函数向左移动时，均衡价格降低，企业产量

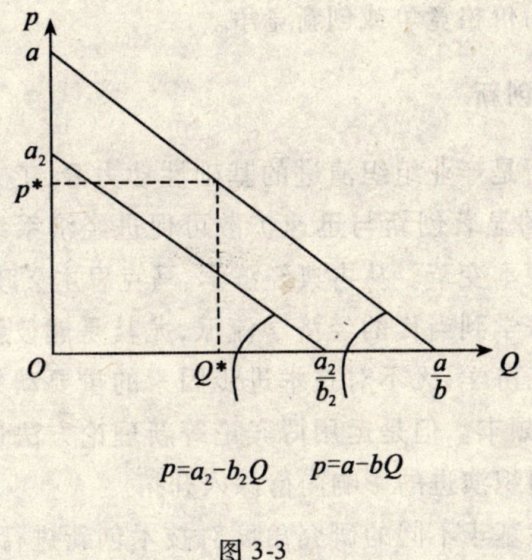

图 3-3

将减少,企业均衡利润减少,产业总产量减少,产业总利润减少。

(四)结论

由此可以看出,供求状况的变化将促使产业内企业数量扩张行为(即提供的产品数量)和企业的利润水平的变化,当需求函数右移时,产业内企业将采取数量扩张行为,企业的均衡产量增加,均衡价格上升,企业寡头垄断利润增加,生产者剩余增加。在需求函数左移时,产业内企业的均衡产量将减少,均衡价格下降,企业寡头垄断利润减少,生产者剩余减少。由于本模型假设在产业内企业是对称的,同时产业内企业都维持生产不退出,而且都能盈利的情形下,因而供求变化对市场结构没有影响。但若产业内企业不对称,如单位边际成本不一致,那么市场集中度 C_4 和赫芬达尔指数 H 将发生变化,本文不展开讨论。

在实际经济运行中,由于企业不可能完全对称,供求关系的变化,将引致企业行为尤其是数量扩张行为作出调整,相应的市场结构和市场绩效将改变。在供不应求的状态下,产业内企业行为主要表现为数量扩张竞争,在供给大于需求的条件下,产业内企业行为主要表现为价格竞争或创新竞争。

三、技术创新

技术创新是产业组织演进的基础性动力源,工艺流程和产品(或服务)等的显著创新与迅速扩散可促进经济系统内部结构与组织形态的根本变革。从古典经济学、马克思主义政治经济学、新古典主义经济学到当代的经济学流派,尤其是熊彼特主义以及后熊彼特主义经济学,无不对技术进步因素的重要动力作用倍加关注,研究成果颇丰。但是运用博弈论等新理论方法量化研究技术创新对产业组织演进的影响尚待深入开拓。

相关文献基于不同的研究角度对技术创新进行了分类,其中最为常见的一种划分方法,是根据技术创新成果的形态,将技术创新区分为工艺流程创新和产品创新两大类型。工艺流程创新是指要减少现有产品的成本,即为这些产品的制造提供更优的工艺和更便宜的制作与运输成本。而产品创新则是指创造新的商品和服务,旨在提供某种新产品是其核心,通常是研究与开发(R&D)活动的直接产物;①工艺流程创新和产品创新会改变产业组织内企业之间的垄断竞争程度及关系,使市场结构、企业行为与市场绩效演变。

下面仅就工艺流程创新、产品创新对产业组织演进的影响进行博弈分析,构建模型如下:

(一)工艺流程创新模型的构建

工艺流程创新将对产业组织产生影响,在一定条件下会打破产业内企业间既有的垄断竞争关系,引致市场绩效的变动,促使企业改变自身行为模式。下面构建博弈论模型予以分析。

---

① 泰勒尔:《产业组织理论》,中国人民大学出版社,1997年,第520页。这里的产品包括商品和服务两个方面。

1. 模型假设条件

假设1:市场上有 $n(n>4)$ 家企业,n 家企业展开库诺特竞争,n 家企业的成本函数是对称的,都为 $c(q_i)=cq_i(i=1,2,\cdots,n)$,不考虑固定成本。

假设2:市场需求函数是线性的,表示为,$p=a-bQ,Q=\sum_{i=1}^{n}q_i$。

假设3:产业内掌握某一项新工艺的企业,可以进行该项工艺流程创新,这将使单位边际成本降低 $\Delta c,c'=c-\Delta c$。为使问题简化,假设工艺流程创新的一次性投入成本为常数 k,只要企业掌握了该项新工艺就可以运用,并能带来净收益。为使模型简化,假设了工艺流程创新的成本 k 相对较小,在本次讨论中忽略不计,不予展开。

假设4:进行该项工艺流程创新,即单位边际成本由 c 变为 $c-\Delta c$;n 家企业是既定的,假设不存在进入或退出的影响,n 家企业的库诺特均衡产量无论在一家企业还是多家企业创新条件下,都是有解的,即:$n-1<\frac{a-c}{\Delta c}$,令 $\frac{\Delta c}{a-c}=t$,那么 $n-1<\frac{1}{t}$。①

① 经考察和计算分析得到,当产业内有 n 家企业,其中有 $n-1$ 家企业进行了该项工艺流程创新,只剩余1家企业尚未进行该项工艺流程创新,此时该企业处于最不利状态,在上述条件下,若该未创新企业的库诺特均衡产量 $q^*_{n-1,n}=\frac{a-c-(n-1)\Delta c}{(n+1)b}$ 为正,显然通过比较可知,$n-1$ 家创新企业产量 $q^*_{n-1,m}=\frac{a-c+2\Delta c}{(n+1)b}$ 肯定为正;同理比较可知,在少于 $n-1$ 家企业创新的其它条件下,如有 $n-2$ 家企业进行该项工艺流程创新,2家企业未进行该项工艺流程创新,创新企业产量和未创新企业均衡产量分别为 $q^*_{n-2,m}=\frac{a-c+3\Delta c}{(n+1)b}$,$q^*_{n-2,k}=\frac{a-c-(n-2)\Delta c}{(n+1)b}$,都能保证为正。由此可知只要 $q^*_{n-1,n}=\frac{a-c-(n-1)\Delta c}{(n+1)b}>0$,即 $n-1<\frac{a-c}{\Delta c}$,就能够保证创新企业数从1到 n 所有状态下,企业产量都为正。

2. 基本模型构建

由于 n 家企业进行库诺特竞争，假如不受技术创新等因素的影响，n 家企业是对称的，可以求出 n 家单个企业的库诺特均衡价格 p_0^*、产量 q_{0i}^* 及利润 π_{0i}^* 为：$p_0^* = \frac{a+nc}{n+1}$，$q_{0i}^* = \frac{a-c}{b(n+1)}$，$\pi_{0i}^* = \frac{(a-c)^2}{b(n+1)^2}$。

总利润： $$\Pi_0^* = \sum_{i=1}^{n} \pi_{0i} = \frac{n(a-c)^2}{b(n+1)^2}$$

总产量： $$Q_0 = \sum_{i=1}^{n} q_{0i}^* = \frac{n(a-c)}{b(n+1)}, i \in [1,n]$$

市场中前四位企业的集中度 $C_{04} = \frac{4}{n}$

式中：第一个脚标为工艺流程创新企业数目，第二个脚标为企业序号。第一个脚标为 0 表示产业内没有企业工艺流程创新。

赫芬达尔指数 $H_0 = \frac{1}{n^2} \cdot n = \frac{1}{n}$

3. 关于实施工艺流程创新的企业数目不同的讨论

当产业内企业进行工艺流程创新时，上述均衡被打破，不同均衡状态之间的比较是我们要研究的问题。

下面按实施工艺的企业家数分情形予以讨论：

情形 1：不失一般性，设只有 1 家企业实施了新工艺，其他企业未实施工艺流程创新，单位边际成本降为 $c-\Delta c$，n 家企业收益函数为：

$$\pi_{11} = [a - b(q_{11} + \cdots + q_{1n})]q_{11} - (c - \Delta c)q_{11}$$
$$\pi_{1j} = [a - b(q_{11} + \cdots + q_{1n})]q_{1j} - cq_{1j}, j = 2, \cdots, n$$

式中第一个脚标表示工艺流程创新企业数目，第二个脚标表示企业排序情况，不失一般性，工艺流程创新企业排序在前，未工艺流程创新企业排序紧随其后。求偏导，推算得：

$$\frac{\partial \pi_{11}}{\partial q_{11}} = a - b\sum_{i=1}^{n} q_{1i} - c + \Delta c - bq_{11} = 0$$

$$\frac{\partial \pi_{1j}}{\partial q_{1j}} = a - b\sum_{i=1}^{n} q_{1i} - c - bq_{1j} = 0$$

解上式,得:

创新企业均衡产量和利润,分别为: $q_{11}^{*} = \frac{a-c+n\Delta c}{(n+1)b}$, $\pi_{11}^{*} = \frac{(a-c+n\Delta c)^2}{(n+1)^2 b}$

未创新企业均衡产量和利润为: $q_{1j}^{*} = \frac{a-c-\Delta c}{(n+1)b}$, $\pi_{1j}^{*} = \frac{(a-c-\Delta c)^2}{(n+1)^2 b}, j=2,\cdots,n$

均衡价格 $p_1^{*} = \frac{a+nc-\Delta c}{n+1}$, 均衡总产量 $Q_1 = \sum_{i=1}^{n} q_{1i}^{*} = \frac{na-nc+\Delta c}{(n+1)b}$

令$\frac{\Delta c}{a-c}=t$,只有一家企业工艺流程创新后的市场集中度为:

$$C_{14} = \frac{q_{11}^{*}+q_{12}^{*}+q_{13}^{*}+q_{14}^{*}}{\sum_{i=1}^{n} q_{1i}^{*}} = \frac{4+(n-3)t}{n+t}$$

因为设定 $n>4$,经比较得:$C_{14}>C_{04}$。

赫芬达尔指数 $H_1 = \left(\frac{q_{11}^{*}}{\sum_{i=1}^{n} q_{1i}^{*}}\right)^2 + \left(\frac{q_{1j}^{*}}{\sum_{i=1}^{n} q_{1i}^{*}}\right)^2 \times (n-1) = \frac{n^2t^2+(n-1)t^2+n+2t}{(n+t)^2}$

比较可知 $H_1>H_0=\frac{1}{n}(n>4)$,因此,有一家企业工艺流程创新的市场集中度,大于没有企业实施工艺流程创新的市场集中度。

情形 2:推而广之,当有 $g(g\in[1,n-1]$,且为正整数)家企业实施该工艺，单位成本由 c 降为 $c-\Delta c$，各企业利润函数为：

g 家实施该工艺流程创新企业的收益函数为：

$$\pi_{gm}=[a-b(q_{g1}+\cdots+q_{gn})]q_{gm}-(c-\Delta c)\cdot q_{gm}$$

$$\pi_{gk}=[a-b(q_{g1}+\cdots+q_{gn})]q_{gk}-cq_{gk}$$

式中：g 表示创新企业总数目，$g\in[1,n-1]$；m 表示创新企业编号，$m\in[1,g]$ 且为正整数；k 表示未创新企业编号，$k\in[g+1,n]$ 且为正整数；不失一般性，把 g 家创新企业首先集中顺序排放，$n-g$ 家未创新企业紧随其后集中顺序排放。

求偏导得：

$$\frac{\partial\pi_{gm}}{\partial q_{gm}}=a-b\sum_{i=1}^{n}q_{gi}-bq_{gm}-c+\Delta c=0$$

$$\frac{\partial\pi_{gk}}{\partial q_{gk}}=a-b\sum_{i=1}^{n}q_{gi}-bq_{gk}-c=0$$

联立解之得：

均衡价格 $p_g^*=\dfrac{a+nc-g\Delta c}{n+1}$

创新企业均衡产量 $q_{gm}^*=\dfrac{a-c+(n-g+1)\Delta c}{(n+1)b}$，$m\in[1,g]$

未创新企业均衡产量 $q_{gk}^*=\dfrac{a-c+g\Delta c}{(n+1)b}$，$k\in[g+1,n]$

总产量 $Q_g=\sum\limits_{i=1}^{n}q_{gi}^*=\dfrac{na-nc+g\Delta c}{(n+1)b}$

创新企业均衡利润 $\pi_{gm}^*=\dfrac{[a-c+(n-g+1)\Delta c]^2}{(n+1)^2b}$

未创新企业均衡利润 $\pi_{gk}^*=\dfrac{(a-c-g\Delta c)^2}{(n+1)^2b}$

总利润 $\Pi_g^*=\sum\limits_{i=1}^{n}\pi_{gi}=g\cdot\dfrac{[a-c+(n-g+1)\Delta c]^2}{(n+1)^2b}$

$$+(n-g)\cdot\frac{(a-c-g\Delta c)^2}{(n+1)^2b}$$

$$=\frac{(a-c)^2[-(n+2)t^2g^2+(t^2n^2+2t^2n+t^2+2t)g+n]}{(n+1)^2b}$$

前四位市场集中度指标：

$$C_{24}=\frac{4+z(n-3)t}{n+2t}\quad C_{34}=\frac{4+3(n-3)t}{n+3t}\quad C_{44}=\frac{4+4(n-3)t}{n+4t}$$

$$C_{g4}=\frac{4+4(n-g+1)t}{n+gt}(4<g<n)$$

赫芬达尔指数 $H_g=\left(\frac{q_{gm}^*}{\sum_{i=1}^{n}q_{gi}^*}\right)^2g+(n-g)\left(\frac{q_{gk}^*}{\sum_{i=1}^{n}q_{gi}^*}\right)^2$

$$=\frac{-(n+2)t^2g^2+(t^2n^2+2nt^2+t^2+2t)g+n}{(n+gt)^2}$$

经比较知，$H_g>H_0$，在初始企业对称的情况下，部分企业工艺流程创新将引致市场集中度提高。

情形3：当 n 家企业都实施了新工艺，市场集中度与市场绩效状况为：均衡价格 $p_n^*=\frac{a+n(c-\Delta c)}{n+1}$，单个企业均衡产量 $q_{ni}^*=\frac{a-(c-\Delta c)}{(n+1)b}$，$i\in[1,n]$，总产量 $Q_n=\sum_{i=1}^{n}q_{ni}=\frac{na-n(c-\Delta c)}{(n+1)b}$，单个企业均衡利润为 $\pi_{ni}^*=\frac{(a-c+\Delta c)^2}{(n+1)^2b}$，总利润为 $\pi_{ni}^*=\sum_{i=1}^{n}\pi_{ni}=\frac{n(a-c+\Delta c)^2}{(n+1)^2b}$，$n$ 家企业都实施该项工艺流程创新时，$C_{n4}=\frac{4}{n}$，$H_n=\frac{1}{n}$。

下面列表3-4说明随实施工艺流程创新企业家数的变化，对工艺流程创新企业产量、未工艺流程创新企业产量、总产量、前四位企业集中度、赫芬达尔指数 H、价格、消费者剩余、生产者剩余、社会总剩余相应的影响。

表 3-4　　**实施工艺流程创新企业数目对市场结构及绩效的影响分析**

<table>
<tr><td rowspan="2">市场结构
及绩效指标</td><td colspan="4">实施工艺流程创新的企业数目 $N(N\in[0,n])$</td></tr>
<tr><td>$N=0$</td><td colspan="2">$N=g,g\in[1,n-1]$</td><td>$N=n$</td></tr>
<tr><td>未工艺流程
创新企业产量</td><td>$q_{0i}=\frac{a-c}{b(n+1)}$</td><td colspan="2">$q_{gk}=\frac{a-c-g\Delta c}{(n+1)b}$</td><td>—</td></tr>
<tr><td>工艺流程创
新企业产量</td><td>—</td><td colspan="2">$q_{gm}=\frac{a-c+(n-g+1)\Delta c}{(n+1)b}$</td><td>$q_{ni}=\frac{a-c+\Delta c}{b(n+1)}$</td></tr>
<tr><td rowspan="2">集中度
C_{N4}</td><td rowspan="2">$\frac{4}{n}$</td><td>$g\in[1,4]$</td><td>$g\in[5,n-1]$</td><td rowspan="2">$\frac{4}{n}$</td></tr>
<tr><td>$\frac{4+g(n-3)t}{n+gt}$</td><td>$\frac{4+4(n-g+1)t}{n+gt}$</td></tr>
<tr><td>赫芬达尔指数
H_N</td><td colspan="4">$\frac{-(n+2)t^2N^2+(t^2n^2+2nt^2+t^2+2t)N+n}{(n+Nt)^2}$</td></tr>
<tr><td>总产量
Q_N</td><td colspan="4">$\frac{na-nc+N\Delta c}{(n+1)b}$</td></tr>
<tr><td>价格 p_N</td><td colspan="4">$\frac{a+nc-N\Delta c}{n+1}$</td></tr>
<tr><td>消费者
剩余 CS_N</td><td colspan="4">$\frac{(na-nc+N\Delta c)^2}{2(n+1)^2b}$</td></tr>
<tr><td>生产者
剩余 PS_N</td><td colspan="4">$\frac{(a-c)^2[-(n+2)t^2N^2+(t^2n^2+2t^2n+t^2+2t)N+n)]}{(n+1)^2b}$</td></tr>
<tr><td>社会总
剩余 TS_N</td><td colspan="4">$\frac{(a-c)^2[(-2nt^2-3t^2)N^2+(2t^2n^2+4nt^2+2tn+2t^2+4t)N+2n+n^2]}{2(n+1)^2b}$</td></tr>
</table>

4. 工艺流程创新企业数目不同对集中度与绩效影响的分析与讨论

根据表 3-4，下面分别对 0 家企业、$g(g \in [1, n-1])$ 家企业和 n 家企业实施工艺流程创新后的产量、价格、市场集中度、消费者剩余、生产者剩余和社会总剩余的变化进行比较分析。

(1)工艺流程创新企业的产量比较分析。

由表 3-4 可知，产业内 n 家企业中有 g 家企业实施了工艺流程创新，工艺流程创新企业的产量大于产业内企业都未创新时的产量 $q_{gm}^{*} > q_{0i}^{*}$，$m \in [1, g]$，$i \in [1, n]$，q_{0i}^{*} 为产业内没有企业创新时单个企业的产量；未工艺流程创新企业的产量 $q_{gk}^{*} < q_{0i}^{*}$，$k \in [g+1, n]$，且 $q_{gm}^{*} > q_{gk}^{*}$。

由此可知，在其它条件不变的情况下，仅考虑工艺流程创新的影响，产业内企业的工艺流程创新将引起企业既有产量的变化，不仅创新企业的产量会变化，而且没有创新企业的产量也会变化。在前述的假设前提下，工艺流程创新企业的产量将增加，未工艺流程创新企业的产量将减小。

(2)总产量的比较分析。

由表 3-4 比较可知，产业内 n 家企业中有 g 家企业实施了工艺流程创新，总产量 Q_g 大于没有企业创新时的总产量 Q_0，$g \in [1, n-1]$，同理 $Q_n > Q_0$。产业内企业工艺流程创新会引起市场总产量的变化，在前述的假设前提下，随工艺流程创新在产业内企业中的拓展，总产量持续增加。

(3)价格的比较分析。

由表 3-4 比较可知：产业内 n 家企业中有 g 家实施了工艺流程创新的均衡价格 $p_g < p_0$，同理 $p_n < p_0$。产业内企业工艺流程创新的拓展将引起市场价格变动，在前述的假设条件下，随工艺流程创新在产业内企业中的拓展，均衡价格将持续下降。

(4)前四位企业市场集中度。

因为前文已经设定 $n > 4$，由表 3-4 比较可知：$C_{04} < C_{14} < C_{24} < C_{34} < C_{44}$，$C_{44} > C_{54} > \cdots > C_{n4}$，$C_{04} = C_{n4}$，$C_{44}$成为一个最大值点。产

业内企业工艺流程创新将对前四位企业市场集中度产生影响，在前述的假设条件下，同时有 4 家企业创新时，市场集中度 C_{44} 达到最大；当 n 家企业同时创新，市场集中度 $C_{n4}=C_{04}=4/n$，此时工艺流程创新对企业市场集中度 C_4 没有产生影响。

(5)赫芬达尔指数。

由表 3-4 比较可知，产业内 n 家企业中有 g 家实施了工艺流程创新的赫芬达尔指数 H_g 大于产业内没有企业实施工艺流程创新的赫芬达尔指数 H_0，同理 $H_g > H_n, g \in [1, n-1]$。

企业工艺流程创新在一定条件下会影响赫芬达尔指数，在本节的假设条件下，当 n 家企业同时创新，此时赫芬达尔指数不变，即 $H_n = H_0 = \frac{1}{n}$，当 g 家企业实施工艺流程创新时，$H_g > H_0, g \in [1, n-1]$。

由表 3-4 可知：

$$H_N = \frac{-(n+2)t^2N^2 + (t^2n^2 + 2nt^2 + t^2 + 2t)N + n}{(n+Nt)^2}$$

上式中 N 为整数，为求出 H_z 的最大值，现暂且将 N 看做连续实数，对 H_N 求导得，$\frac{\mathrm{d}H_N}{\mathrm{d}g}=0$，代入求解得 $N^* = \frac{n}{t+2}$，上述函数 H_N 在假设 N 为连续实数，导数存在，并有一极值点 N^*，由于上述函数在 $N \in \left(0, \frac{n}{t+2}\right)$ 可导，且导数大于零；在 $N \in \left(\frac{n}{t+2}, 1\right)$ 可导，且导数小于零，所以在 N^* 取得极大值。经观察知，$0 < \frac{n}{t+2} < n$，所以 $0 < N^* = \frac{n}{t+2} < n$，但 $N^* = \frac{n}{t+2}$ 不一定是正整数，可上、下取数，得到两个正整数解，比较后确定 H_N 的最大值。

在前述的假设条件下，随工艺流程创新在产业内企业中的拓展，赫芬达尔指数先增加后减少，有一最大值点，这一最大值位于

$N^* = \frac{n}{t+2}$上或附近。

(6)消费者剩余的比较分析。

由表3-4比较可知,产业内 n 家企业中有 g 家企业实施了工艺流程创新,消费者剩余 CS_g 大于没有企业创新时的消费者剩余 $CS_0, g \in [1, n-1]$,同理 $CS_n > CS_0$。产业内企业工艺流程创新会引起消费者剩余的变化,在前述的假设前提下,随工艺流程创新在产业内企业中的拓展,消费者剩余持续增加。

(7)生产者剩余的比较分析。

由表3-4比较可知,产业内 n 家企业中有 g 家企业实施了工艺流程创新,生产者剩余 PS_g 大于没有企业创新时的生产者剩余,$PS_0, g \in [1, n-1]$,同理 $PS_n > PS_0$。下面求生产者剩余的最大值。

生产者剩余 $PS_N = \frac{(a-c)^2}{(n+1)^2 b}[-(n+2)t^2N^2 + (t^2n^2 + 2nt^2 + t^2 + 2t)N + n]$

先假设 N 为连续实数,求极值点 $\frac{\partial PS_N}{\partial N} = 0$,代入解之得:$N^{**} = \frac{n^2t + 2nt + t + 2}{2(n+2)t}$,上述函数是开口向下的抛物线。因为 $n > 4$,比较知:$N^{**} > 1$。

当 $n \leqslant \sqrt{\frac{2t+2}{t}} - 1$,此时 $N^{**} \geqslant n$,生产者剩余函数在当 $N = n$ 时,PS_n 最大。随着实施工艺流程创新企业数目的增加,生产者剩余持续增加。

当 $\sqrt{\frac{2t+2}{t}} - 1 < n < \frac{1}{t} + 1$ 时,此时 $N^* < n$,对于 N^* 邻近的正整数,上下取整,得到两个正整数,代入 PS_N,比较两个值,比较后找出最大值点。随着实施工艺流程创新企业数目的增加,生产者剩余会出现先上升后下降的局面。

在前述的假设前提下，随工艺流程创新在产业内企业中的拓展，生产者剩余可能持续增加，也可能先增加后减少。

(8)社会总剩余比较分析。

由表3-4比较可知，产业内 n 家企业中有 g 家企业实施了工艺流程创新，社会总剩余 TS_g 大于没有企业创新时的消费者剩余 $TS_0, g \in [1, n-1]$，同理 $TS_n > TS_0$。产业内企业工艺流程创新会引起社会总剩余的变化，在前述的假设前提下，随工艺流程创新在产业内企业中的拓展，社会总剩余持续增加。

5. 模拟应用分析

这里采用两组模拟数据来演示整个数值模拟评价过程。

第一组数据如下：假设 $p = 12 - Q, n = 10, c = 2, \Delta c = 1, t = \frac{\Delta c}{a - c} = \frac{1}{12 - 2} = \frac{1}{10}, n - 1 < 1/t$，计算不同工艺流程创新企业数目的市场集中度 C_4、赫芬达尔指数 H、消费者剩余、生产者剩余、总剩余，得表3-5。

表3-5

创新企业数	0	1	2	3	4	5	6	7	8	9	10
集中度 C_4	0.4	0.47	0.53	0.59	0.65	0.61	0.57	0.52	0.48	0.44	0.4
赫芬达尔指数 H	0.1	0.1107	0.1186	0.124	0.1268	0.1274	0.1258	0.1222	0.1166	0.1092	0.1
消费者剩余	41.32	42.15	42.99	43.84	44.69	45.55	46.42	47.31	48.20	49.10	50
生产者剩余	8.26	9.33	10.20	10.87	11.34	11.61	11.69	11.56	11.23	10.72	10
总剩余	49.58	51.48	53.19	54.71	56.03	57.17	58.11	58.87	59.43	59.82	60

从上例模拟可知，随产业内创新企业数目的增加，市场集中度先增加后减少，在创新企业数为4时，市场集中度 C_4 取得最大值；赫芬达尔指数 H 也呈现先增加后减少，在创新企业数为5时，赫

芬达尔指数 H 取得最大值；消费者剩余持续增加；生产者剩余先增加后减少，在创新企业数为 6 时，取得最大值；总剩余持续增加。

第二组数据如下：假设 $p=52-Q, c=2, \Delta c=1, t=\frac{\Delta c}{a-c}=\frac{1}{52-2}=1/50, n=8, n-1<1/t$，计算不同工艺流程创新企业数目的市场集中度 C_4、赫芬达尔指数 H、消费者剩余、生产者剩余、总剩余，得表 3-6。

表 3-6

创新企业数	0	1	2	3	4	5	.6	7	8
集中度 C_4	0.5	0.5112	0.5224	0.5335	0.5446	0.5333	0.5221	0.511	0.5
赫芬达尔指数 H	0.125	0.1254	0.1258	0.12594	0.12599	0.12593	0.12574	0.1254	0.125
消费者剩余	987.65	992.60	997.56	1002.52	1007.51	1012.5	1017.51	1022.52	1027.56
生产者剩余	246.91	249.02	250.89	252.51	253.88	255	255.88	256.5	256.89
总剩余	1234.57	1241.62	1248.45	1255.03	1261.39	1267.5	1273.39	1279.03	1284.45

从上例模拟可知，随产业内创新企业数目的增加，市场集中度先增加后减少，在创新企业数为 4 时，市场集中度 C_4 取得最大值；赫芬达尔指数 H 也呈现先增加后减少，在创新企业数为 4 时，赫芬达尔指数 H 取得最大值；消费者剩余持续增加；生产者剩余持续增加；总剩余持续增加。

由此可知，在不同的条件下，随创新企业数目的增加，生产者剩余呈现不同的变化趋势，消费者剩余和总剩余呈现持续增加的趋势。

6. 结论

产业内企业工艺流程创新对市场结构、市场绩效产生了较大影响，而市场结构、企业行为与市场绩效又是相互作用、相互影响

的,因而促使整个产业组织演变。主要结论如下:

(1)产业内工艺流程创新在一定范围展开对市场集中度产生影响,并呈现规律变化。在其他条件不变时,如果企业初始成本函数相同,而且进行同一项工艺流程创新后,成本函数发生相同的变化,那么市场集中度不变。

(2)市场集中度指标 C_4 与赫芬达尔指数 H 在同样的条件下,变化并不一致(如表3-5、表3-6所示),说明市场集中度指标的选取对市场结构的测定有一定影响。从总体上看,随产业内工艺流程创新企业数目的增加,两类指数都出现了先增加后减少的态势。

(3)工艺流程创新在产业内一定范围展开以及创新的剧烈程度会影响市场总产量、消费者剩余、生产者剩余、社会总剩余的变动。在前述的假设前提条件下,随产业内工艺流程创新企业数目的增加将引起市场价格持续下降,市场总产量持续上升,消费者剩余持续增加,社会总剩余持续增加;而生产者剩余可能持续增加,也可能先增加后降低。生产者剩余遵循何种变化情形与需求函数、成本函数及工艺流程创新引致的成本降低幅度有关。

(4)市场结构状况并不与市场绩效状况一一对应。在前述的假设条件下,当市场集中度较小时,即当产业所有企业都创新时,市场集中度最小,而消费者剩余、社会总剩余却取得最大值。也就是说,随产业内工艺流程创新企业数目的增加,市场结构由分散到变得集中再到变得分散时,从消费者剩余和社会总剩余两方面看市场绩效一直持续改善。由此可知,在工艺流程创新的影响下,市场结构集中与市场绩效的关系不能简单地一一对应。

(5)产业内已进行工艺流程创新的企业将对未进行工艺流程创新的企业形成竞争压力,表现在未创新企业的产量相对较少、利润相对较低。这就形成了逼迫机制,促使未创新企业要进行相应技术创新,以改变自己的不利地位。产业内的企业行为将随之发生改变,在技术创新方面形成一种你追我赶的局面。

(二)产品创新模型

前已述及,若所有寡占企业只在原市场(市场甲)进行数量扩张或价格竞争,随需求的波动,潜在进入者的进入,企业最终必然导致无利或亏损;但若有企业在数量扩张的同时,能够进行自身的产品技术升级,开拓新的产品市场(市场乙),则市场格局将会发生很大变化。新产品相对于原有产品而言,可能有三种关系,即相互独立、替代关系、互补关系。下面建立模型对新、老产品相互独立时的情形予以讨论。

1. 模型的构建

(1)模型的假设。

假设只有一家企业(称为产品创新型企业)凭借以往技术积累,掌握了新产品的核心技术,而企业(称为非产品创新型企业)条件不变。

假设原有产品市场甲需求函数为 $p=a-bQ$,且是线性的。产品市场甲中有 n 家企业的成本函数是对称的,都为 $c(q_i)=cq_i$ $(i=1,2,\cdots,n)$,不考虑固定成本。产品市场乙的需求函数为 $p'=A-Bq'$(q'为新产品产量)。n 家企业中有 1 家企业进行了成功产品创新,新产品市场乙中企业的成本函数是对称的,都为 $c'(q')=c'q'$,不考虑固定成本。

(2)模型构建分析。

两产品市场博弈,假设只有产品创新型企业能进入产品市场乙,非产品创新型企业没有掌握核心技术,不能进入。产品创新型企业以边际成本 c'生产新产品,投资该产品,须承担固定成本 f'。

产品创新型企业的收益函数为:

$$\max\pi_1(q_1,q_2,\cdots,q_n,q')=q_1[a-b(q_1+q_2+\cdots+q_n)]+q'(A-Bq')-cq_1-c'q'-f'$$

$$\frac{\partial\pi_1}{\partial q_1}=a-b(q_1+q_2+\cdots+q_n)+q_1(-b)-c=0$$

$$\frac{\partial \pi_1}{\partial q'} = A - Bq' + q'(-B) - c' = 0$$

非产品创新企业的收益函数为：

$\max_j(q_1, q_2, \cdots, q_n, q') = q_j[a - b(q_1 + q_2 + \cdots + q_n)] - cq_j, j = 2, \cdots, n$

$$\frac{\partial \pi_j}{\partial q_j} = a - b(q_1 + q_2 + \cdots + q_n) + q_j(-b) - c = 0,$$

联立求解得：

市场乙中：$p'^* = \dfrac{A + c'}{2}, q'^* = \dfrac{A - c'}{2B}$

市场甲中：$p^* = \dfrac{a + nc}{n+1}, q^* = \dfrac{a - c}{b(n+1)}$

产品创新企业的收益：$\pi_i^* = \dfrac{(a-c)^2}{b(n+1)^2} + \dfrac{(A-c')^2}{4B} - f'$

非产品创新企业的收益：$\pi_j^* = \dfrac{(a-c)^2}{b(n+1)^2}, j \neq i$

可见只要$\dfrac{(A-c')^2}{4B} - f' > 0$，则产品创新型企业就会进入市场乙生产新产品。

2. 讨论

由此可以看出，由于企业进行产品创新，产业内的产品数量将增多，产业内竞争将由单一产品市场结构向多产品市场结构转变。产业内企业间的竞争从囿于某一产品市场，到更广阔的多产品市场上展开，这时产业组织内的垄断竞争关系发生改变。从此模型可以看出，率先进行产品创新的企业在新产品市场获得了垄断地位，若该企业在原有产品市场也处于寡头垄断地位，其收益是两个市场的叠加，这使产品创新型企业有可能比非产品创新企业获得更多的超额利润，产品创新型企业的绩效有极大的可能被改善。

如果新产品对原有产品有很强的替代效应，原有产品的需求将萎缩，未掌握新产品的企业，将面临微利或亏损状态，生产原有产品的企业要么退出，要么投资进行新产品开发。原有产品市场趋于收缩，市场极有可能转向集中。新产品对原有产品的替代程度，决定了该项产品创新对原有产业组织演进影响的大小。

3. 结论

产品创新将在一定程度上打破原有的市场格局，改变既有的企业间垄断竞争关系，而且产品创新本身就是对企业行为选择集合的扩大和丰富，因而产品创新是产业组织演进的重要推动力量。

四、制度变迁

制度是用以约束社会中个体及群体行为的规则体系。制度按其内容可分为政治制度、经济制度及文化制度等。各类制度相互作用，时刻影响着人们的行为。

从制度纵向层面看，制度有两个层面：一是制度环境；二是制度安排。就产业组织领域而言，企业的具体制度安排总是在一定制度环境中实现的。制度环境既定，企业制度可选择的集合是有限的，企业制度在可选择集合内的变迁，将影响企业内个体与群体行为模式的转变，而企业行为的异变，将对市场结构、市场绩效形成一定程度的影响，原有产业组织体系的三大方面将发生相应的变化。

制度环境的变迁，或多或少改变了企业制度可选择的集合空间，企业可以在新的条件下作出具体的制度安排，当企业所具有的具体制度安排不适应新的制度环境时，企业将作出适应性调整，否则该类企业将被具有更强适应性的具体制度安排的企业所取代。制度环境的变化越剧烈，对企业制度变迁的影响将越大。制度变迁对产业组织演进的影响，主要是通过改变规则，影响企业行为，企业行为的变化将引致市场结构、市场绩效的变化。由于制度内涵广泛,将在下面章节就制度中的产权制度变迁与产业组织演进的关联展开专门论述,即对本书的中心内容展开专门研究。

第三节　从产业生命周期视角分析产业组织演进

近几年，许多学者研究了产业发展史，探讨了其动态演变过程，创建了相关理论。其中一个重要理论是产业生命周期理论。产业生命周期理论是产业演进理论中有关整个产业从产生到成熟过程中，产业内企业数目、市场结构、产品创新动态变化的理论。根据西方学者的研究，当一个产业刚出现时，进入的企业数量较多，进而达到顶峰，再又降到一个较低的水平；在产业形成及发展的整个时期，市场份额先期变化迅速，随后趋于稳定。上述有关演进的模型被称为产业生命周期。

产业生命周期中所传达的对产业演进的刻画是以案例研究和数量分析为基础的。James Utterback and William J. Akernathy 对美国汽车工业史的研究，Klepper and Simons 对轮胎产业和电视机产业的研究,① 以及 Mowery and Neson 对许多产业发展史的研究，都表明了该理论的适用性。

产业生命周期大体可分为四个阶段，即产业育成阶段、产业成长阶段、产业成熟阶段、产业衰退阶段。下面从产业生命周期视角来考察产业组织演进过程，揭示产业组织演进的规律。

一、产业育成阶段的产业组织分析

产业育成一般是指将基础研究的成果用于与工程有关的应用

① Klepper, S. and Simons, K., The Making of an Oligopoly: Firm Survival and Technological Change in the Evolution of the U.S. Tire Industry, *Journal of Political Economy*, Vol. 8, 2000, p. 728.

研究、开发，开创全新的产品和服务领域，这些产品和服务具有较大的差异性，不能归于已有的任一产业领域。这样的产品和服务创新是非常剧烈的，而且这种产品和服务初步得到了消费者的认可，存在市场空间，同时提供这种产品和服务的企业，逐步建成彼此分工协作的生产体系，并通过从无到有，不断融入各种环境资源，最终能独立地提供标志着该类产业存在的主要产品和服务的一种状态和过程。

产业育成阶段是产品或服务开发及推广的重要阶段，这一阶段是以技术开发并适应市场要求为特征的。处于育成阶段的产业，其市场结构、企业行为与市场绩效一般有以下特点：

1. 产业育成阶段的市场结构分析

（1）处于这一阶段的产业，所提供的新产品或服务还有待市场接受，因而市场处于形成过程中。率先进入产业领域内的企业，可能在一定市场空间内获得了垄断优势，另外由于产品或服务供给产能的限制以及技术扩散时间效应的影响，局部市场集中度较高。

（2）在产业育成阶段，存在着大量的技术因素的不确定性，如产品设计构造，生产技术，以及原材料的采用等都具有不确定性。技术范式①的不确定及转换，将对原有市场占有格局形成冲

① 20世纪70年代末纳尔逊和温特首先提出了“自然轨道”的概念。他们认为，当技术在某一方面进展时，可能存在着某种强有力的内部项目启发式研究，在广泛的需求条件下，在那个方向上的技术进展存在着较好的回报，这些方向就叫做“自然轨道”。详见纳尔逊和温特著：《经济变迁的演化理论》，商务印书馆，1997年中译版，第285～286页。80年代初，杜西发展了自然轨道的思想，他类比库恩的科学范式的概念，提出了技术范式的概念。他认为技术范式是“解决技术问题的一种模型或模式”，它决定研究的领域、问题、程序和任务，具有强烈的排他性。详见杜西：《技术范例与技术轨道》，《现代国外经济学文选》，商务印书馆，1986年，第189～194页。

击。因而产业育成阶段，技术范式的高度可变性，将导致市场结构变动频繁。

2. 产业育成阶段的企业行为分析

(1) 为了使新产品或服务被市场确认，激发顾客购买欲，企业必须加强在营销、广告等方面的人力、物力、财力的投入。

(2) 由于技术不确定性，企业必须重视技术范式的更替，否则竞争对手在新的技术范式上获得领先优势，企业原有优势及市场份额将被取代。

(3) 处在育成阶段的产业，由于缺乏竞争对手、客户特点、产业销售额及市场占有率等方面的可靠信息，企业行为不得不在信息高度不对称的条件下展开，受盲目必然性支配。

(4) 在育成阶段的产业内，企业的进入受到既有技术壁垒的限制，没有掌握核心技术（如专利技术、专有技术等）的企业将难以进入，或必须支付高额跨越技术壁垒障碍的成本。

3. 产业育成阶段的市场绩效分析

(1) 由于技术范式的不确定及市场需求的不可测，孕育阶段产业中的企业绩效处于高风险状态。一方面，技术领先及产品或服务为市场接受的企业，将获得极大成功，凭借技术壁垒赢得创新带来的垄断收益。另一方面，产品或服务不为市场接受的企业或技术范式在比较中落败的企业，将面临前期投资难以收回的风险。

(2) 从社会层面看，新产业的孕育将诱致社会中其它资源的流入，资源的流入有利于新产业的加速发展，这为消费者提供了新的产品或服务，消费者的效用水平提高，整个社会的福利水平得以改善。

(3) 产业孕育过程中，技术创新非常频繁，也就是技术范式不断更替、不断完善的过程。正是该过程促使了整个产业的技术进步。

二、产业成长阶段的产业组织分析

产业成长是指产业形成以后，通过吸纳和融合产业因结构性过剩而高速溢出的资源，以及由于社会新增加投入而提供的各种经济资源，不断壮大自身的过程。

产业成长反映和描述的是处于成长期的新产业不断发展壮大，实现产能扩张的一种演进过程。其最显著的特征是，它所提供的新产品已成为市场“宠儿”，成为消费者追求享用的对象。产品供不应求，价格上涨，生产者利润不断上升，产业内在位企业通常能获取垄断利润。于是生产者纷纷转向该产业，使该产业所积聚的资金等生产要素迅速增加，生产能力不断扩大，从而对产业和整个经济的影响力增强。

（一）产业成长阶段的市场结构分析

1. 处于成长阶段的产业，市场需求的高速膨胀超过了产业内生产能力的扩张，市场处于高速扩张期，新增市场份额成为争夺的重点，新增市场份额的分配，将对产业内原有的企业间销售位次形成冲击。在卖方市场条件下，企业间的竞争并不十分激烈。

2. 由于市场需求的高速膨胀，产业内产品或服务供不应求，导致潜在进入者进入该产业领域。企业的大量涌入，通常将促使市场集中度降低。市场结构将处于剧变期，产业内由于供给相对短缺而引起的潜在企业进入强度直接影响着市场结构的变动程度。

（二）产业成长阶段的企业行为分析

1. 由于供给不足，市场价格将上扬。价格信号诱使产业内在位企业扩大产能及潜在进入者进入该产业领域，在位企业可以向市场倾销其生产能力，产业内企业行为主要表现为数量扩张竞争行为。

2. 在市场供不应求的环境下，产业内价格竞争并不激烈，因此产业内企业运行效率行为较低的企业虽然成本较高，但也能维持生产，并赚取一定的收益。从整个产业领域来看，低运行效率的企业和高运行效率的企业可能并存。

3. 处于成长阶段的产业，主流技术范式已经形成，并处于扩散阶段。潜在进入者可以通过自主研发、购买成熟技术、模仿等多种方式进入，以克服技术壁垒。企业进入的方式可以多样化，所承担的技术研发风险相对较小。

（三）产业成长阶段的市场绩效分析

1. 因为市场呈现出供不应求的状态，企业一般会获取超额利润，但这种状态只能在短期内存在。从长远看，在位企业的扩张和潜在进入者的进入将使供需基本平衡，超额利润将趋于减少。

2. 一方面，企业借助需求膨胀扩大产能，有利于实现规模经营。另一方面，产业内的规模不经济的企业因为价格上扬，也可能盈利颇丰。在供不应求条件下，市场的选择机制被弱化。由此可知，在产业成长阶段，对产业规模结构效率而言包含积极的一面，也包含消极的一面。

三、产业成熟阶段的产业组织分析

产业从迅速增长时期过渡到适度增长的时期，这一演化过程，一般表示产业进入成熟阶段。20 世纪 70 年代中期和末期，履带式雪上汽车、手摇计算机、网球场地设备，以及集成电路等就是一些进入成熟期的产业。

成熟产业的特性包括：

（1）成熟产业内的企业数量趋于饱和，新老企业之间竞争更加激烈。

（2）成熟产业的生产能力趋于过剩，而任何企业不愿意将投资得来的生产能力闲置起来，这样就必然加剧产业内的竞争。

(3) 成熟产业的边际收益下降。由于产业的产品供过于求，产业内销售增长率下降，销售边际收益明显下滑，市场争夺更加激烈。

(一) 产业成熟阶段的市场结构分析

1. 在成熟产业中，由于产能趋于过剩，市场处于供求基本平衡或供过于求状态，供过于求程度的加剧，将致使企业开展价格战，价格下滑将引致成本较高且产品无差异的企业不得不停产或减少产量，市场份额将向优势企业集中。这一市场选择过程，将会影响市场结构趋于集中。

2. 产业内企业间的竞争程度在产能过剩、供过于求的情况下加剧，由产能相对于需求不足而引起的短缺垄断①，将被激烈竞争取代。市场选择机制作用将增强，优胜劣汰的市场机制将使市场集中度提高。

(二) 产业成熟阶段的企业行为分析

1. 产业成熟阶段，是卖方市场向买方市场转化的阶段。由于竞争程度加剧，在技术进步没有重大进展的情况下，企业间价格竞争将不可避免，该竞争行为将成为这一阶段产业内企业的重要选择。

2. 在市场供过于求的环境下，产业内价格竞争渐趋激烈，产业内运行效率行为较低的企业由于成本较高，其将处于微利或亏损状态。这会促使企业改进运行效率行为，努力降低成本，获取一定市场份额，以改善盈利状况。

3. 在产业成熟阶段，市场选择机制将逐步强化，劣势企业

① 短缺垄断指的是由于市场处于供不应求情形下，而新增生产能力在短期内难以形成，产业内企业短期内拥有市场控制力，这会引致价格上涨，从而获取超额利润的一种状态。

被优势企业兼并的可能性大为增加，企业间并购行为的频度将上升。

（三）产业成熟阶段的市场绩效分析

1. 产业成熟阶段，产业利润率水平趋于社会平均利润率，超额垄断利润逐步丧失，产业内的企业的利润呈现冰火两重天，一部分强势企业凭借成本及产品性能等优势，获取稳定的利润流和现金流，另一部分弱势企业将渐渐步入亏损的境地。

2. 由于企业间并购活动的展开，企业的规模呈现急剧扩大态势，使产业规模结构效率得以提升，规模不经济的企业将退出市场。

3. 产业内的资源面临重新洗牌，资源将向优势企业集中。其原因在于，产业前景的不乐观，影响劣势企业决策层的心理状态，改变其预期，使其谈判能力大为减弱，并购的可能性提高。因而，产业内资源配置效率极有可能大为改善。

四、产业衰退阶段的产业组织分析

产业衰退阶段，市场需求逐步萎缩，这主要由两方面原因引起，一是需求经过高速增长后，市场供给大大超过市场需求；二是代表新的产业领域的替代产品的出现。

衰退产业的特性表现在：一是产业在衰退期，产业中的先觉者、无竞争实力者或已赢得高额利润者的少数厂商开始退出产业。二是产业内生产能力大量过剩，盲目大批量生产产品，造成市场供给大于需求，产品严重滞销，库存成品数量增加。三是产业内生产的产品价格下跌至下限，绝大多数企业处于微利或收入小于成本的状态。

（一）产业衰退阶段的市场结构分析

1. 在衰退产业内，产能严重过剩，市场供给远大于需求，产品大量积压。产品价格跌至下限，许多企业处于停产或半停产状态，甚至退出该产业领域，这无疑有利于市场趋于集中，使市场集中度提高。

2. 在市场供需严重失衡的条件下，往往会引致产业内企业间的竞争强度加剧，甚至恶性竞争。不理性竞争将清除产业中的弱势企业，这就充分体现了市场机制无序和残酷的一面。产业衰退若是因为代表新的产业领域的替代产品的出现而引起的，整个衰退产业都将面临被淘汰的可能。

（二）产业衰退阶段的企业行为分析

1. 在衰退产业内，企业间的竞争使价格下跌，价格将随着产能及产品过剩程度而变动。价格将跌至许多企业单位边际成本以下，众多企业出现亏损。没有核心竞争优势的企业不得不选择退出。

2. 企业缩减业务范围，减少营销费用的开支，缩减生产规模，以期尽快收回资本和实现沉淀成本最小化。

3. 产业内的部分企业迫于市场压力，不得不采取制度创新、管理创新、工艺流程创新、开发新产品等措施，这些都将成为衰退产业内的重要行为模式。

4. 强势企业对弱势企业的并购，将在更大的范围内展开。

5. 由于沉淀成本较大，退出有困难的部分企业将进入休眠状态，如采取停产等措施，等待市场供求状况的变换。

（三）产业衰退阶段的市场绩效分析

1. 产业利润水平低于社会平均利润水平，甚至处于整个产业亏损状态。但这不排除少数企业处于盈利状态，只是大多数企业处于严重亏损的状态，相抵之后呈现全产业亏损的局面。

2. 产业处于过度进入状态，以至于资源配置效率低下，衰退产业的过剩产能不得不重构后向其他领域转移，在企业退出的过程中，实现社会资源的重新配置。

3. 市场优胜劣汰机制将在极大程度上清除规模不经济、工艺落后、运行效率低下等弱势企业，有利于产业内整体规模经济效应、技术进步程度的提升。

第四章　产权及产权制度变迁相关分析

产权制度是社会中的核心制度，为了研究它与产业组织的关联互动，我们对其进行相关分析，分析中创新和引申了一些概念。

对于社会分工高度发达的现代市场经济，构建合理的产权制度意义重大，它是现代市场经济和社会得以顺利运行的重要基础。合理的产权制度能够降低微观企业和宏观经济运行的费用，提升运行绩效。

由于资源的稀缺程度、技术、人口压力以及要素与产品相对价格等因素的变动，将打破产权制度原有均衡状态，促使产权制度作出调整。即影响产权制度变迁的因素是多元动态变化的，这使得产权制度总是处于由非均衡趋向短暂的均衡，又由均衡转向非均衡的动态优化的演变过程中，本章对此进行相关分析。

第一节　产权及产权制度的要义

一、产权与产权制度的内涵

（一）关于产权的定义

关于产权的概念，不同学者站在不同角度给产权下了诸多定义，具有代表性的有以下几种：

1. 一个被罗马法、普通法、马克思和恩格斯以及现行的法律和经济研究者基本上认同的定义为："产权不是指人与物之间的关系，而是指由物的存在及关于它们的使用所引起的人们之间相互认可的行为关系。产权安排确定了每个人相应的行为规范，每个人都必须遵守他与其他人之间的相互关系，或承担不遵守这种关系的成本。"① 其实质就是，产权是关于人的行为的规范，明确界定了交易过程中人与人之间的利益关系。

2. 在西方经济学中，颇具代表性的见解是德姆塞茨对产权的定义，他认为："产权是一种社会工具，其重要性就在于事实上它们能帮助一个人形成他与其他人进行交易时的合理预期。这些预期通过社会的法律、习俗和道德得到表达。"② 意即产权有利于减少产权主体间交易过程中的不确定性，而这种不确定性的降低并不仅仅依赖于法律法规等正式规则，还依赖于风俗习惯、道德伦理等非正式规则。

3. 产权的概念越出所有权范围，产权概念外延大于所有权的外延，而成为权利束的含义。英国学者 P. 阿尔钦认为："我所说的产权意思是：所有权，即排除他人对所有物的控制权。使用权，即区别于管理和收益权的对所有物的享受和使用权。管理权，即决定怎样和由谁来使用所有物的权利。分享剩余收益和承担负债的权利，即来自于对所有物的使用或管理所产生的收益分享和成本分享分摊的权利。对资本的权利，即对所有物的转让、使用、改造和毁坏的权利。安全的权利，即免于被剥夺的权利。

① 菲吕博腾、配杰威齐：《产权与经济理论：近期文献的一个综述》，载 R. 科斯等编：《财产权利与制度变迁》，上海三联书店、上海人民出版社，1994 年，第 204 页。

② H. 德姆塞茨：《关于产权理论》，载 R. 科斯等编：《财产权利与制度变迁》，上海三联书店、上海人民出版社，1994 年，第 97 页。

转让权，将所有物馈赠或出让给他人的权利。”① 言外之意，产权的内容要比所有权的内含更丰富、更生动和更广泛，产权是所有权及其有关的各项权利之总和。

以上关于产权的定义，从不同角度揭示了产权的性质。为了避免争论，本书将产权归结为：产权实质上是在一定的社会经济条件制约下，财产所有权及其派生财产权所构成的各项权利之和。财产所有权是产权的核心内容，派生财产权是由财产所有权衍生出来的，包括占有权、使用权、处置权及收益权等。顺应时代的发展，从广义角度来看，财产不仅包括有形财产，还包括无形财产，如知识、技能、人力资本等，本书使用的财产所有权既包括有形财产所有权也包括无形财产所有权。

在资源要素稀缺条件下，产权问题对现实经济生活有重大的影响，新制度经济学派代表人物科斯指出，在交易费用为正的条件下，合法权利的初始界定以及经济组织形式的选择，将会对资源配置效率产生影响。因而种种宏观组织、微观组织及个人都力图调整法律、规则、道德和习俗等制度因素，来使得产权关系规范化、制度化。

（二）关于产权制度的定义

T. W. 舒尔茨在其《制度与人的经济价值的不断提高》一文中，明确地将制度定义为管束人们行为的一系列规则，这些规则涉及社会、政治及经济行为。大多数西方新制度经济学家把制度定义为一个社会的游戏规则。而且他们进一步认为：“产权制度可以描述为它是一系列用来确定每个人相对于稀缺资源使用时的

① Alchian, A. and Demsetz, H., Production, Information Costs, and Economic Organization, *American Economic Review*, Vol. 62, 1972, pp. 777-795.

地位的经济和社会关系。"① 由此可推断出，产权制度是指在一定的生产力和生产关系条件下，就一定的社会范围内产权主体与非产权主体之间以及产权主体之间关系的规范化。具体来说，就是对产权界定、产权使用、产权收益和产权转让等活动作出的种种规范。也就是说，通过各项权能的划分、界定和安排，确定当事人的权、益、责，以利于形成对产权主体的动力机制与约束机制，实现生产、经营的效率性和效益性。产权制度是经济运行的基础，规范着主体的行为，维护某种生产和经营方式，形成某种经济和社会生活的秩序。

二、产权制度的分类与构成

（一）产权制度按涉及的范围分类

产权制度按不同的标准有不同的分类，② 此处仅按其涉及的范围进行分类。产权制度的形成与实施总是就一定范围而言的，它是对一定域限③内产权关系的规范化、制度化。在实际经济运行中，我们可以将产权关系分为社会产权关系和微观组织（如企业）产权关系两个层面，本书中微观组织主要侧重于企业组织的研究。企业产权关系是社会产权关系的重要构成要素，社会产权关系是企业产权关系的运行平台。社会产权关系属于宏观层面的范畴，企业产权关系是微观层面的内容。由此，我们对产权关系的规范化可以分层予以研究，本书以涉及的范围为标准将产

① 菲吕博腾、配杰威齐：《产权与经济理论：近期文献的一个综述》，载 R. 科斯等编：《财产权利与制度变迁》，上海三联书店、上海人民出版社，1994 年，第 204 页。

② 产权制度以所有权为标准可分为公有产权制度、私有产权制度和混合产权制度等类型。

③ 域限是指对一定范围作出的限定。它可以指国域范围、产业领域或企业范围。

权制度分为宏观产权制度和企业产权制度两个层面，以利于揭示产权制度的内在层次结构，为产权制度变迁及其与产业组织演进的关系作出铺垫。下面分别予以阐述。

1. 宏观产权制度

宏观产权制度是就一定国别、地域或者产业领域等范围内的社会产权关系作出的制度规范。具体而言，是指在经济活动运行中的国别、地域或产业领域，为了适应市场交易的需要，而对产权形成、产权界定、产权经营、产权收益和产权保护等一系列活动作出的制度约束。例如，国家对生产要素（如土地）所有权及其派生权能归属的界定，这些都是宏观产权制度的内容。它不是拘泥于某一个微观组织（如企业）的产权制度安排，而是在一定国域、地域范围内具有普遍性的产权制度，它构筑了微观经济主体运行的平台。

2. 企业产权制度

企业产权制度是指对企业范围内的产权关系作出的制度化规范。企业产权制度蕴含于具体的企业组织中，通过企业组织来体现，但它不等同于具体的企业组织，它是企业内若干当事人就产权活动形成的游戏规则。新制度经济学家们一般认为，企业产权制度是企业制度的核心，决定了企业的运行效率。业主制、合伙制及股份制等类型的企业在微观产权制度安排上大相径庭，即使在同类企业制度中，企业产权制度也存在一定差异，如都是股份有限公司，但公司对董事会与经理层如何分权也不完全相同。

3. 宏观产权制度与企业产权制度的关系

（1）宏观产权制度对企业产权制度选择的制约和影响。企业在选择自身产权制度时，总是在一定宏观产权制度下进行的，也就是说宏观产权制度限定了企业产权制度的可选择集合。如国家对某一产业限定只能采用国有国营的经营方式，那么该产业中的企业只能选择国有企业产权制度模式；又如国家对国有股权转让方式的限制，将增加企业产权制度创新的难度，企业将不能根据市场需要及时调整自身的产权制度安排。由此可知，企业产权制度的选择在一定程度上受宏观产权制度的制约。

（2）企业产权制度的创新对宏观产权制度的演变具有推动作用。企业所选的产权制度方式可能在宏观产权制度层面尚无明确规定，然而实际中却在运行，如我国在一段时期内，许多企业采取了股份合作制企业形式，但这种企业中的产权关系在法律法规上的规范，就没有有限责任公司和股份有限公司那么详细。这就要求宏观产权制度变迁、完善。可见企业产权制度创新由点及面的展开，将促进宏观产权制度变迁。从整体上看，宏观产权制度与微观企业产权制度将处在协调与不协调的动态变化中。

（二）产权制度的构成

诺思认为："制度是一个社会的游戏规则，或更规范地说，它们是决定人们的相互关系而人为设定的一些制约。"制度包括"正式约束"（例如规章和法律）和"非正式约束"（例如习惯、行为、规则、伦理规范）以及这些约束的"实施特性"。正式约束指人们有意识创造的一系列政策法则的总和，包括政治规则、经济规则和契约。非正式约束是人们在长期交往中无意识形成的，并构成代代相传的文化的一部分。它主要包括价值信念、伦理规范、道德观念、风俗习惯、意识形态等，其中意识形态处于核心地位。实施机制是与约束因素配套的，能为实施者提供足够的信息，保证约束实施的一套措施。① 显然，诺思等新制度经济学家将非正式约束及实施机制纳入制度构成框架是有其道理的。一方面，在经济运行中，我们很难将约束人们行为的所有规则都正式化，即便可能，这种制度运行的成本也将高得令人不能接

① 诺思：《制度、制度变迁与经济绩效》，上海三联书店、上海人民出版社，1994年，第142页。

受。在现实社会中，正式约束相对于非正式约束而言，只处于一个较小的范围，非正式约束在较大范围内规范着人们的行为。另一方面，正式约束离开了实施机制，也将成为一堆废纸，耗费了制定正式约束的成本却不能发挥效应。因此，制度构成应包括正式约束、非正式约束和实施机制三个要素。

产权制度是制度构成的一个重要组成部分，我们可以将诺思所阐释的制度构成的三个基本要素引入宏观产权制度和企业产权制度范畴，以构筑两类产权制度的基本要素。

1. 宏观产权制度的构成

（1）国家规定的正式产权约束。

国家规定的正式产权约束是对产权形成、产权界定、产权经营、产权转让、产权收益和产权保护等一系列活动作出规范的法律、法规和行政性规则。这一系列的规则体系，从宪法中与产权相关的条款到各级政府制定的与产权有联系的行政性文件，它们共同规范着个人和组织的行为。

（2）宏观非正式产权约束。

在社会层面非正式约束中，有许多都是与规范产权关系密切相关的，我们称之为宏观非正式产权约束。它是指一定域限范围内的人们在长期的社会经济活动中逐步形成的，并得到广泛认同的一系列与有关产权活动相关的默认约束。它具有持久的生命力，并世代相袭。宏观非正式产权约束包括与规范产权关系相关的价值信念、风俗习惯、伦理道德及意识形态等要素。宏观非正式产权约束在社会经济生活中起着重要作用。

从历史上看，在国家规定的正式产权约束设立之前，产权关系的规范主要靠宏观非正式产权约束来维持。这正如恩格斯在研究易洛魁人氏族时发现，在那里“一切问题，都由当事人自己解决，在大多数情况下，历来的习俗就把一切调整好了”。① 即便在高度发达的市场经济国家中，国家规定的正式产权约束也只是决定行为选择的总约束的一部分，宏观非正式产权约束在日常生活中大量存在，并支配着人们与产权相关的一系列活动。

（3）宏观产权实施机制。

宏观产权实施机制是指由一定的程序和机构驱使，以保证国家规定的正式产权约束和宏观非正式产权约束得以实施的运行体系。它是宏观产权制度的第三个重要构成要素，在一定程度上决定着宏观产权制度是否健全。宏观产权实施机制的缺失和不完善，将使上述两类约束在实际经济运行中难以有效发挥作用，侵害产权的行为将频繁发生并愈演愈烈，当然这并不是因为缺乏正式的法律条文，而是由于维护产权的成本太高，以至于只有理论上的可能。

国家规定的正式产权约束和宏观非正式产权约束所依赖的实施机制是有显著差别的，下面分别予以介绍：

①国家规定的正式产权约束的实施机制往往由一定的机构作为主体，这一机构主体一般是国家相应的部门。机构主体必须按一定程序来实施产权保护，以强制约束人们的行为。这种实施机制的特点就是国家建立了“第三方裁定”体系，它的稳定性较强。这种实施机制是否能有效运行依赖于按此机制实施所引致的成本的高低。国家相应部门裁定需要相应费用，一旦这一费用超过一定范围，被侵害的产权主体可能放弃维权行动，其原因就在于维权收益小于维权成本。

②宏观非正式产权约束的实施机制表现在以下方面：一方面，这一产权实施机制的有效性依赖于社会成员对现有与产权活

① 《马克思恩格斯全集》第 21 卷，人民出版社，1965 年，第 111 页。

动相关的道德观念、风俗习惯及意识形态等非正式约束的尊崇程度。也就是说一旦社会成员出现侵犯产权的行为，他就会产生自责感。这种感觉越强，宏观非正式产权约束的自我实施机制就越有效。另一方面，这一产权实施机制的有效性依赖于社会群体对个体施加的压力大小。某社会成员在侵犯产权的行为发生后，社会群体反应越强烈，并且对该个体形成的精神压力与物质惩罚越大，那么这一实施机制就越有效。精神压力来自于群体舆论的谴责与批判，物质惩罚来自其他产权主体将不愿与该个体合作，其长期利益损失增长。

强有力的宏观产权实施机制应将“第三方裁定”与“自我实施”有效结合起来，并努力降低“第三方裁定”的费用。

2. 企业产权制度的构成

(1) 企业拟订的正式产权约束。

企业拟订的正式产权约束是在既定宏观产权制度框架下，企业内的各产权主体通过讨价还价达成的详细契约的集合，它通过正式条文的形式将相关产权主体的权利、责任与收益等关系固定下来，它包含一些具体的细则以及个别契约。这进一步对与企业相关的产权形成、产权界定、产权经营、产权转让、产权收益和产权保护等一系列活动作出了更为具体、更为深入的约定，有利于规范各相关产权主体的行为。

企业拟订的正式产权约束通常可以概括为以下两方面的内容：一是非人力资本产权主体之间订立的成文细则或契约；二是非人力资本产权主体与人力资本产权主体之间订立的成文细则或契约，在不同类型的企业中上述两个方面有不同的表现形式。下面分别就业主制企业、合伙制企业和股份制企业的微观正式产权约束形式予以描述。

业主制企业中，企业的出资人与企业的经营管理者是高度合一的。业主一方面自己雇用自己，另一方面也可以凭出资人的身份聘用他人来管理企业或从事一般的操作性工作，后者就属于非人力资本产权主体与人力资本产权主体之间的具体契约。

合伙制企业中，企业产权主体之间的产权关系要复杂一些。一方面，企业合伙人之间的产权关系需要约定，权、责、利关系需要规范；另一方面，合伙人在形成一致意见后，与人力资本产权主体签订相应契约。

股份制企业中，包括出资人之间的正式契约关系，出资人与经营管理者之间的正式契约关系，出资人与雇员之间的正式契约关系三种。当然上述关系在一些条件下并不是直接的，如出资人与雇员之间的正式契约关系往往通过经营管理者这个中间环节来实现，出资人与经营管理者签订契约后，经营管理者凭出资人的授权与雇员签订契约。

（2）企业的非正式产权约束。

企业的非正式产权约束是由企业各产权主体所具有的与产权活动相关的企业道德、企业习惯、价值信念及共同意向等非正式约束构成，它是一种潜在的心理约束。企业各利益主体的行为除了受到企业成文细则和契约的规范外，也受到企业非正式产权约束的制约，其原因就在于企业的正式产权约束本身就是不完备的。由于环境的不确定、信息的非对称和不完全、个体的有限理性，企业细则的制定者和契约的签订人只能部分预见未来经营管理活动中可能发生的事件，因此企业的正式产权约束不完备是常态，如在股份制公司企业中，委托人与代理人难以将未来所有活动的权责利关系一一界定清楚。正是这种不完备为企业非正式产权约束提供了发挥作用的空间。

（3）企业产权实施机制。

企业产权实施机制是指由企业内若干机构或人员依照一定程序，以保证企业拟订的正式产权约束和企业的非正式产权约束得以实施的运行体系。企业的非正式产权约束的实施机制与前述宏观非正式产权约束的实施机制基本类似，只是范围不同罢了。一般情况下，企业正式产权约束的实施机制就是指企业内部治理结构依程序来实施已拟订与产权活动相关的成文细则和契约。当然企业正式产权约束实施机制的作用是有范围的，一旦企业产权主体之间发生冲突并且企业内不能调和，这时就需要国家的相应的实施机构依程序来裁决，以保证企业正式产权约束的实施。

3. 宏观和企业两类产权制度构成的比较与关联分析

（1）国家规定的正式产权约束与企业拟订的正式产权约束的异同点与联系。

①两者的相同点。第一，两者都通过语言或以符号形式予以表述、传递和存储，并形成了书面的文字材料，较为规范，为今后的产权活动提供了清晰的依据。第二，两者都具有一定的强制性，最终由国家强制机关保证实施。

②两者的区别。它们的适用对象和范围不一样。第一，前者是对具体问题和现象的普遍性规定，它所作的规定不只是适用于某个具体的对象，而是具有较大范围的普遍适用性。而后者是对企业产权关系作出的更为具体的有约束力的安排，这种微观正式产权约束适用范围相对较小，只适用于与企业相关的若干产权主体。第二，前者一般只有一种文本，如一个国家只有一部《专利法》。而后者在一个国家范围内有多种文本，如每个企业中出资人与经营者分权的正式产权契约是不完全相同的。

③两者的联系：国家规定的正式产权约束具有强制性，它以权威和服从为基础，属于“硬”约束，有足够的威慑力。企业拟订的正式产权约束是国家规定的正式产权约束的拓展和细化，如公司章程中对股东大会与董事会之间权责的细化规定是对《公司法》相关内容的延伸。企业拟订的正式产权约束能否具有强制力，依赖于它是否符合国家规定的正式产权约束的保护要求。如果企业拟订的正式产权约束和国家规定的正式产权约束相

一致并属于其保护范围时，那么这些契约的签订方出现冲突时，可由国家相应机关予以裁决并强制实施。

两者结合在一起将具有界定企业产权主体关系和规范企业产权主体行为的作用，主要表现在以下方面：一是界定财产所有权及其派生权能的区界，规范产权分解的原则、方式以及程序；二是确认企业产权主体的资格及其属性；三是明晰各企业产权主体权利及义务关系；四是保证各种产权契约或协议的实施；五是明确规范产权转让或交易。两种正式产权约束不仅有利于企业产权主体形成稳定的预期，从而减少环境中的不确定性，减少交易费用，而且还有利于对企业产权主体的激励和约束，从而增进资源配置的效益。

（2）宏观非正式产权约束与企业非正式产权约束的异同点与联系。

①两者的相同点。第一，无形性。就外在表现形式而言，两者都存在于人们的内心意念之中，一般没有形成正式文字和条文，它以潜在的方式存在，只能通过传递双方的共同理解和信任在实践中获得。第二，非强制性。从实施机制来看，两者都不具有外在的强制约束机制，而是依赖内在的心理约束和周围群体的舆论约束。第三，实施成本低。由于两者的实施是依靠社会的风俗习惯及道德伦理等要素的作用，而且都是以人们的自觉自愿为原则的，这就免除了为实施约束而设立的监督机构，使约束实施的社会成本大为降低。第四，演变的渐进性。道德观念、风俗习惯及意识形态一旦深入人心就难以改变，往往需要外部强制因素作用才能渐渐演变，在极端情况下，甚至需要原有人员随年龄逐步消亡，新生人员逐步接受新观念才能完成转变。

②两者的区别。第一，两者的适用范围不同。前者的适用范围较大，后者仅局限于一个企业范围内。第二，由于前者以更多的人为载体，所以要想改变它，需要的时间更长，难度更大。而

后者涉及的人较少，改变起来相对容易一些。最后，前者是较大域限范围内绝大多数社会成员所共有的与产权活动相关的风俗习惯、伦理道德及意识形态等非正式约束，因而具有一定普遍性，而后者相比之下就较为特殊。

③两者的联系。一方面，前者制约和影响着后者的形成与演变。前者是一定域限内的人们在长期的实践中积累起来的与产权活动相关的共有道德观念和意识形态等的集合体，它具有普遍性，也就是说前者已深入绝大多数个体的意念之中。企业若是由该域限范围内的人群组成，这些人群或多或少受到了宏观非正式产权约束的影响，这些人群在企业日后的产权活动中将受其约束。另一方面，后者特殊性的泛化也会对前者的转变形成促进作用。后者是在较小范围内实现的，有其特殊的一面，这些特殊性如被实践证明有效就会得以强化，并被其他企业效仿，这种由点及面的展开将导致宏观非正式产权约束的演变。

两者结合具有以下基本功能：

①约束功能。由于两者往往表现为人们在长期交往中形成的对相关产权活动的伦理道德、风俗习惯及意识形态等，因此在一定条件下，两者都可以发挥规范企业产权主体行为的功能。这种约束一方面依赖于人们业已形成的对产权及其相应活动的基本观念和道德水平，另一方面依赖于社会舆论及群体报复①对某种侵害产权的行为的反应强度。前一种是通过人们自律实现，后一种是通过群体对个体的压力实现。

②激励功能。两者都包含了一定社会的对产权活动的价值取向和行为评价的准则，规定了什么样的行为会受到社会的肯定和

① 当某一主体违背道德损害另一产权主体的利益时，这就暴露了其侵害某一类产权的偏好，将引致被侵害产权主体及社会上其他类似产权主体在今后经济活动中的报复。

赞赏，反之则会受到否定和谴责，它给予了人们选择社会认可的行为以巨大的精神支持。因此，两者结合在一起包含着对人们行为选择的激励功能。这种激励功能主要表现在以下方面：一是通过长期遵循上述约束，在企业和社会中可以积累自己的声誉，而这些声誉又是有价值的，如某企业经营管理者从不损公肥私，这为该企业经营管理者赢得了良好的声誉，使自己的人力资本价值提升。二是按两类约束选择行为，有利于得到周围群体的认同，群体的夸赞将强化这种行为。

③凝聚功能。一定域限范围内拥有相同伦理道德、风俗习惯和意识形态的人们形成了共同的或相似的对产权活动的价值取向和行事原则。这强化了人们彼此之间的认同感，起到了凝聚社会力量的作用。如浙江一些地方，私人之间形成了互助基金会，形成了非常强大的内部凝聚力。这些联合体不是依靠正式规则来强制约束人们的行为，而是依靠一种共同认同的力量。

上述两者结合的基本功能，使得它们可以在产权形成、产权界定、产权经营、产权转让、产权收益和产权保护等一系列活动中发挥作用，具体表现在以下方面：

第一，它使产权主体在达成“协议”的过程中，节约了信息成本、谈判成本、协调成本、监督成本、契约成本等，即产权主体通过在实践中形成的意识形态和习惯准则，达成一种个人与外部世界的确定关系，因而大大简化了人们认知和选择的过程，节约了一系列成本。

第二，“经济人”追求个人效用最大化的本性和组织对人的行为计量和约束的困难，会造成人们“搭便车”，不付成本去获取收益的倾向，产生偷懒、欺骗、偷盗等机会主义行为。而两者的紧密结合，能较好地遏制“搭便车”、损人利己和机会主义行为倾向。

(3) 宏观产权实施机制与企业产权实施机制的异同点与

联系。

①两者的相同点。第一，两者都是为正式产权约束和非正式产权约束配套服务的，以保证上述约束得以执行。第二，宏观非正式产权约束与企业非正式产权约束的实施机制都是依靠个人的自觉以及群体所施加的压力，其特点都是“自我实施”，也就是说没有强制性的第三方机构参与实施。

②两者的区别。第一，服务对象不同。前者是为国家规定的正式产权约束和宏观非正式产权约束配套服务的，后者是为企业正式产权约束和企业非正式产权约束服务的。前者的实施范围大于后者。第二，正式产权约束的实施机构不完全相同。国家规定的正式产权约束由国家相应机构强制实施，企业正式产权约束既依赖于自身内部治理结构又依赖于国家相应强制机构。

③两者的联系。企业是处于社会中的企业，社会舆论的谴责和批判比企业群体的谴责和批判给个人施加的精神压力的范围更大、影响更深远，社会群体的报复比企业群体的报复给个体造成的负面影响范围更大。因此，宏观非正式产权约束的“自我实施机制”在一定条件下会强化企业非正式产权约束的“自我实施机制”。而且，企业正式产权约束的实施最终要以国家相应的强制实施部门为依托，形成第三方裁决机制。

上述产权实施机制结合在一起，有利于产权制度尤其是正式产权约束机制得以实施。产权实施机制的有效性将依赖于维护产权的成本与收益的比较，高效运行的实施机制将降低维权成本，减少侵权行为的发生。

第二节　产权制度变迁的多维度研究

产权制度变迁是对产权制度非均衡的一种必然反应。产权制度非均衡，即为人们对现有产权制度的一种不满足或不满意，是由于现行产权制度的净收益小于另一种可供选择的产权制度的净收益，也就是出现了一种新的可选产权制度。产权制度变迁实质上是产权制度的替代、转换过程，可以理解为另一种净收益更高的产权制度对一种产权制度的替代过程，以完成产权制度从非均衡到均衡的演变。从人类历史来看，产权制度变迁大体经历了三个主要阶段：(1) 排他性产权制度的建立；(2) 可转让产权制度的建立；(3) 与各种组织形式创新相联系的产权制度的建立。① 产权制度三个阶段的变迁体现在构成产权制度的正式约束、非正式约束和实施机制的演变上。为了揭示这种变迁的规律，我们将对宏观产权制度和企业产权制度变迁进行多维度的研究。

一、宏观产权制度变迁的多维度描述

宏观产权制度变迁在许多方面都有所体现，本文主要从政权与产权的关系、完备性程度、产权转让的有序化程度三个维度，揭示宏观产权制度变迁的规律，即分析其构成要素的演进。以下将分别予以探讨。

(一) 从政权与产权的关系维度分析宏观产权制度变迁

宏观产权制度是企业产权制度的外部环境，它指的是用法律、习俗和伦理等制度因素来规范一定范围内的产权关系。

政府②在宏观产权制度的建立及变迁过程中扮演着重要角色，历史上有效率的宏观产权制度和无效率的宏观产权制度都与政府有关。以下首先分析政权及其与产权的关系。

---

① 卢现祥：《西方新制度经济学》，中国发展出版社，1996 年，第 183 页。

② 广义上的政府，可以指国家，包括行政和其它国家机构，如立法机构。

1. 政权的概念

（1）政权的含义。

政权亦称“国家政权”，政权是实行政治统治的权力，即统治者实行统治的权力，由军队、警察、法庭、监狱等强力保证其实现。①

政权在法律上的表现形式是立法、行政和司法。其任务有镇压和保护两个方面。当政权建立、稳定后，其首要任务是提高劳动生产率，② 即重心转向发展社会经济，提高公民的生活水平。

政权是实行政治统治的权力，政治是经济的集中表现。它产生于一定的经济基础，并为经济基础服务，给经济的发展以巨大影响。③ 上述表明了政权的含义、边界和作用。那么，“为经济基础服务”、“用来实现经济利益的手段”、“提高劳动生产率”怎样具体体现？或者怎样落实呢？下面将予以分析。

（2）政权对经济的不干预与干预。

市场经济国家的人们认识到，在目前经济社会中，要实现必要的公共目标，相信只有推选行使政权的政府来实现公共目标是最有效的方法。在市场机制作用下，政府要履行“为经济服务”、“提高劳动生产率”、“提高公民生活水平”的经济职责，从长期的实践和经验中得出了结论：不干预和干预。前者体现于在绝大多数领域不直接干预企业和个人本身，后者体现在间接干预企业与企业、企业与市场之间的关系。这种干预与不干预通过经济立法、行政、司法以及有关经济政策来实现，其内容包括依

① 刘延勃、张弓长等：《哲学辞典》，吉林人民出版社，1985 年，第 462 页。

② 刘延勃、张弓长等：《哲学辞典》，吉林人民出版社，1985 年，第 462 页。

③ 刘延勃、张弓长等：《哲学辞典》，吉林人民出版社，1985 年，第 462 页。

法保护产权主体的各项权利以及市场的有效秩序，依法保护个人间、企业间和企业与市场间的正常关系；规范不轨的行为及关系。保护和规范的实质，从宏观上看，就是形成良好的市场环境，降低交易费用，促使社会经济有序有效发展；从微观上讲，就是使个体收益大于个体成本，有利可图，以此调动个人和企业的积极性，实现其预期目标。

2. 政权与产权的关系

产权是一束权利，其主体是独立的自然人和法人。从政治经济学上看，产权属经济基础范畴，而政权属上层建筑范畴。政治经济学认为上层建筑与经济基础是相互紧密联系而又独立存在的，这样分属上层建筑和经济基础范畴的政权和产权也是相互独立的。它们虽然是独立的，却存在密切的关系：

（1）相互依赖的关系。产权只有得到政权的保护才能存在，否则将遭到侵占，乃至破坏；政权只有得到产权的支持，才能运作，否则政权没有存在的基础。例如，多数经济学家认为，美国自1776年成立至今200多年来，由一个殖民地发展成世界上经济最发达的国家，主要是因为以立宪等形式，构架了运行效率较高的政权制度和有效的产权制度两根支柱，理清了其间的关系。其特点是两者既相互独立又高度互相保护、支持，使美国经济在200多年的时间里，总体上是稳定和发展的。

（2）相互制约的关系。它们之间不仅相互依赖，而且还相互制约，这既是两种权力间的辩证关系，又是在制度上的理性构造。这主要体现在：一方面，政权主体通过政治权力对产权主体予以约束。当产权主体非法或违反市场规则谋取利益，如欺行霸市等，产权主体将被处置。另一方面，当这种约束过度或不合理时，产权主体将通过对政权主体的投票或提出抵制议案等行动来制约政权主体。

（3）相互融合的关系。它们之间不仅相互独立，还相互融合，融合使两种权力制度实现了协调，达到促进社会经济发展的目的。这种互相融合体现在，政权制度建设的出发点与归宿反映和服务于产权主体的要求和利益。如比尔德通过研究美国宪法指出，美国宪法不是所谓“全民”的产物，而是希望从中获得利益的一个利益集团的产物。① 另一方面，现代产权制度的建立与发展迎合了政权制度的内在要求。因为现代产权制度可降低市场交易成本和促进经济发展，这符合现代政权制度的理性目标。

3. 政权与产权关系维度的演变

政府可以凭借暴力潜能和权威强制实施一套宏观产权制度，但是政府的过度介入又非常容易导致政权干涉产权，从而造成“产权残缺”。② 也就是说，有了政治权力的干预，宏观产权制度可能会变形，不能发挥其应有的激励及约束功能。但没有政治权力的保护，宏观产权制度尤其是国家规定的正式产权约束及其实施机制又难以确立。由此可知，宏观产权制度并不是超然独立的，而是客观地与政治权力交织在一起。政权与产权的关系直接决定着宏观产权制度的性质与效率。因此，我们应从政权与产权的关系维度来分析宏观产权制度变迁。

根据政权与产权关系的两种极端形式，我们能够考察宏观产权制度的两种类型：第一类是政权与产权高度重合的宏观产权制度。政府通过法律、法规及行政政策等规定，构架自己对全社会范围内的财产所有权及其派生权能实行全面干预的权力，并通过相应政府机构强制实施。政府在所有产业领域通过政治权力强制

① 丁栋虹：《论产权与政权关系的制度重构及其在中国的实践》，《战略和管理》2000 年第 3 期。

② “所有权残缺”的概念来自于 H. 德姆塞茨（1988）。产权既离不开政权，同时却又易受政府伤害是所谓的“所有权悖论”（周其仁，1994），周其仁意指“完整的所有权利束中的一部分被删除”。这里的“产权残缺”指的是财产所有权及其派生权能被政府侵害的现象。

实行公有产权制度，禁止私人和非公有机构拥有企业的出资人所有权。具体表现在：政府及其相应机构直接参与产权形成、产权界定，而且直接参与产权转让、产权经营并获取产权收益。例如政府规定对所有劳动对象与生产工具实行公有产权制度，但作为财产所有者的全民难以到位，实际上就是政府机构行使产权，政府机构可直接干预与产权相关的活动。为了确立该种类型的国家规定的正式产权约束与实施机制，政府还通过宣传和教育强化社会成员与公有产权活动相关的道德观念等宏观非正式产权约束，以保证宏观产权制度的运行。第二类是政权与产权高度分离的宏观产权制度。在这种制度设计下，政治权力的行使范围是有限的，一般来说，政府及其机构不直接充当财产所有权及其派生权能主体的角色，也不作为代理人参与到企业中行使相应权力，即财产所有权及其派生权能由政府以外的独立机构和个人来行使。政府的权力在于通过经济立法、行政、司法以及有关经济政策，保护产权主体的各项权利的行使。政府对产权主体的直接或间接干预较少，产权主体处于自由度较高的状态。在政权与产权高度分离的情形下，需要社会成员对私人或机构所享有的产权给予足够的尊重，即形成他人合法的产权不应侵犯等非正式产权约束，这有利于国家规定的正式产权约束的执行。

政权与产权的关系在高度重合与高度分离之间存在着中间形式，政权与产权的关系有向中间形式变化的趋势，如图 4-1 所示。这种中间形式体现在政府通过法律、法规及行政政策等规定在绝大多数产业领域①实施混合产权制度，个人、非公有机构及国有资产运营机构等都可以依法自由进入这些产业，政府不利用政权的力量对这些领域实施进入产权管制。在产业领域内就会存

① 这里的绝大多数产业领域指的是除了涉及国家安全和关系国计民生的产业之外的领域。

在多元产权主体并存的局面，各产权主体是平等的。政府根据产业的重要性程度，确定国有产权存在的比重。政府通过国有资产管理及运营机构行使国有财产所有权及其派生权能，政府部门行使宏观、中观经济管理和调控等权力，政权对产权的这种干预是有条件的，必须遵循一定规则。这就有利于政权与产权适度分离。

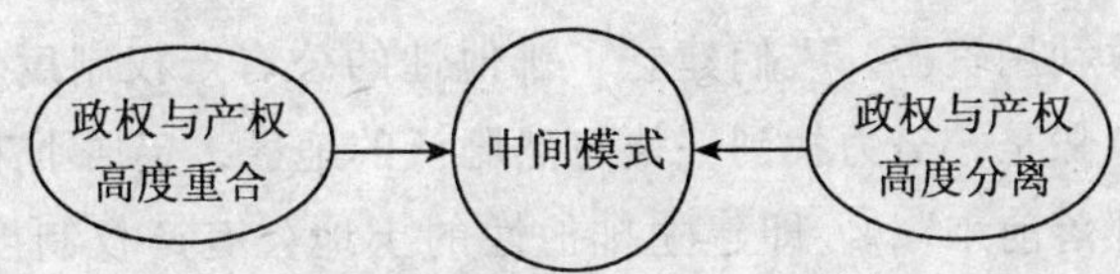

图 4-1 政权与产权关系维度的变化

从宏观产权制度变迁的过程分析，政权对不同资源和产业领域的干预方式是不同的，因而各国在不同资源和产业领域搜寻着两种极端形式间的均衡制度模式。宏观产权制度随着资源和产业的性质等多种扰动因素的变动，而在政权与产权关系维度方面作出适应性变迁。

（二）从完备性程度维度分析宏观产权制度变迁

随着科学技术水平的提升和人类社会的发展，产权的内涵在扩大和延伸，人们逐渐认识到产权不仅包含有形财产所有权及其派生权能，也包括无形财产所有权及其派生权能。当今社会中，无形财产所有权及其派生权能中最重要的两项内容就是知识产权和人力资本产权。宏观产权制度的完备性程度指的是随产权内涵的拓展，国家规定的正式产权约束、宏观非正式产权约束及其实施机制能否作出适当的扩充和调整，也就是说宏观产权制度规范和约束的对象能否适时变化。

人类社会关于有形财产所有权及其派生权能的制度形式在原

始社会依赖狩猎的氏族及部落中已经存在，“史前人类把劳动与自然资源结合起来进行谋生，自然资源不论是狩猎的动物还是采集的植物，开始都是作为公有财产而被占用的。这种类型的产权意味着所有人都能自由使用这些资源”。① 这种原始公有产权制度形式往往侧重于有形财产的界定和利用等问题，而且没有相关法律予以规范，它的实施往往依赖于公认的规范和氏族首领的威望。随着人口的增长和原始农业的出现，资源变得越来越稀缺，为了有效利用资源，人们建立了排他性的公有产权制度。“群落的逻辑步骤是，努力找到一块自然肥沃的地区，定居下来，并阻止新的部落前来”，② 即建立排他性的土地公有产权制度。在排他性私有产权制度确立之前，排他性的公有产权制度持续了很长一段时间，但是它也存在缺陷，一定条件下会导致“公地悲剧”。随着生产力的提高和剩余产品的增长，排他性的私有产权被创新出来，其后阶级逐步产生，在此基础上出现了国家。国家的统治利益集团逐步在过去不成文法的基础上制定了成文法，其中有许多法律、法规与有形财产所有权及其派生权能的保护有关，这些法律、法规通过国家强制机构依程序实施。这就建立了宏观产权制度，但人类早期的宏观产权制度主要侧重于有形财产所有权及其派生权能的保护。

人类在同自然界和社会的斗争中，不仅创造出物质财产，同时也创造出具有一定价值的智力成果，这些成果在一个相当长的历史时期内，没有被作为财产对待。其原因主要是，一方面这些智力成果较为简单，社会需求量不大，对生产的促进作用有限；

① 诺思：《经济史中的结构与变迁》，上海三联书店、上海人民出版社，1994 年，第 89 页。

② 诺思：《经济史中的结构与变迁》，上海三联书店、上海人民出版社，1994 年，第 89 页。

另一方面，人们对有形财产更为看重，忽视无形财产的价值与作用。由于经济的发展和科学技术的进步，智力成果成为人们生产经营活动的广泛需要，其财产属性才逐步为人类社会所承认，人们认识到无形财产所有权及其派生权能对社会发展的推动作用。下面仅就知识产权和人力资本产权纳入宏观产权制度保护范畴予以分析。

1. 知识产权保护渐趋完备

知识产权是指权利人对智力成果享有的专有权利，其最本质的法律特征是独占性。①知识产权集合包括版权和工业产权两项内容，而版权集合包含文化艺术版权和工业版权，工业产权集合包括专利权、商标权和商号名称。② 相对于人类社会演进的历程而言，人们认识到知识产权的重要性并以法律法规的形式将其确立下来时间并不长。1474 年威尼斯共和国制定了世界第一部专利法，1709 年英国制定了第一部版权法（安妮法），1857 年法国制定了第一部商标法。③ 随后，西方诸国相继将知识产权纳入宏观产权制度规范的框架，宏观产权制度在知识产权保护方面得以渐趋完备。

我国直到 19 世纪中叶以后才从西方传入专利制度的思想，我国历史上第一部正式的专利法是 1944 年由当时的国民党政府颁布的，④ 中华人民共和国成立后于 1984 年颁布了专利法。同时，我国也重视知识产权的立法工作，在 1982 年和 1990 年，我国先后颁布了商标法和著作权法，这标志着我国知识产权法从无

① 万君康等:《试论知识产权制度在企业技术创新中的作用》，《经济经纬》2002 年第 4 期。

② 汪海粟等:《无形资产评估》，中国人民大学出版社，2002 年，第 20 页。

③ 崔民海等:《知识产权的演进》，《科技信息》1995 年第 9 期。

④ 杨紫烜等:《经济法学》，北京大学出版社，1994 年，第 371 页。

到有并大体上有了一些轮廓。① 由此可以看出，知识产权的法律法规保护不是从来就有的，而是逐步建立的。

如果说第二次世界大战前，世界各国的知识产权保护还处于零散、自发的状态，那么第二次世界大战以后，人们已经认识到科技进步与创新在社会经济发展中的作用愈来愈重要，世界各国除了在宪法、民商法、行政法、刑法等传统法律体系中规定了保护知识产权的内容外，还增加了大量的专门立法和相关的配套政策，形成了一个庞大而又全面的制度体系。据统计，日本政府于1981年编纂的《科技六法》，收录了282个与知识产权相关的法条。更引人关注的是，美国于20世纪80年代后期，一反常态地改变海岛法系的传统做法，异乎寻常地加强了知识产权立法。美国当时曾经历了较长时期的经济衰退，他们在认真地分析和总结之后，把这种大规模的经济衰退的原因归结为其知识型产业和知识产权没有得到充分有效的保护。于是，他们有针对性地修改了《综合贸易法》，推出了“特殊301条款”。有了这些法律依据之后，他们便可以对那些不尊重美国知识产权或不向美国开放知识产品市场的“重点国家或地区”，进行经济制裁。② 我国人大常委会于1992年9月4日和1993年2月2日对《专利法》和《商标法》也分别作了修改。③ 由此可知，世界各国对知识产权的法律保护还处在不断完善的过程之中，即始终处于由不完备向完备转换的过程之中。

① 章礼强：《论制定统一的〈知识产权法〉》，《知识产权》1998年第5期。

② 周鸿德：《知识产权制度的形成与技术创新》，《社会科学研究》2002年第3期。

③ 章礼强：《统一知识产权法新论》，《合肥工业大学学报（社会科学版）》2004年第5期。

2. 人力资本产权保护渐趋完备

人力资本是通过教育、培训等投资而形成的，凝结于人身上的具有经济价值的知识、技术和能力等要素。

人力资本产权是无形财产所有权及其派生权能的一种，它是人力资本所有权及其派生权能的总和。人类社会对人力资本产权的规范也经历了从不完备到较为完备的过程，而且这一过程一直没有停止过。

从历史演变的过程看，人们逐步认识到人力资本对经济发展和提升企业核心竞争能力的重要作用，并从宏观产权制度层面增大了人力资本载体行使自身人力资本产权的自由选择空间。在原始社会，单个人离开了氏族群体就难以实现其个体目的，甚至有可能被大自然吞噬，因此，人们只有将自身人力资本投入氏族与部落中，进行共同劳动，才能实现自己的生存和生产目标，这时人力资本基本上可认为由氏族公有，人力资本产权主体之间的联合更多依赖于既有的亲缘关系。在奴隶社会中，奴隶丧失了人身自由，奴隶成了工具，其人力资本产权处于被强制的状态。人类刚进入阶级社会，法律形式是不成文的习惯法，即奴隶主阶级把有利于本阶级的原始习惯，通过国家政权认可，使之具有法律效力。后来在此基础上才制定了比较完备的成文法典。例如，公元前 18 世纪古巴比伦王国的《汉穆拉比法典》，共有 282 条，其中保护奴隶主财产的条文有 121 条，由于侵犯奴隶主财产而处以死刑的就有 30 多条。奴隶制法律公开确认奴隶主可以任意买卖、转让、继承、赠予或处死奴隶。① 这有利于强化奴隶主对奴隶的专政，剥夺奴隶的人力资本产权，在这样的社会里，多数人力资本产权处于被强占的状态。在封建社会，佃农获得了一定人身自由，可以承租地主的土地，有了一定的讨价还价的签约能力，而

① 吴祖谋：《法学概论》，北京师范大学出版社，1986 年，第 28 页。

且佃农的部分人力资本产权得到了法律上的确认，这比奴隶社会有所改善。但是佃农为了基本的生活，不得不依附于地主。在土地稀缺或被少数地主控制的情况下，佃农的人力资本产权处于极其不利的谈判地位。在资本主义社会初期，工人拥有了对自己人力资本的所有权，有更大的自由签约权，并在法律上有所体现，但由于没有生产资料，不得不出卖自己的人力资本使用权，出现了资本雇佣劳动的局面，物质资本产权主体独享利润，而人力资本产权主体不分享或少分享利润。

从上面人类社会演进的历程可以看出，人力资本产权保护经历了从低级到高级逐步发展的过程，人力资本载体渐渐获得了更多的自由行动空间，而且这种保护已上升到法律法规层面，并通过国家强制机构予以实施。

在现代社会中，西方发达国家和实行社会主义制度的我国都认识到了人力资本的特殊重要性，并从国家层面通过宪法、刑法等法律保证人力资本载体的人身自由不受非法侵犯，这有力地维护了人力资本载体自由签约的权利，可以在与物质资本产权主体博弈的过程中，实现人力资本载体对企业剩余利润的分享。

宏观产权制度的完备就是在产权内涵延伸后，通过正式规则、非正式规则及实施机制等制度化因素，使各类产权主体的相互关系规范化、制度化。由于产权内涵是随人类社会发展而不断变化的，宏观产权制度的完备就应是一个动态的概念。宏观产权制度在完备性程度方面作出调整就会经常发生。

宏观产权制度通过完备的法律、法规、道德伦理及意识形态等制度化因素，明确各种生产要素的归属，规范各产权主体的经济行为，处理各种由产权关系引起的矛盾与冲突，由此确立起人们在生产、交换、分配、消费等经济生活和其它社会交往中的行为秩序。

（三）从产权转让有序化程度维度分析宏观产权制度变迁

产权转让的有序化程度是体现宏观产权制度变迁的又一重要维度，它指的是产权交易过程受国家规定的正式产权约束、宏观非正式产权约束和宏观产权实施机制约束的程度，即指的是产权交易过程是否有法律、道德及实施机制等因素规范产权交易主体的行为，以保证交易的公平、公正。

人类社会产权转让经历了一个从无到有的过程。在原始社会，人们生产的产品只能维持生存需要，社会剩余较少，因此基本上没有产权转让。随着社会生产力的发展，社会剩余增多，排他性的产权逐步形成，产权转让才得以产生和发展。自然人或者大多数法人持有产权的最终目的，就是要获得产权带来的更高收益。产权主体必然会在产权高回报预期的作用下，调整自己所拥有的产权的投向。产权主体追求更高利益的内在要求，需要宏观产权制度能够充分地予以保证和满足，这有利于最有效地实现资源的合理配置，保证资源的高效益使用。

人类社会产权转让经历了一个从无序到有序的过程。历史上，在有形财产所有权及其派生权能和知识产权的转让中，曾经出现了尔虞我诈、欺行霸市及巧取豪夺等无序现象；在人力资本产权转让过程中，也曾出现了对人力资本载体强制转让的无序状态，如奴隶主可以买卖奴隶。在现代社会中，宏观产权制度对产权转让的规范进入到更为有序的状态，产权转让有序化程度表现在以下几个方面：

1. 从国家规定的正式产权约束层面，确定产权的可转让性。除了少部分关系国计民生的国有产权不能转让外，大部分产权应允许转让。当然，这里产权既包括有形财产所有权及其派生权能，也包括无形财产所有权及其派生权能。

2. 明确界定各类产权在转让过程中的行使转让权的权责主体，并且规范各类产权交易的程序、场所等条件，使交易过程有章可循。

3. 在产权转让过程中，产权转让各方之间应遵循自愿、公平的交易原则，不存在一方对另一方的强制。

宏观产权制度在产权转让的有序化程度这一维度方面不断作出种种调整，以保证产权转让可行并降低实施成本。

二、企业产权制度变迁的多维度描述

微观层面的企业产权制度经历了由自然人产权制度向法人产权制度演变的历程。企业产权制度是企业制度的核心，它的优劣直接影响企业行为及其经济绩效。本书强调企业产权制度的重要性并不否定其他因素，如管理等的作用，企业产权制度的完善只是企业行为及其经济绩效提升的一个重要因素，而绝非唯一因素。本书只是侧重于产权制度方面的研究。过去对企业产权制度的分析往往偏重于企业产权清晰、企业产权结构或企业产权流动等某单一方面，未能从全面和综合的视角来阐明企业产权制度的变化规律。事实上企业产权制度往往是处在企业产权模糊与清晰、企业产权融合能力弱与强、企业产权结构一元与多元和企业产权流动性程度低与高等一个方面或多个方面调整变化的过程中的。本章从企业产权清晰、企业产权融合、企业产权结构和企业产权流动四个主要维度及其结合来探究企业产权制度变迁，即分析其构成要素的演进。这四个方面及其有机结合程度是影响企业产权制度优劣的重要因素。下面对其扼要分析：

（一）企业产权清晰程度的相关分析

1. 企业产权清晰程度的内涵

企业产权清晰程度是指企业对组成自身的各产权主体所拥有的权能边界及各产权主体的责、权、利关系的清晰化程度。它反映了企业在宏观产权制度下所作出的具体微观产权制度安排的清晰程度。它包含以下三个主要方面的内容：

（1）企业各产权主体所拥有的权能边界的明确程度，即解决各种权能诸如归属、占有、支配和使用等权能的界区问题。

（2）企业各产权主体通过直接或间接的方式行使其拥有权能的明确程度。

（3）企业各产权主体的权利、责任和利益关系的明确程度。

这三个方面就是要解决由谁来行使产权，产权的边界范围有多大及产权主体之间的关系如何等问题。

2. 企业产权清晰程度的提升将通过以下三种途径来实现

在市场竞争的环境中，企业产权制度在产权清晰维度上作出种种调整，经历了从模糊到清晰的演变过程。这里所讲的企业产权制度的清晰程度提升是指在既定宏观产权制度下，企业所能作出的更优选择。企业产权清晰程度的提升将通过以下三种途径来实现：

（1）企业正式产权约束的完备有利于企业产权清晰。一般来说，企业正式产权约束总是在一定宏观产权制度下作出的选择，企业正式产权约束是对国家规定的正式产权约束的细化。企业各产权主体通过正式成文细则和契约界定各自权能边界及明确相互间责、权、利关系。企业中这些约定愈完备，愈有利于企业产权清晰。

在特殊情况下，这些细则和契约违背了既定宏观产权制度，虽然实际运行过程中有一定优势，但在法律层面不清晰，也是难以持久的。如在我国经济转型过程中，一些地方出现了戴“红帽子”的企业，按其起源的方式大体可分为以下两种主要类型：一是以集体或全民所有制的名义登记注册，但实际上是私营、合伙或个体性质的企业；二是私营、合伙或个体企业挂靠在集体或全民所有制单位。也就是说，该类企业是挂公有企业之名，却实际由私人投资和经营。这类企业一开始就没有依法设立，其形成的内部产权关系就难以得到现有宏观产权制度的保护，最终引起法律纠纷。

由此可以看出，企业正式产权约束的完备指的是，在不与国家规定的正式产权约束冲突的情形下，企业在具体细则与契约拟订方面尽可能达到优化，这有利于企业产权清晰。

(2) 企业非正式产权约束对企业正式产权约束的补充有利于企业产权清晰。企业正式产权约束的具体化程度是有限度的，如《美国史密斯建筑公司内部细则》对董事会与总经理权力划分的规定具有很大的伸缩性：董事长拥有董事会“不断规定”的权力，总经理拥有董事会“不断规定”的其他权力，等等，也就是说还有许多未尽事宜。① 涉及某些具体事项，事先难以把两种权力范围划分清楚。在实际运行中，企业中有许多事项是不确定的，这需要企业非正式产权约束予以弥补，即通过企业成员之间已形成的与产权相关的道德、伦理与习惯等来约束。企业正式产权约束和非正式产权约束相结合有利于企业产权关系的清晰。

(3) 企业产权实施机制高效运行也有利于企业产权清晰。一般情况下，企业正式产权约束实施机制就是指企业内部治理结构依程序来实施已拟订与产权活动相关的成文细则和契约；企业非正式产权约束的实施机制是依靠个人的自觉以及群体所施加的压力来实施。企业产权实施机制的高效运行表现为企业各产权主体维权成本相对较低，产权主体维权收益大于维权成本，此时，行为主体权衡利弊后不得不尊重和遵守企业正式产权约束和企业非正式产权约束，企业产权实施机制的有效有利于减少产权主体的侵权行为，有助于保障企业产权关系的清晰。

由此可知，必须从以上三个方面来提升企业产权清晰程度，

---

① 汪异明：《新议“产权清晰”及其实现途径》，《贵州财经学院学报》1998 年第 6 期。

以达到企业产权制度的优化。

（二）企业产权融合能力的相关分析

1. 企业产权融合能力的概念

企业实质上是人力资本产权主体和非人力资本产权主体相融合的契约性组织。企业产权融合能力指的是企业通过具体的微观产权制度安排，有效地融合物质和人力等资源的能力。企业要有效地融合各种资源，减少其磨擦成本，增强企业活力，提高效率，必须建立融合能力强的企业产权制度。企业产权制度的融合能力在很大程度上决定了企业在市场中的竞争位次与绩效。

2. 企业产权融合能力的提升

过去，许多企业（如传统国有企业、典型业主制企业）产权制度安排是典型的“资本雇佣劳动”逻辑，出资人拥有企业的全部剩余索取权和剩余控制权，而员工只得到一定的工资收入。这样的企业产权制度安排，从某种意义上说适应了物质资本相对于人力资本更重要、更稀缺的情况。而在现代市场经济条件下，人力资本的数量与质量在企业的发展中起着越来越重要的作用，人力资本的崛起必然要求重构旧有的企业产权制度。企业产权制度在融合能力这一维度上从主要融合物质资本产权主体，向同时融合物质资本产权主体和人力资本产权主体方向变迁。这是生产关系适应生产力发展要求的必然规律，只有适应这一规律才能进一步发挥人力资本的积极作用，推动人类社会经济的不断发展。

（1）人力资本产权主体地位的提升。

在工业革命的早期阶段，由于社会生产力水平比较落后，社会分工协作体系简单，企业生产经营活动对人力资本的要求较低，非人力资本的价值相对较高，因而那一时期，企业主要注重对非人力资本的融合。随着通信技术、计算机、微电子、生物工程、新能源、新材料等为代表的高技术产业迅猛发展，人类社会正逐步进入知识经济时代。在这一时期，社会分工体系日益复杂，科学技术水平日新月异，人力资本的相对价值急剧提升。

企业所拥有的土地、厂房、设备、原材料、资金等物质资本，离开了人力资本产权主体，将处于低效和闲置状态，难以有效开发和利用，无法顺利实现其价值的转移和增值。尤其是当经济发展越来越依赖于知识、技术和管理等新要素时，在企业各种要素组合中，以经营决策、专业管理和技术开发等为特征的人力资本，已经超过了物质资本的作用。这正如美国著名经济学家斯蒂格利茨所指出的：实际上，在经济增长的要素中，人力资本比物质资本更重要，估计在全部资本中占到2/3到3/4。①

(2) 企业产权融合能力由弱到强。

企业产权融合能力的强弱指的是企业内各产权主体关系的协调程度，尤其是物质资本产权主体和人力资本产权主体关系的协调程度。要想实现企业产权融合能力由弱到强的转化，必须重构企业内部产权关系，包括物质资本产权主体之间的关系、人力资本产权主体之间的关系、物质资本产权主体和人力资本产权主体之间的关系等三个方面的重构。本章重点讨论物质资本产权主体和人力资本产权主体之间关系的重构对企业产权融合能力提升的影响。

上文已指出，人力资本产权主体的地位已经显著提升，人力资本产权主体在与其他主体签订契约时，其谈判能力大大增强。仅仅由物质资本产权主体享有企业全部的剩余索取权和剩余控制权，而人力资本产权主体不参与分享任何权利的微观产权制度设计，显然不能满足企业产权融合能力提高的要求。而由各产权主体分享企业的剩余索取权和剩余控制权自然就成为更优的企业产

---

① 斯蒂格利茨：《经济学（上册）》，中国人民大学出版社，1997年，第243页。

权制度安排，这有利于从微观产权制度安排上激励人力资本产权主体的积极性，促进企业效率的提高。无论何种性质的企业都必须注重对人力资本的有效融合，从融合能力较弱的状态向较强的方向变迁。

（三）企业产权结构的相关分析

1. 企业产权结构的概念

这里所讲的企业产权结构指的是狭义的所有权结构，或者通俗地讲，指的是投资主体的结构。一般把企业产权结构划分为两类：一类是一元化的企业产权结构，即完全集中的产权结构；另一类是多元化的企业产权结构，即较为分散的产权结构。本章中的企业产权结构多元化，指的是狭义所有权的多元化，即指的是投资主体的多元化，而不是指经营企业的各种具体权利（包括所有权、经营权、支配权、收益权、处置权）被分配在多元主体身上。

企业产权结构是企业产权制度的实现形式，是描述企业产权制度变迁的一个重要维度，体现了企业产权制度的优化程度。

2. 企业产权结构由一元到多元转化的趋势

企业产权制度的一个重要方面体现在企业产权结构上。我们这里所说的企业产权结构有从一元到多元转化的趋势，并不是指一元化企业产权结构要完全消亡，而是指从社会层面来看多元化企业产权结构逐步兴起，并有愈演愈烈的趋势。许多多元化产权结构的企业都是由一元化产权结构的企业通过微观产权制度创新演变而来的。

自 20 世纪 30 年代始，以投资主体多元化为特征的股份公司得以确立和发展。股份公司的数量在企业总数中虽居少数，但拥有的经济资源在国民经济总量中占压倒优势。1994 年，美国有注册企业 2100 万家。其中，股份公司的数量只占企业总数的 15%，但资产却占全国企业总资产的 85%，销售额占销售总额的88%，职工工资占全国职工工资总额的70%。1991年6月，日本资本金10亿日元以上的4195家大企业中，股份公司和有限公司分别为4129家和53家，分别占98.4%和1.3%，二者合计占99.7%。德国的股份有限公司仅2500家，但拥有资本占社会总资本的70%。以投资主体多元化为特征的股份公司已成为现代企业制度的典型代表和国民经济的重要构成部分。

发达市场经济国家大型公司产权结构的变化有以下共同特点：持股主体越来越多，公司股权有多元化趋势。美国大企业的股权结构有多元化的趋势。20世纪50年代，在美国的一些产业领域中，产权结构多元化的企业由经理掌控已较普遍。钱德勒对1963年美国200家非金融公司的研究表明，没有一家公司的股份被某一个人、某一家族或某一集团掌握80%以上。其中有169家或84.5%是由经理控制。①

由此可知，从总体上看，企业产权结构有从一元化向多元化演进的趋势，许多企业在持续发展的过程中都经历了上述阶段。

（四）企业产权流动性程度的相关分析

1. 企业产权流动性程度的概念

企业产权流动性程度指的是企业内各产权主体能否进行产权转让及其难易程度。产权转让指的是财产所有权及其派生权能在不同产权主体之间的让渡。产权转让有以下几种形式：一是财产所有权在不同产权主体之间的让渡；二是在财产所有权不变或者部分转移的条件下，财产所有权的派生权能，如使用权、收益权及经营权等在不同产权主体之间的转移。

2. 企业产权流动程度由低到高转变的趋势

企业产权流动性及其程度是企业产权制度的一个重要维度，

① 钱德勒：《看得见的手——美国企业的管理革命》，商务印书馆，1997年，第136页。

它是现代企业产权制度的内在要求。在企业淘汰、转产及并购等活动中，会涉及产权转让。这种转让，既可以是所有权转让或经营权转让，又可以是人力资本产权转让或非人力资本产权转让，还可以是全部转让或部分转让。这种转让可能由于企业产权制度、供求状况等原因，导致可转让的难易程度不一样。随着市场经济向纵深发展，企业产权流动程度有逐步提高的趋势，这是企业产权制度优化的一个重要方面。主要表现在以下两个方面：

(1) 实物形态的产权转让向股权形态的产权转让转变。

实物形态的产权转让指的是以企业的部分或全部实物资产，如厂房、设备等作为转让对象。实物形态的产权转让是人类社会产权转让的初始方式，至今仍在西方发达国家产权交易方式中具有基础性地位，在整个交易额中拥有一定比重。

随着股份制企业的兴起，股权形态的产权转让获得了极大发展，成为产权转让的一种高级形式。股权形态的产权转让以其产权的可分割性和在分割基础上的可交易性使不同产权主体之间谈判的成本减少，产权转让变得较为容易，尤其突出的是股份有限公司的出资人所有权的流动性程度得到了显著提高。

(2) 人力资本产权流动有序化。

企业是人力资本产权主体和非人力资本产权主体通过契约联结在一起的利益共同体。因此，为了提高企业产权流动性程度，关注人力资本产权能否有序流动是首要问题。在现代市场经济条件下，人力资本产权有序流动体现在以下几个方面：

第一，人力资本产权同物质资本产权一样，具有所有、占有、使用、收益等权能。在现代文明和法律的框架内，所有权和占有权一般归属于人力资本载体。因为，所有权和占有权一旦易主，人力资本载体就会成为新占有者的“奴隶”，将丧失人身自由，所以，人力资本产权流动一般体现为使用权的流动。人力资本产权流动是建立在人力资本载体自由的基础上的。人力资本载体可与物质资本产权主体自由签约，并出让一定期限的人力资本使用权。

第二，人力资本产权的流动性程度与其形成有关，一般而言，人力资本的形成与社会、组织和个人有密切关系。社会提供的公共教育等投入是形成人力资本的重要平台，因而人力资本具有社会属性。人力资本的形成还与个人的学习和努力有关，同样的教育环境，个人形成的人力资本的质与量有重大差别，所以人力资本具有个体属性。在特殊情况下，个人进入企业，企业对个体在后续教育和培训上进行投入，企业对人力资本也拥有了一定权力。因此，个人要形成一定的人力资本需要投入，这种投入可能来源于社会、组织和个人三个方面。通常来看，社会并没有完全追究对人力资本的相应权力，社会的投入只是作为一种公共投入。企业对人力资本形成的一般性投入，也没有深究，只是对特殊性投入,① 才通过契约的方式声张相应的权力。例如企业可以与享受特殊性投入的员工签订长期雇佣合同。此时，人力资本使用权的转让不只是决定于其载体，而且企业也获得了对其转让的强制权力。由此可知，从人力资本形成的角度来看，声张人力资本相应权力的主体可能有一个或多个。一方面，在社会和企业都不追究人力资本形成的投入问题时，个人拥有了对人力资本较为完整的权利束，人力资本产权能较为自由地流动。另一方面，当企业通过特殊性投入并签订了契约，而拥有了对人力资本的一定权力时，这种权力从实质上讲就是企业对人力资本产权分享的权力。此时，人力资本产权的流动必须通过契约或协商来解决。

第三，人力资本产权从形成到流动应遵循公平、公正的原则。人力资本产权流动极有可能涉及对原有契约关系的改变，如

① 一般性投入对应的就是一般人力资本的形成。特殊性投入对应的就是专业技术型人力资本和战略型人力资本的形成。

果人力资本载体与相应权力主体之间签有一定期限的人力资本投资和使用协议，若因流动导致违约，人力资本载体对有关主体就必须支付相应的补偿费用。

综合上述章节可知，马克思关于生产组织演进的三大阶段，涉及或蕴含着产权制度对应的变迁；西方经济学者创立和不断发展的产业组织理论，无不与产权制度变迁相关联，表明产业组织演进及其理论的发展，产权制度不断变迁是其基础因素。马克思关于产权制度变迁的理论和西方经济学者研究产权及其制度变迁的理论，也涉及产权关系清晰对市场绩效的作用等产权制度与产业组织的单因素相互作用，引起了学界和实业界的关注。然而目前尚无研究它们的各因素互动关联的专门著作。对两者整体关联的理论扩展和对客观存在的实际价值的开拓，必须对组成两者的各因素互动作用进行整体深入研究。这是因为，产业组织与产权制度两体系，虽然各自存在内部因素及变化的规律，但产业组织演进与产权制度变迁，作为社会经济发展中的两个范畴，必然存在紧密联系，两者不可分割且相互作用，互相促进变迁及演进。为此，我们在上述分析的基础上，下面章节试作专门研究。

第五章　产业组织演进对产权制度变迁作用的规律分析

产业内企业间的垄断竞争程度、企业行为与市场绩效受诸多因素的影响，总是处在不断变化的过程中，即产业组织在各种动力的推动下，总在不断演进。在资源稀缺的条件下，现实经济运行中的人们更关注效率和效益目标。不合理的市场结构、不完善的企业行为及其相应的绩效水平有调整的必要，产业组织演进的趋向对产权制度的变迁起到很大的推动作用，这种动力机制正是产权制度变迁的重要因素。

下面将分析市场结构、企业行为及相应绩效的演进对产权制度变迁的影响效应。

第一节　市场结构演进对产权制度变迁作用的规律分析

市场结构体现着产业内企业间的垄断竞争关系。市场结构演进有两种典型趋向，一种趋向是从垄断市场结构向竞争程度加剧的市场结构演进，如垄断市场结构向寡头垄断、垄断竞争的市场结构的演变，另一种趋向是从原子型的过度竞争的市场结构①向垄断程度更高的市场结构演进。这种演变说明，产业本身在寻求垄断竞争的均衡点，完全垄断及原子型过度竞争的市场结构在现实中是难以长期大范围存在的，介于完全垄断及原子型过度竞争市场结构之间存在着寡头垄断、垄断竞争等许多中间形式的市场结构，多数产业可以根据自身条件及性质向这些中间形式演进。垄断市场结构和原子型过度竞争市场结构被打破，一方面依赖于产业演进的自组织过程，另一方面依赖于政府制定和实施相关法规及政策。这两个方面都有利于促使市场结构趋向合理。市场结构的演变在一定条件下会导致市场绩效的变化，市场结构及其绩效的演变趋向将推动产权制度的变迁，如图 5-1 所示。市场结构及其绩效的两种演变趋向将作用于企业产权制度变迁，这会传导作用于宏观产权制度，促其作出适应性创新。

一、市场结构演进对企业产权制度变迁的作用

（一）垄断市场结构向竞争性市场结构演进对企业产权制度变迁的推动作用

一般而言，在完全垄断的市场结构中，企业按边际成本等于边际收益（即 $MC=MR$）提供产品或服务，如图 5-2 即按垄断价格 p_1 提供 q_1 数量的产品或服务，其价格高于竞争性价格 p_0，数量低于竞争性产量 q_0。

我们来比较垄断价格下和竞争性价格下的消费者剩余和社会

① 原子型过度竞争的市场结构是一种产业内生产能力远大于市场需求，且产业内企业数目众多，大多数企业规模不经济的一种市场结构。由于企业较多，企业没有获得对市场的支配力，是价格的接受者。同时由于产能严重过剩，企业间竞争特别是价格竞争严重过度，产业内企业基本上处于微利或亏损状态。

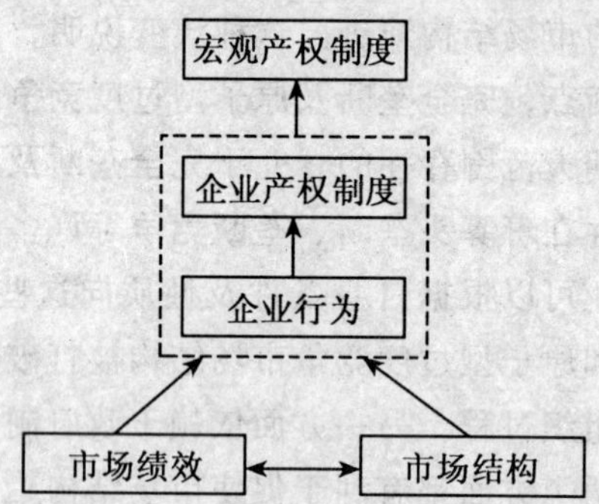

图 5-1　市场结构及其绩效演进对产权制度变迁的作用示意图

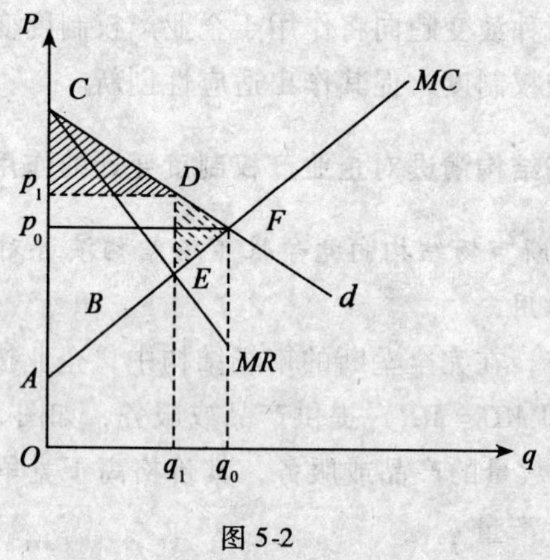

图 5-2

总剩余①。图 5-2 中，垄断定价下的消费者剩余和社会总剩余分别为 Dp_1CD 和 $DEACD$ 区域，竞争性定价下的消费者剩余和社会总剩余分别为 Fp_0CF 和 $CFAC$ 区域。由图可知，与完全竞争市场

① 总剩余等于消费者剩余和生产者剩余之和，或者等于总消费者效用与生产成本之差。

结构相比，在垄断市场结构条件下，消费者剩余较少，社会总剩余较少。整个社会的净福利损失等于三角形 *DEF* 的面积，垄断者则获取了一块垄断利润。另外，垄断企业虽然有高效经营的动机，但是一个垄断企业没有其他企业作为比较对象，企业内部效率信息不对称，垄断性产业内企业比竞争程度高的产业内企业要难于监督。

由此可以看出，完全垄断的市场结构在缺乏竞争和潜在竞争的条件下，极易形成垄断高价，造成社会福利的净损失，因此，完全垄断的市场结构随政府管制的放开或专利保护期的到期等因素的影响有向寡头垄断、垄断竞争甚至近似完全竞争的市场结构演进的趋向。市场结构由垄断向竞争方向的演进，势必形成不同的企业进入该产业的局面，不同企业之间在同一市场上的竞争，促成企业提升自身的核心竞争能力，而构筑企业核心竞争能力的基础性要素是企业产权制度。基于企业产权制度在一定程度上决定着企业的运行成本，这里将建立相关模型，着重研究产业内竞争程度的变化对企业产权制度创新的影响。企业产权制度运行成本低的企业对企业产权制度运行成本高的企业形成了竞争压力，逼迫产权制度运行成本高的企业进行创新，形成逆逼机制。我们这里强调企业产权制度对企业运行成本的重要影响，并不否定其他因素如管理、技术及规模等因素的作用，只是为了研究简化起见，假设在其他方面企业是一致的，或者其他影响因素并不突出。只有在上述假设前提下，该模型才有意义。

下面研究两个模型，一是进入博弈模型；二是同场竞争博弈模型。

1．进入博弈模型

现在假设一个企业在某单一产品或服务市场上处于一种垄断地位，专利技术的到期或市场进入的法律和政策壁垒消除后，潜在进入企业就会权衡利弊得失，决定是否进入该市场。潜在进入者与垄断在位者之间将形成一种博弈关系。下面构建模型予以讨论。

(1) 进入博弈模型的假设。

假设1：市场中有一个垄断在位者，一个潜在进入者，市场原有进入壁垒主要来自法律和政策，如政府对市场的行政性垄断，或者是对专利权的保护。该项产品或者服务在政府放松管制后或者专利权到期后，潜在进入者进入壁垒较低。

假设2:潜在进入者和垄断在位者所采用的企业产权制度不一致,其他方面相同。在此情形下,企业产权制度不同导致企业成本函数不一致,潜在进入者的成本函数记为 $C_e(q_e)=c_eq_e$,垄断在位者的成本函数记为 $C_m(q_m)=c_mq_m$,由于企业产权制度运行效率不同,导致 c_e 与 c_m 不一致,固定成本不计。c_e 与 c_m 分别表示潜在进入者与垄断在位者的边际成本,q_e 与 q_m 分别表示潜在进入者与垄断在位者的产品(或服务)数量。企业因产权制度而引起的成本差异在短期内有较强的刚性,企业不得不考虑这种成本差异带来的竞争态势。

假设3:潜在进入者和垄断在位者之间信息是对称的,双方了解对方的成本函数及收益函数,双方在考虑需求函数和成本函数的条件下,作出对自身有利的决策。潜在进入者有进入和不进入两种选择。

假设4:市场需求函数为 $P=a-bQ$,服从线性分布关系,其中,$Q=q_e+q_m$。

假设5:潜在进入者与在位者将选择库诺特数量竞争方式。

(2)模型构建分三种情况讨论。

情形1:$c_e<c_m$

由于不考虑固定成本 f,当 $c_e<c_m$ 时,潜在进入者由于企业产权制度运行成本方面的优势,当然会进入该产业领域内,形成竞争格局。

当 $c_e < c_m$ 时，进入者将考虑需求函数 $P = a - bQ$，以及 c_e 与 c_m 的差距，确定两种不同的进入数量选择。

①当 $a - c_m > c_m - c_e$ 时：

潜在进入者与垄断者的利润函数分别为：

$$\pi_e = (P - c_e)q_e \tag{5.1}$$

$$\pi_m = (P - c_m)q_m \tag{5.2}$$

$$P = a - b(q_e + q_m) \tag{5.3}$$

式中，P 为市场价格；π_e 为潜在进入者的利润；π_m 为垄断者的利润。

将式(5.3)代入式(5.1)、式(5.2)得：

$$\pi_e = [a - b(q_e + q_m) - c_e]q_e,$$

$$\pi_m = [a - b(q_e + q_m) - c_m]q_m$$

求偏导得：

$$\frac{\partial \pi_e}{\partial q_e} = a - c_e - 2bq_e - bq_m = 0$$

$$\frac{\partial \pi_m}{\partial q_m} = a - c_m - bq_e - 2bq_m = 0$$

则反应函数是：$q_e = R_e(q_m) = \dfrac{a - bq_m - c_e}{2b}$

$$q_m = R_m(q_e) = \frac{a - bq_e - c_m}{2b}$$

反应函数的 E(见图5-3)就是库诺特均衡解，即：

$$q_e = \frac{a - 2c_e + c_m}{3b}$$

$$q_m = \frac{a - 2c_m + c_e}{3b}$$

$$p = \frac{a + c_e + c_m}{3}$$

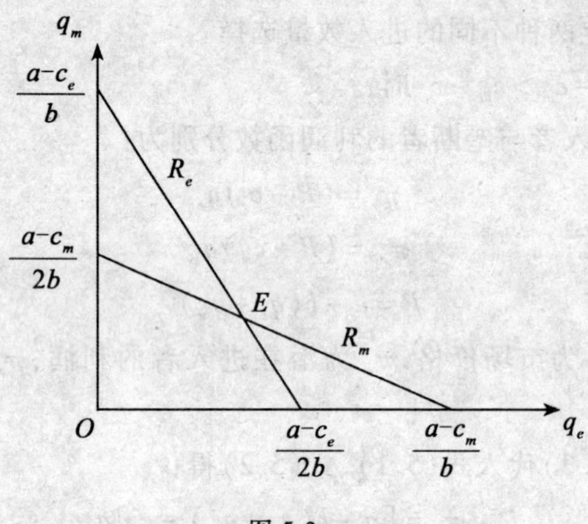

图 5-3

其利润为：$\pi_e = \frac{(a-2c_e+c_m)^2}{9b} \quad \pi_m = \frac{(a-2c_m+c_e)^2}{9b}$

即当 $a-c_m > c_m - c_e$ 时，潜在进入者进入后，可与原市场垄断者展开库诺特竞争。在竞争中，潜在进入者进入后，由于其企业产权制度运行效率较高，所以边际成本 c_e 较低，因而，占据了较大的市场份额，在市场上拥有较大的势力。相比较而言，原垄断者处于劣势地位，市场份额和寡头垄断利润较少。

这种市场结构的变化对垄断者形成了比较压力，迫使原垄断企业改革其产权制度，降低其产权制度运行成本。

②当 $a-c_m = c_m - c_e$ 时，变换可得，$\frac{a-c_e}{2b} = \frac{a-c_m}{b}$，由反应函数得图 5-4。

两反应函数相交于横轴 A 点（见图 5-4），可知：

$$q_m = 0 \quad q_e = \frac{a-2c_e+c_m}{3b} = \frac{a-2c_e+\frac{a+c_e}{2}}{3b} = \frac{3a-3c_e}{6b} = \frac{a-c_e}{2b}$$

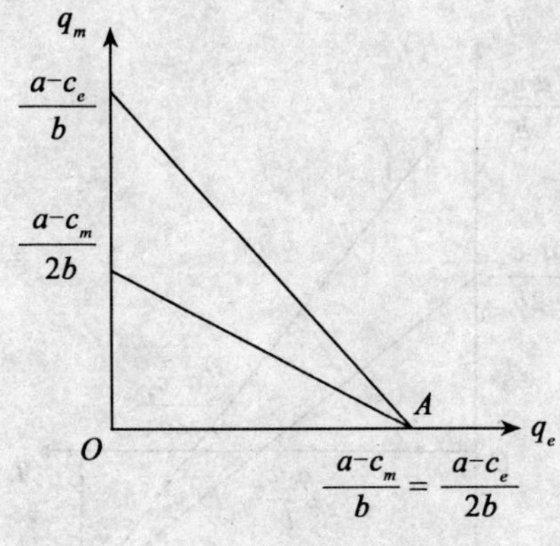

图 5-4

$$p=\frac{a+c_e}{2}=c_m \quad \pi_m=0 \quad \pi_e=\frac{(a-c_e)^2}{4b}$$

即当 $a-c_m=c_m-c_e$ 时，c_e 与 c_m 的差距足够大时，潜在进入者可以迫使原有垄断者停止生产，这时原有垄断者要么退出市场，要么努力降低成本，革新企业产权制度成为当务之急，否则难以为继。

③当 $a-c_m<c_m-c_e$ 时：

同上可导出：$\frac{a-c_e}{2b}>\frac{a-c_m}{b}$

用图 5-5 表示反应函数。

同理可求库诺特均衡产量：

$$q_e=\frac{a-2c_e+c_m}{3b} \quad q_m=\frac{a-2c_m+c_e}{3b}<0$$

垄断者产量不可能小于 0，在 $q_e>0$，$q_m>0$ 时，两反应函数没有交点。由于潜在进入者的边际成本与垄断者的边际成本差距足够大，垄断者不得不停产，由潜在进入者生产。

$$\pi_e=[(a-bq_e)-c_e]q_e$$

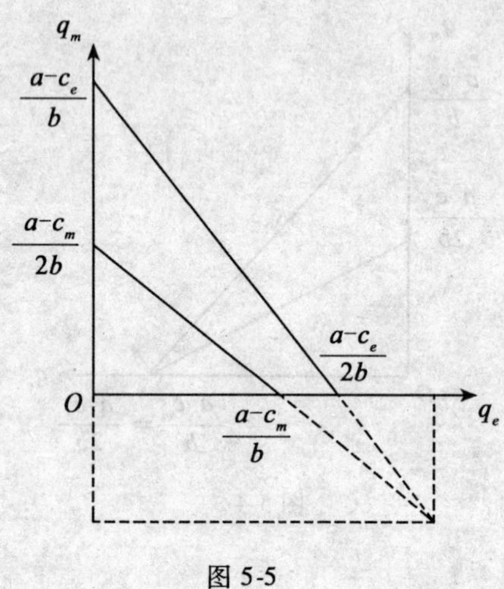

图 5-5

$$\frac{\mathrm{d}\pi_e}{\mathrm{d}q_e} = a - bq_e - c_e - bq_e = 0$$

$$q_e = \frac{a - c_e}{2b}, q_m = 0, p = \frac{a + c_e}{2} < \frac{2c_m}{2} = c_m$$

即 $p < c_m, \pi_e = \frac{(a - c_e)^2}{4b}, \pi_m = 0$，当 $a - c_m = c_m - c_e$ 时，潜在进入者由于企业产权制度运行效率高而引起的边际成本方面的优势，可以将原有垄断者挤出市场，这对原有垄断企业进行企业产权制度创新形成了逼迫机制。

情形 2：$c_e = c_m = c$

同理求解，可得：

$$q_e = \frac{a - c}{3b}, q_m = \frac{a - c}{3b}, p = \frac{a + 2c}{3b}$$

$$\pi_c = \frac{(a - c)^2}{9b}, \pi_m = \frac{(a - c)^2}{9b}$$

潜在者进入后,寡头博弈中,$q_m = \frac{a-c}{3b}$,小于垄断条件下的最优产量$\frac{a-c}{2b}$,寡头垄断利润$\frac{(a-c)^2}{9b}$,小于垄断条件下的垄断利润$\frac{(a-c)^2}{4b}$,两企业面临着竞争压力,谁能优先创新其产权制度,谁将获得更大市场份额。

情形 3:$c_e > c_m$

当 $a - c_e = c_e - c_m$ 时,潜在进入者选择不进入该市场,垄断企业由于既有产权制度优势,将继续垄断,企业创新产权制度的压力较小。

当 $a - c_e > c_e - c_m$ 时,潜在进入者与原垄断者进行库诺特博弈,双方进行数量竞争,垄断企业的独家垄断地位受到挑战,但由于企业产权制度方面的优势仍然存在,因而虽有进行企业产权制度创新的压力,但不及 $c_e = c_m$ 的情形。

2. 同场竞争博弈模型

当完全垄断的市场结构向竞争性程度更高的市场结构演进时,各类潜在进入企业在获取市场和竞争对手的情形后,决定是否进入市场,若进入,市场的集中度将降低,竞争日趋激烈,下面用库诺特博弈模型分析。

(1)模型基本假设及构建。

假设 1:市场中有 n 家企业,展开库诺特数量竞争,这 n 家企业产权制度不一样,其他方面相同。在此情形下,企业产权制度不同导致企业运行成本不一致,企业的成本函数记为 $c_i(q_i) = c_i \cdot q_i, i = 1, 2, \cdots, n$,为简化起见,不考虑固定成本,且 $c_1 < c_2 < \cdots < c_n$。企业因产权制度运行效率而引起的成本函数差异在短期内有较强的刚性,企业不得不考虑这种成本差异。

假设 2:n 家企业之间信息是对称的,互相了解成本函数及收益函数,在考虑需求函数和成本函数后,各自作出决策。

假设3:市场需求函数为 $P = a - bQ$,服从线性分布关系,$Q = \sum_{i=1}^{n} q_i, P = a - b\sum_{i=1}^{n} q_i$。

各企业的收益函数为:

$$\pi_i = pq_i - c_i q_i = (a - b\sum_{i=1}^{n} q_i - c_i) q_i$$

求偏导得:

$$\frac{\partial \pi_i}{\partial q_i} = a - b\sum_{i=1}^{n} q_i - c_i - bq_i = 0$$

联立求解得:

$$\sum_{i=1}^{n} q_i = \frac{na - \sum_{i=1}^{n} c_i}{(n+1)b}, q_i = \frac{a + \sum_{i=1}^{n} c_i - (n+1)c_i}{(n+1)b}$$

$$p = \frac{a + \sum_{i=1}^{n} c_i}{n+1}, \pi_i = \frac{[a + \sum_{i=1}^{n} c_i - (n+1)c_i]^2}{(n+1)^2 b}$$

(2)按模型分情况予以讨论。

①当 $q_n = \dfrac{a + \sum_{i=1}^{n} c_i - (n+1)c_n}{(n+1)b} \geqslant 0$,即 $a + \sum_{i=1}^{n} c_i - (n+1)c_n \geqslant 0$ 时:

$$a + \sum_{i=1}^{n} c_i \geqslant (n+1)c_n$$

由于 $c_1 < c_2 < \cdots < c_n$,所以,$q_i \geqslant 0, i = 1,2,\cdots,n$,且 $q_1 > q_2 > \cdots > q_n \geqslant 0, \pi_1 > \pi_2 > \cdots > \pi_n \geqslant 0$。

因为企业产权制度运行效率的差异,导致企业边际成本不一样,在竞争中,产权制度运行效率高、边际成本低的企业,获取更大的市场份额,形成市场势力,赚取更多的利润。优势企业对劣势企业形成了比照效应,劣势企业有变革企业产权制度,获取市场控制力的压力。

②当 $a+(c_1+c_2+\cdots+c_n)-(n+1)c_n<0$，且 $a>c_1$ 时，可以找到一点 i 使：

$$a+(c_1+c_2+\cdots+c_i)-(i+1)c_i\geqslant 0$$

$$a+(c_1+c_2+\cdots+c_{i+1})-(i+2)c_{i+1}<0$$

满足上述条件时，成本小于或等于 c_i 的前 i 位企业生产，大于 c_i 的企业停产。

前 i 位企业的产量为：$q_k=\dfrac{a+(c_1+c_2+\cdots+c_i)-(i+1)c_k}{(i+1)b}$，$k=1,2,\cdots,i$

$$P=\frac{a+(c_1+c_2+\cdots+c_i)}{i+1}$$

$$\pi_k=\frac{[a+(c_1+c_2+\cdots+c_i)-(i+1)c_k]^2}{(i+1)^2b}$$

若第 $i+1$ 位企业生产，则产量 $q_{i+1}=\dfrac{a+(c_1+c_2+\cdots+c_{i+1})-(i+2)c_{i+1}}{(i+2)b}<0$，其原因在于当第 $i+1$ 位企业不生产时，$P=\dfrac{a+(c_1+c_2+\cdots+c_i)}{i+1}<c_{i+1}$，第 $i+1$ 位企业生产，则其 π_{i+1} 必小于0。由此可知，满足上述条件时，只有前 i 位的企业可生产，边际成本大于 c_i 的企业不得不停产。

由于企业产权制度运行效率不一致，产权制度运行效率高的企业更易生存，产权制度运行效率低的企业必须改制，创新其产权制度，否则，生产越多，亏损越多。

当完全垄断的市场结构向竞争性市场结构演进时，企业间竞争程度加剧，这使企业有一种危机感。在同场比较中，追求尽可能大的利润的动机激励企业在多方面进行变革，其中一个重要方面就是微观产权制度的变迁。

（二）原子型过度竞争市场结构向垄断竞争市场结构的演进对企业产权制度变迁的推动作用

原子型过度竞争市场结构中，由于企业数目众多，各企业要获取所有企业的生产成本信息和产能扩张信息几乎不可能，再加之预期市场需求与实际市场需求的不一致，极有可能导致整个产业的产品供给和生产能力出现严重过剩①的局面，最终形成原子型过度竞争市场结构。由于企业边际成本不一致，一些边际成本较高的企业将处于亏损或停产状态，在极端情况下，可能出现全产业亏损的状态。这正如一些学者提出的那样，竞争也可能是毁灭性的，或者是成本高昂的。② 这种原子型市场结构在供求严重失衡的情况下，有走向生产集中的趋势，表现为产业内企业数目减少，生产资源向优势企业集中，市场集中度提高，形成垄断竞争或寡头垄断等集中度较高的市场结构。

从全社会范围看，这有利于资源配置的优化，使得劣势企业被淘汰或兼并。这种市场结构演进的内在趋向会促使企业产权制度变迁。因为，这一演进过程涉及严重过剩资源的整合，产业内企业的人力资本和非人力资本将重新分配。具体而言，主要有以下几种形式：（1）一部分企业破产、清算；（2）一部分企业转入其他产业；（3）一部分企业进行产权制度变革；（4）一部分企业被并购重组。这四种方式是企业在过度竞争条件下将考虑采用的形式。第三种方式就是企业通过产权制度变革后，继续留在产业中，其余三种方式企业都将退出该市场，这都涉及产权关系的变化，具体情形如下：

1. 企业破产、清算对企业产权制度变迁的作用

① 按照国际上公认的标准，一个产业的开工率若降到75%以下，就算是发生了生产过剩的经济危机，即产业内出现了严重产能过剩。

② John S. Mcgee, *Industrial Organization*, Prentice Hall, 1988, p. 46.

在过度竞争条件下，部分劣势企业将会破产、清算，这是产业内企业间竞争作出的选择，是市场对微观产权制度运行效率低下的企业作出的回应。淘汰这些企业，有利于产业内企业产权制度运行效率的整体提升。这种方式要求原有企业内部产权关系解体，有形资源与无形资源在解构的情况下重新被社会吸纳，形成新的产权关系形式。

2. 企业转入其他产业或被并购，都将促使原产权关系的调整

企业退出过度竞争的领域，进入有增长潜力的产业，企业售出原产业设备，解雇部分员工，购进新产业相关设备，聘用相关人员，企业原有产权关系将调整。在企业被并购时，企业的人力资本产权主体和非人力资本产权主体的构成将作出适应性调整。

上述变动都促使企业产权关系的解构和重构，要求企业内产权有一定的开放性和流动性。否则，产业内市场结构难以走向集中，过度竞争持续。这种市场结构的持续及向市场集中演进的趋向将对劣势企业的生存构成极大威胁，迫使原有企业解构或重构其产权关系。

综上所述，企业为了获取最佳收益，根据自身收益函数，有时进入某些产业，使竞争活跃并趋于激烈。当竞争过度时，一些企业被淘汰出局，市场结构趋向集中。当垄断集中超过限定的指标，损害公众福利时，政府依公法进行规制，或者依靠市场力量，削弱或消除垄断，市场则又趋于竞争。在产业内，在竞争拓宽或趋于集中的市场结构演进过程中，促使企业产权制度不断发生变迁。

二、市场结构演进对宏观产权制度变迁的作用

（一）垄断市场结构演进对宏观产权制度变迁的要求

垄断通常可分为市场集中性垄断和行政性垄断两种，西方国

家的垄断主要是市场集中性垄断；当前，我国则主要是行政性垄断。下面分别就行政性垄断和市场集中性垄断向竞争性市场结构的演进对宏观产权制度变迁的要求予以论述。

1. 行政性垄断市场结构向竞争性市场结构的演进对宏观产权制度变迁的要求

行政性垄断是由政府管制产业领域的进入而形成的，这些产业领域一般应是对国家具有重要意义的战略性领域，如公益性产业、自然垄断产业等领域，该领域的产品大多具有非竞争性和非排他性等公共产品的特性。当技术水平无法降低一种公共产品的分割成本和排他成本，私人资本就不愿提供该公共产品。政府往往通过国有企业的形式垄断经营这些领域。

由于整个市场被一家国有企业独占或者市场被分割给若干家国有企业，国有企业要么找不到可以比照的竞争对手，要么处于地方政府对市场分割保护的状态之下，这些政府全局或局部垄断经营的国有企业的效率高低需要通过市场充分竞争的检验。一般而言，由于市场被管制，缺乏有效的竞争，这些产业领域内的企业不存在被淘汰的压力，企业的经营管理效率，还有很大的改善空间。同时，由于政府的宏观经济管理职能与企业经营管理职能没有分开，形成政企不分的局面。行政垄断下的国有企业除了与一般企业一样需要追求盈利性目标外，还必须承担过多社会责任，如维护稳定、就业、社会公平等责任，这使得企业的经营管理成本较高。

根据公共经济学的相关理论，随着技术范式的变迁，一些公共产品可以向私人产品转换。技术进步可能使一些公共产品具有了一定程度的竞争性和排他性，这些公共产品便趋向于转化为混合产品，甚至私人产品。因而在这些国有企业提供的公共产品的特性发生转变后，如果引入市场化的竞争淘汰机制，那么可以通过不同产权制度的企业之间的竞争充分展示各类企业运营效率的高低，这有利于在竞争中探寻适宜的企业产权制度形式、管理方式、规模水平等影响企业运营效率和发展的因素。

在上述条件下，行政性垄断的市场结构有向竞争程度较高的市场结构演进的要求，与市场结构相应的市场绩效有改善的趋向，企业的产权制度、管理方式等内在因素存在改进的空间。这种对引入竞争机制和改善企业运营效率的内在动力客观上要求政府调整现有宏观产权制度，从法律法规及实施层面放松对上述产业领域的进入产权管制。政府应允许不同产权制度的企业进入该产业领域，使企业在竞争中进行多方面的比较，其中当然包括微观产权制度的比较，这有利于互相学习和模仿，有利于提高运营效率，降低运营成本，降低价格，增大供给，改善社会福利状况。

行政性垄断的产业领域向竞争性产业领域转变的内在趋向，促使政府对宏观产权制度重新作出安排。具体包括：一是从法律框架上保证该产业领域内企业选择不同的具体产权制度安排的合法性；二是在有不同产权制度的企业竞争的情形下，政府应理清“政企关系”，本质上就是应理清“政权”与“产权”之间的关系，即重构“政权”与“产权”关系的制度，使产权制度更清晰。对其他的进入产权主体追求自身预期利益和实现经营目标予以保护和约束，调节与化解其间的利益矛盾与冲突，将其导入与国家整体利益和发展目标相一致的轨道，使他们在这条轨道上有序地实现预期利益与目标。

2. 市场集中性垄断市场结构向竞争性市场结构的演进对宏观产权制度变迁的要求

市场集中性垄断是指企业通过竞争获取了对市场的控制力量，成为产业领域中的垄断者。这种垄断的形成往往是由多种原因引起的，如专利或非专利技术的获取、规模经济的形成等。这些要素形成了产业进入壁垒，如技术壁垒、规模壁垒等，垄断者可以获取垄断价格，形成垄断利润。在以私有产权为基础的竞争性领域，企业有强化其垄断地位、获取垄断利润的动机。一般而言，在市场集中性垄断的产业领域，存在着社会福利改善的空间，也就是说，市场集中性垄断有向竞争性市场结构演进的内在要求。这客观上要求政府区分不同情况，确定对这些企业产权进行干预的形式和程度。

(1) 对因技术创新引起的垄断，政府应制定一套有效的知识产权保护的法律、法规及政策框架，既要有利于鼓励企业进行专利技术的开发，又要有利于引导专利技术的扩散。这种垄断向竞争演变的趋向需要合理地将知识产权纳入宏观产权制度范畴。

(2) 在规模经济显著的产业领域，企业可以凭借其规模优势构筑进入壁垒，获得对市场的支配地位，甚至走向垄断。现代反垄断理论认为，企业通过市场竞争获得市场支配地位，引起市场集中度的提高，使市场结构趋于集中，这是优胜劣汰机制使然，有其合理的一面，因此反垄断法规不应只静态关注市场结构，而应动态关注导致垄断市场结构形成背后的企业行为。当垄断企业采用不正当手段（如掠夺性定价）来形成和维护其垄断地位时，政府的权力和企业的权力在市场集中性垄断产业中发生冲突，当企业因产权而获得的市场权力超出边界，企业采取不正当手段牺牲社会效率而保持自身垄断利益，此时企业的财产权利不是无限的，将促使政府通过法律框架及其实施机制来规范垄断企业的行为。

在上述市场集中性垄断产业领域，由于垄断企业的不正当竞争行为而构筑的进入壁垒，将延缓和阻碍潜在进入者的进入，市场结构内在演进的趋向被束缚，自发变化受到约束。这就对“政权”和“产权”之间的关系提出了要求，也就是在市场集中性垄断条件下，“政权”与“产权”不应是完全分离的，政府不能任由企业操纵或控制市场。在一定的条件下，为维护竞争的效率，政府有权对现有垄断企业进行解构，使其由完全垄断变成寡头垄断或垄断竞争的市场结构，促进市场竞争。政府之所以有这种权力，主要是顺应市场结构演进的内在要求，以利于效率的提高和社会福利的改善。

（二）原子型过度竞争市场结构向垄断竞争市场结构的演进对宏观产权制度变迁的要求

完全竞争的市场结构在理论上被认为是能达到帕累托最优的理想状态，然而在实际中，理论的假设条件并不成立，如信息并不对称，在企业无数的情况下，每个企业获取市场完全信息的相关成本将高得惊人，或者收集完备信息的条件不具备，在上述条件下，企业只能作出局部最优的决策，但不能保证全局最优，这极有可能促使原子型过度竞争市场结构出现。在产业处于成长期和成熟前期时，企业普遍看好新兴产业的利润前景，纷纷大举进入，但市场并不完全按人们预期的方向发展，预期市场需求与实际市场需求并不一致，当实际市场需求远远低于预期市场需求，且产业总生产能力大于实际市场需求时，产业内将出现产能过剩。同时，由于企业不能完全确知规模经济水平，许多企业规模水平偏小。从产业整体上看，此时产业内企业数目明显过多，出现了原子型过度竞争的市场结构。如果这种实际市场需求远低于产业内的生产能力的状况持续相当长一段时期，即产业进入成熟后期或衰退期，产业内的市场结构有从分散走向集中的趋势。

由过度进入和规模水平不经济而形成的原子型过度竞争市场结构，为消化、吸收相对需求过剩的生产能力，产业内企业的生产要素必须进行调整，整个产业面临着人力资本和非人力资本的重新整合。该产业内劣势企业要么退出该领域，要么被优势企业兼并，要么进行制度、技术创新以增强竞争力。这种演进对宏观产权制度提出了要求，迫使其作出调整。其中，产业内人力资本和非人力资本等要素的重组，依赖于产权的转让或流动，产权转让或流动能否有序化进行，制约市场集中度提高的速度与程度。也就是说，市场集中度提高、市场结构优化的内在要求迫使政府对宏观产权制度在产权转让方面进行变革，扫清产权有序转让的障碍，为市场结构优化作出宏观产权制度安排。

第二节　企业行为演进作用于产权制度变迁的规律分析

企业行为不是一成不变的，它总是处于一种动态变化的过程中，数量扩张或价格竞争行为是企业竞争中最基本，最容易被模仿的行为。一般来说，从企业行为演进的总趋向来看，只以数量扩张或价格竞争行为为主的企业行为，相对于以企业技术创新和企业间并购为核心的企业行为，从长远看将明显处于劣势。企业行为上述演进趋向将对企业产权制度和宏观产权制度产生作用，下面分别予以分析。

一、企业行为演进对企业产权制度变迁的作用

企业行为由仅以数量扩张或价格竞争为中心的单一模式转向以企业技术创新、企业并购为重要内容的多元组合模式演进，将对企业产权制度提出新的要求，促其作出相应的变革，以保证这种演进得以持续和强化。

（一）数量扩张、价格竞争等单一行为模式分析

1. 数量扩张行为分析

在产业成长期或成熟前期，需求高速扩张，供给增速落后于需求增速，形成卖方市场，市场处于相对短缺状态，价格上扬。企业受价格信号的引导，一般会作出扩张决策，占领新增市场，扩大市场占有率，这就是典型的数量扩张竞争模式。如果企业仅以数量扩张竞争模式作为其行为方式，那么当市场放缓增长，出

现收缩态势，形成产业内产能过剩状况时，企业将会面临买方市场，部分企业将限产或停产。这时单纯的数量扩张竞争行为模式将受到挑战，企业要维持生产，必须具备成本优势或开发新产品，这就不能仅仅依赖于数量扩张行为。数量扩张行为只有建立在以工艺流程创新、产品创新为主线的技术创新行为模式上，才能持续。否则，从长期来看，企业若没有技术转换、技术升级，生产成本较高，产能过剩将可能导致企业处于微利或亏损状态。

2. 价格竞争行为的分析

当产业进入成熟后期或衰退期，市场需求不振，产业领域内产能出现过剩时，企业往往采取直接的价格竞争行为来促使市场需求扩大，通过扩大销量来维持利润水平。但价格竞争行为并不是可以独占的竞争模式，竞争对手可以相互模仿，很容易被复制并加以发挥，它是一种短期、易习得的竞争行为。价格竞争的极限就是产业利润为零或全产业亏损，而且价格竞争也必须以成本方面的优势作为基础。成本方面的优势与采用的工艺流程技术水平有关系。

这说明数量扩张行为和价格竞争行为是基本的企业行为模式，仅仅依赖于这两种行为模式，有极大的局限性。下文我们来探讨将技术创新行为和并购行为纳入企业行为模式集合，对企业产权制度变迁作用的规律。

（二）企业行为向以技术创新为核心的组合行为模式演进，对企业产权制度变迁的作用

企业在激烈的市场竞争中，要想构筑核心竞争优势，从长远看，企业行为就必须从只注重数量扩张或价格竞争，转向以技术创新为核心并兼顾其他竞争行为。只有这样，企业才能在不断的产品升级换代和工艺流程创新中，满足市场新的需求，降低生产成本，在竞争中处于一种有利的地位。如果企业在选择行为模式时，缺失了技术创新这一重要构件，企业将在长期竞争中，面临

亏损或淘汰。企业注重并推动技术创新，将对企业产权制度变迁形成压力。具体而言，主要表现在以下方面：

1. 技术创新导向的行为模式，对企业自身产权制度变迁的作用

传统的以数量扩张或价格竞争为导向的企业，更加注重有效利用资金、土地、原材料及设备等有形资源和一般人力资本①等无形资源。以技术创新为导向的企业依赖的生产要素，不再是以资金、设备、原材料和一般人力资本为主，而主要依赖技术型人力资本②、战略创新型人力资本③。这种企业要素相对地位的变化，即技术型人力资本和战略创新型人力资本相对于物质资本和一般人力资本而言，更为重要，这就造成了后两类要素所有者在原有剩余控制权和剩余索取权分享安排下的冲突。其原因就在于率先进行技术创新的企业中，技术型人力资本和战略创新型人力资本在市场中具有稀缺性，其人力资本价值较高，这促使上述两类人力资本产权主体相对于其他人力资本产权主体具有较高的谈判能力，各类产权主体之间进行着重复博弈，原有的剩余索取权和剩余控制权分配方式将作出调整，企业产权制度安排随着契约

① 刘烈龙：《企业人力资本绩效及产权激励》，《企业管理》2003年第2期。这种类型人力资本具有社会平均的知识存量和一般的分析力、计算力、学习能力和适应能力，对应的社会角色是普通劳动者。

② 刘烈龙：《企业人力资本绩效及产权激励》，《企业管理》2003年第2期。技术型人力资本包括两类，一类是技术应用型人力资本，它具有在给定技术条件下加工生产特定物品或完成特定工作的专业技能，对应的社会角色是技术专业人员；另一类是技术创新型人力资本，它具有提高企业技术水平，从而使技术可能性边界外移的创新能力，对应的社会角色是技术创新人员。

③ 姚树荣、张耀奇：《人力资本涵义与特征分析》，《上海经济研究》2001年第2期。战略创新型人力资本具有改变企业整体行为、活动方向或运行轨道，从而构建新生产函数的创新能力，对应的社会角色是企业家。

条件的改变而在企业成员的互动博弈中实现变迁。

企业以技术创新为导向将引致企业工艺流程创新和产品创新的可能性大大增加，技术替代和产品升级更加频繁，技术型人力资本和战略创新型人力资本的寿命会缩短，其相对地位也在不断变化，在市场竞争中各要素主体之间的博弈从未停止过，剩余索取权的分享机制也在不断变化，企业产权制度也在发生变化，以适应技术创新带来的影响。

2. 技术创新导向的行为模式对企业产权制度变迁的作用

率先以技术创新为导向的企业，在工艺流程创新或产品创新上取得突破性进展后，将在生产成本或新产品市场上领先于未进行技术创新的企业。这将对没有进行技术创新的企业形成压力，逼迫其行为作出适应性调整。

未进行技术创新的企业转向以技术创新为导向，实质上就要重视信息、技术、知识和创新型人力资本等重要战略资源，发挥这些无形资产对企业生产经营的重大作用，尤其是要发挥作为技术和知识天然载体的人的作用，使其成为企业生产经营的决定性因素。这种企业内要素地位的相对变化，促使企业产权制度变迁。随着产业内技术创新成为大多数企业的主要行为方式，产业内企业产权制度的创新将相继出现。

（三）企业行为向以并购为核心的行为模式演进，对企业产权制度变迁的作用

企业的经营与发展可以通过两条重要的途径来实现，一是企业通过自身积累扩张产能以及技术创新等手段，以提高企业内部资源配置效率，增强企业在市场中的竞争力；二是通过企业间兼并和收购行为，以扩张本企业，获得跨越式发展。这使企业可以在更大空间范围重新配置资源。

企业间兼并与收购就是一个企业通过产权交易取得企业一定程度的控制权，以扩大自身经济实力，实现自身经营目标的一种

经济行为。企业间的并购在一定程度上会导致企业产权制度变化，主要表现在以下两个方面：一是产权结构发生变化；二是人力资本与非人力资本契约关系发生变化。

1. 并购行为导向对企业产权结构的作用

产权结构可从两个方面来理解：一是产权主体的性质。按国域的不同，产权主体可分为外资产权主体和内资产权主体，其中内资产权主体又可分为国有产权主体和非国有产权主体。二是产权集中度。产权的集中度是类似于市场集中度的概念，既可以用最大几家股东所占总股份的百分比之和表示，也可以用各股东所占总股份百分比的平方和来表示。

（1）并购行为导向对产权主体性质的影响。

首先，外资企业对内资企业的并购，势必导致被并购企业出资人所有权部分或全部转移，被并购企业的产权主体性质将改变，企业的控制权将重新分配。

其次，内资企业之间的并购在某些情况下也会改变产权主体的性质。国有及其控股企业与国内民营企业之间的并购，也会改变被并购方投资主体的构成，在企业的股权结构中形成新的制衡关系。

由此可知，不同产权主体性质企业之间的并购，势必造成被并购方产权主体性质的改变，从而影响其企业产权制度的效率。

（2）并购行为导向对产权集中度的影响。

企业之间的并购行为会影响到产权结构的集中度。例如，一方面，当一家企业收购另一家有多个投资主体企业的部分股权时，多个投资主体的股权向并购企业转让，被并购企业的投资主体减少，被并购企业的产权集中度就提高了。另一方面，一家企业收购另一家一元化投资主体的企业的部分股权时，被并购企业的产权集中度就降低了。

企业产权集中化程度随并购而变动，终将影响权利与责任在投资主体之间的分配，企业产权制度将作出必要的调整。

2. 并购行为导向对企业内各要素契约关系的影响

企业间并购是以企业为基础的，而企业又是一系列合约的联结，并购活动将导致两组不同的合约实现解构或重构，按照产权经济学的观点，它是产权交易和产权重组，是用一种合约代替另一种合约。表现为产权归属的转移和产权主体契约的变更。

企业本质上是一种各要素相融合的团队生产经营组织，这种团队本质又体现了人力资本和非人力资本之间须臾不可分离的特性。人力资本共同利用非人力资本，生产经营出企业的“集体产品”。企业剩余索取权与剩余控制权的分配取决于人力资本产权主体和非人力资本产权主体之间的谈判，谈判能力的大小与资产专用性程度及其在企业中的相对重要程度有关。①

企业并购后，被并购方出资人发生了部分或全部变化，并购后企业出资人面临着与原有企业的经营管理和专业技术团队重新谈判以决定企业未来产权运行机制，被并购企业的产权制度将发生相当程度的转变。并购方与被并购方在企业产权制度演变方面是互相作用、互相影响的，并购方对被并购方在企业产权制度革新方面的影响是直接的、显著的。被并购方在企业产权制度设计方面的原有优势，也可供并购方汲取。

二、企业行为演进对宏观产权制度变迁的作用

（一）企业行为向以技术创新为核心的行为模式演进对宏观产权制度变迁的要求

产权经济学的研究表明，由于资源的稀缺性，任何社会都将发生争夺资源的竞争，社会要保持经济活动的有序，就必须制定

---

① 高佳卿：《战略并购的产权构造要求》，《管理工程学报》1999 年第 1 期。

出指导和调节竞争的规则和约定。由于资源稀缺及交易费用问题，产权制度被发明出来且不断创新。而技术进步一方面提高了人类对自然资源的开发和利用程度，另一方面使技术本身成为一种比自然资源更为稀缺和重要的资源。科学技术一旦像土地、设备等生产要素一样成为一种稀缺性的资源，社会经济生活就从客观上要求人们完善原有产权的制度安排。否则，对于技术资源的竞争和滥用就会引发社会的冲突和混乱。

当企业行为有向以技术创新为核心的竞争行为演进的内在要求时，有必要对技术等稀缺资源作出新的宏观产权制度安排，以使企业尽力通过技术创新来增强自己的核心竞争力，扩大自身的生产者剩余，客观上改善社会福利状况。而对技术资源作出制度安排的核心内容是建立技术成果的排他性产权制度安排，这使得企业能够受到利益的驱使去从事合乎社会需求的创造性活动。

由此可以看出，企业以技术创新为重要内容的组合行为模式有利于企业构筑竞争优势，这不仅仅有利于社会生产技术水平的提高，促进社会经济的发展，而且这种演变推动了宏观产权制度的调整。正如 V. W. 拉坦（V. W. Rutton）所言："由技术变迁所释放的新的收入流确实是对制度变迁需求的一个重要原因。""新的收入流的分割所导致的与技术迁移或制度绩效的增进相联系的效率收益，这是进一步的制度变迁的一个主要激励。"① 这些对宏观产权制度变迁的要求表现在以下方面：

1. 政府应强制性地将知识产权纳入宏观产权制度保护范畴

企业技术创新后，由于技术具有准公共产品的属性，即具有一定的非竞争性和非排他性，企业可以不付费而模仿创新企业的新产品和新工艺。在知识产权没有强制性纳入宏观产权制度保护

① V. W. 拉坦：《诱致性制度变迁理论》，载 R. 科斯等编《财产权利与制度变迁》，上海三联书店、上海人民出版社，1991 年，第 335 页。

范围时，由单个企业来维护其技术创新应得的回报，成本将非常高。如企业可以通过内部利益相关人控制核心技术，避免技术扩散。但这种单个企业实施的技术产权控制机制的作用是有限的，其原因是内部利益相关人并不一定可靠，即便可靠，由于生产规模的限制，需要扩大规模，这样核心技术可能溢出到企业外被其他企业模仿。其结果就是，创新者所获得的回报，通常与他们进行技术创新的付出不相称，这就严重削弱了企业进行技术创新的激励，造成产业中的企业长期停滞于数量扩张或价格竞争的单一行为模式，企业行为升级受到宏观产权制度供给不足的瓶颈约束。解决这一问题应由政府强制性将知识产权纳入宏观产权制度范畴，使产权制度供给与产权制度需求相匹配，以期达到均衡状态。

2. 企业技术创新内容和水平的升级促使宏观产权制度在知识产权保护方面趋于完备

企业向以包含技术创新为重要内容的组合行为方式演变后，技术创新的内容和水平将不断升级。如20世纪70年代，随着第四代电子计算机的产生，计算机的“二次开发”即软件产业迅速发展起来，要求建立软件国际保护的呼声也日益强烈。1980年，美国在修改《版权法》时，首次把计算机程序列为受保护的客体。1982年，美国《版权法》的修订文本又进一步把“计算机程序”改为“计算机软件”。这样就使软件和一般文学作品一样被认为是表达思想的一种形式，[①] 同样得到了法律的保护。

在世界各国众多的民事法规中，知识产权法是修改最为频繁的法规，其主要原因就在于企业技术创新的内容和水平的升级，推动宏观产权制度在知识产权方面作出相应的调整，使其不断趋

① 刘凤朝：《论技术创新与制度创新的互动》，《科学技术与辩证法》2000年第4期。

向完备。

（二）企业行为向包含并购的组合行为模式演进对宏观产权制度变迁的要求

企业并购是以企业产权为基础的，而企业是一系列产权合约的联结体，因此并购是不同的产权合约的解构和重构过程，其间会涉及产权归属的转移。并购通过控制权的转移，将导致控制权和索取权的重新分配，影响人力资本和非人力资本现有组合状态。企业并购行为的广泛化将对宏观产权制度变革提出要求，表现在以下方面：

1. 政府应重构产权交易的正式规则

企业并购行为是企业组织结构调整、战略性外部扩张和资本结构优化的重要企业行为，也是企业家们在竞争市场上争夺企业控制权的一种经济活动。产业内企业间并购行为的兴起与泛化，迫切要求政府变革滞后的产权交易法规，创新环境和提供政策以适应企业行为的这种演变。即政府应解决产权变动中的具体问题：（1）界定并购主体；（2）谁行使并购权；（3）不同产权交易方式的适用条件。这种宏观产权交易规则的制定，是对微观企业并购行为兴起而引致的制度需求的一种回应，其本质上是一种制度环境的供给，以使制度供需达到平衡。

2. 政府应消除产权流动的障碍

企业并购的本质是产权的转移，而且是跨地区、跨行业、跨部门的自由流动。即企业并购行为是建立在产权流动的基础之上的，也就是说，企业并购的社会化，就是借助产权的流动，动员全社会的资源向优秀的企业集中，实现企业资源配置的社会化和市场化，这势必会产生一种制度创新的需求。为此政府应提供增强现有产权的流动性，使产权转让有序进行的宏观产权制度安排。否则并购行为适用的深度和广度将大受限制，单一数量扩张或价格竞争行为模式难以克服，在一定程度上会加重和延长过度竞争的恶性状态，使社会资源得不到优化。

3. 政府应建立和完善产权交易市场

企业并购重组的市场化，强烈要求产权交易市场的建立和完善。产权交易市场优化了资源配置的功能，主要通过产权交易市场上各种价格信号，把各种要素导向经济效益最好的企业和产业。产权交易市场通过价格变动不仅对不同企业和产业作出了社会评价，而且也为实现产权流动、企业间兼并重组提供了市场机制。产权交易市场提供了一种资产形态转换和产权流动的机制，企业由资产的实物形态到价值形态，再由价值形态中的货币形态到证券形态，产权的流动性相应增强，资源的初次配置和重新配置在时间及空间上的效率都有了很大提高。由此可知，企业间并购行为的经常化需要政府建立和不断完善产权交易市场。

第六章 产权制度变迁作用于产业组织演进的内在逻辑

上一章分析了产业组织演进对产权制度变迁的作用，本章将系统分析宏观产权制度变迁对产业组织演进的影响，研究企业产权制度变迁对产业组织演进的作用。

第一节 对宏观产权制度变迁作用于产业组织演进的分析

宏观产权制度规范着企业生产经营活动，是其运行的平台，对企业产权制度和企业行为的选择有重大影响。宏观产权制度的变迁将引致企业产权制度及其行为的演变，企业行为的演变将打破市场结构和市场绩效的原有状态，因此整个产业组织将作出相应的调整。宏观产权制度变迁对产业组织演进的影响如图 6-1 所示。

下面分别从政权与产权的关系、完备性程度和产权转让有序化程度三个维度来探究宏观产权制度变迁对产业组织演进的作用。

一、关于政权与产权关系的变化对产业组织演进影响的分析

政权与产权的关系是描述宏观产权制度的一个重要维度。政权与产权“高度重合”与“高度分离”反映了宏观产权制度的

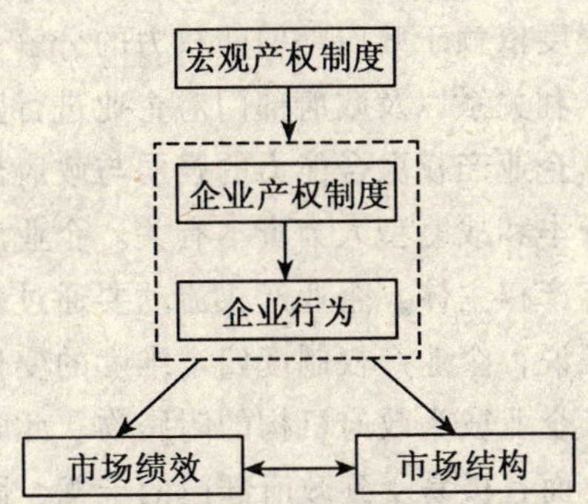

图 6-1　宏观产权制度变迁作用于产业组织演进示意图

两种极端模式，"高度重合"与"高度分离"的两种极端宏观产权制度是双向演进的，大多数情况下宏观产权制度界于上述两种模式之间，并寻求均衡点。宏观产权制度在政权与产权关系维度的变化将作用于企业行为演进，一方面政权与产权的关系制约着企业产权制度的选择与建立，这间接影响企业行为的演进；另一方面政权与产权关系的变化也直接影响企业行为。企业行为的演变将引致市场结构和绩效的变化。

（一）政权与产权关系的变化对企业行为演进的影响

1. 政权与产权关系的变化对企业行为演进的间接影响

政权与产权关系的变化将影响企业产权制度的建立与选择，企业产权制度的变迁将影响企业行为，这种影响是间接的。下面比较不同政权与产权关系的条件下，企业产权制度及其行为的异同。

（1）在政权与产权高度重合的条件下，企业只能选择公有企业产权制度，也就是说，企业产权制度的选择处于被限定状态。在整个产业领域，政府建立宏大的全国性的多层行政性部门进行控制。这些部门可能是一家，也可能是多家，行使出资人所有权及其派生权能，有直接干预企业重大事项的权力。企业产权关系的清晰化程度依赖于政府部门间权力的分解、政府部门与企业间的权、责、利关系以及政府部门对企业进行监督的有效性等三个主要方面。企业产权融合能力的强弱与政府部门如何激励专业技术型人力资本和战略型人力资本有关。企业产权结构基本上是单一化的公有产权主体。企业产权流动要通过政府部门的批准和监督。也就是说，企业产权制度四个维度的变化都受到政府部门的直接约束，企业成为政府机构的附属物。此时，企业拥有的权力是有限的，而且极易受到政府部门的干扰，因此企业追求效率的行为、技术创新的行为以及并购行为都受到政府部门的影响。

（2）在政权与产权高度分离的条件下，企业有权依法自由选择其产权制度，决定自身产权清晰化程度、产权融合能力、产权结构多元化及产权流动程度四个维度并适时作出调整，在竞争中，不能适时调整的企业将会被淘汰。企业所选择的产权制度形式受政府部门的干预较少，其自身所选产权制度形式影响着企业行为。

政权与产权关系向中间模式的变化，特别是由高度重合模式向中间模式的转化会导致不同的企业产权制度形式，这将间接影响企业行为。

2. 政权与产权关系的变化对企业行为演进的直接影响

（1）前计划经济国家，在大多数产业领域内实施趋近于政权与产权高度重合的宏观产权制度。产业内众多企业分属不同政府部门管理，有的属于中央，有的属于地方。由于禁止非公有资本介入，总体上看，企业行为实质上是各政府部门直接干预行为与企业内部人行为的叠加，而不是企业自身根据外部环境，作出的最佳适应性选择。其原因就在于，一方面，各政府机构不得不行使公有产权的各项权能，对公有产权进行监督和管理，以防产权被侵害；另一方面企业人力资本的个人属性也使得企业内部人有较强的谈判能力，也就形成了政府各部门与企业内部人的博弈关系决定企业行为的格局。

在该种宏观产权制度下，导致了政府的公共事务管理权能与产权主体权能的重叠，即谓之“双重职能”，它规定了“政企不分”的因果逻辑。企业的规模扩张、技术升级、产品更新或“关、停、并、转”等重大行动，都必须由政府相关部门批准，其批准都搀杂了一定的政府目标，企业合理的利润目标受到抑制。这种“批准”逼使企业行为偏离了利润目标，承担了许多社会职能。在这种宏观产权制度下，企业行为就是在多目标指导下所表现出来的行为，企业行为被政治权力直接掌控，企业丧失了或部分丧失了独立行动的能力。这也是20世纪后期，许多前计划经济国家都选择变革近似高度重合的宏观产权制度的原因。

（2）在自由竞争资本主义阶段，许多国家采取了趋近于政权与产权高度分离的宏观产权制度，政府对非公有产权的权能范围几乎没有限制，非公有产权主体追逐利润的行为达到极致，这影响着企业行为。一方面，当某产业出现市场供不应求局面时，企业会根据市场信号进行自身局部最优化决策，选择进入该产业领域或扩大产能等数量扩张行为，但由于企业间数量扩张行为信息不对称，常常使得局部最优往往与全局最优不一致，形成产能过剩现象，甚至诱发经济危机。另一方面，通过初期自由竞争，优势企业在没有政权有效约束的条件下，采取掠夺性定价等不正当行为，挤垮其竞争对手，最终淘汰或兼并劣势企业。由此可知，在政权与产权高度分离的宏观产权制度条件下，虽然企业可以自由选择行动方案，企业个体运行效率较高，但当产业中大多数企业都采取盲目扩张或不正当竞争等行为时，产业整体效率将降低，社会福利将减少。因此，西方国家都舍弃了趋近于高度分离的宏观产权制度形式，向中间形式演变。

(3) 两种极端形式向中间形式变迁，对企业行为演变产生了影响。在政权与产权关系采取中间形式的条件下，产权主体的地位和权能范围得以规范。在绝大多数产业领域,① 政府不以政治权力限制非公有资本进入，各类资本可以相对自由地进入，在这些产业领域形成了混合产权制度。政权对产权的干预体现在两个方面：第一，在公有资本存在的产业领域，政府机构行使企业出资人所有权权能，通过公司治理结构来干预企业行为，但这种干预受到了抑制。一方面，在混合多元化的公司里，代表公有产权的政府机构受到了其他产权主体的牵制，各产权主体博弈导致了企业行为由政府主导向多元化产权主体主导演变，企业承担社会职能减少，企业行为目标倾向于利润目标。另一方面，由于进入相对自由，非公有企业进入产业后将与公有企业直接竞争，如果公有企业承担社会职能过多，将在竞争中败落，竞争失利的损失将由政府来补偿，这显然得不偿失。因此，企业将更多地根据市场环境和自身状态来决定自己的产量、价格，决定自己是扩张还是收缩，决定自己是否进行研发投入、决定自己是否并购重组，企业在自由裁量并作出决策的同时，也决定了自身的未来发展状况。第二，在许多竞争性产业领域，公有资本没有介入其中。虽然政府在常态下没有行使财产所有权及其派生权能的权力，但是在特殊条件下，政府可凭借其政治权力对产权进行强制干预。这种政权对产权的干预是有条件的或有标准的，而不是无条件的或无标准的。政府可以制定《反垄断法》和《反不正当竞争法》等法律法规对企业行为进行限定，并对所有企业一视同仁。此时，产权主体的权能范围是受到约束的，这有利于防止盲目扩张和不正当竞争等行为的发生。企业的局部最优行为受到

① 这里绝大多数产业领域指的是除涉及国家安全或关系国计民生等产业之外的产业领域。

限制，不得不从全局的角度作出行为决策。

（二）政权与产权关系的变化对市场结构和绩效演进的影响

1. 政权与产权关系的变化对市场结构演进的影响

（1）在政权与产权高度重合的条件下，政府机构可以直接干预企业行为，以影响市场结构的变化。政府机构内部是单一指挥链的官僚层级体制，体现为下级对上级的服从。虽然产业内若干企业可能分属不同部门，如有的属于中央政府部门，有的属于各级地方政府部门，但它们之间有行政权力联结。这种行政权力可以跨越各级政府部门，促成企业的联合和并购，或曰“调整”，或曰“关、停、并、转”，以调整市场结构。具体表现为：①中央政府部门可上收地方政府所属企业，或下放中央所属企业给地方政府，组建企业集团，促成市场集中度的提高。②中央政府部门促成各级地方政府所属企业的联合与并购，改善市场结构。③政府机构可关停规模不经济的弱势企业，调整市场结构。这种高度重合的宏观产权制度，使政府有直接干预企业行为、以调整市场结构的权力。

在上述条件下，政府对市场结构的干预能否进行以及是否有效，主要取决于以下因素：①政府对该产业的市场结构合理化范围有理性的认识。政府要了解产业内企业达到最小经济规模的标准和产业内应保持的企业数量，政府才能适度干预，以形成有效竞争的局面。②各级政府机构的既得利益关系能否有效地调整。如企业的关闭、联合及并购涉及多方利益，具体体现在上级政府部门与下级政府部门之间的利益关系、同级政府部门之间的利益关系或政府部门与企业之间的利益关系，若能有效协调，则市场结构能调整优化，反之亦然。

（2）在政权与产权高度分离的条件下，由于政权对产权的干预相对较少，企业数量扩张、联合并购等行为受到较少限制，这些企业行为的普遍存在会使市场结构变化的范围更宽，严重过度竞争的市场结构或通过不正当手段形成的完全垄断的市场结构，在不同产业领域出现的可能性大大增加。在上述条件下，市场结构的形成与优化更多地受到企业自发行为的支配。一方面，要规避严重过度竞争市场结构局面的形成，企业要能准确预测市场需求状况并了解竞争对手的相关信息，然而，由于信息获取成本较高或不可能，企业的数量扩张、价格竞争及差异化竞争都是有限理性的，严重过度竞争将时有发生。另一方面，市场垄断或寡头之间的默契合谋也是企业所极力追求的，不受制约的行为权力将导致不正当完全垄断市场结构的形成。

（3）两种极端宏观产权制度模式向中间形式的变迁将通过企业行为传导影响市场结构。宏观层面形成了混合产权和私人产权等多元化产权形式，与“高度重合”状态相比，政府部门通过行使财产所有权及其派生权能直接干预企业行为的权力减弱或消失，这种转变增强了产业内的企业依据市场环境自组织和自适应的能力，因此政府对市场结构演进的干预方式，从主要依赖出资人身份等直接干预方式转变到依赖宏观、中观经济政策等间接干预方式来影响企业行为，进而促进市场结构的优化，这显然也不同于“高度分离”状态。在中间形式下，导致严重过度竞争和不正当垄断的市场结构形成的企业行为将受到制约，政府利用政权的力量有效约束产权主体行为，市场结构的两种极端不合理局面出现的可能性将减少。

2. 政权与产权关系的变化对市场绩效演进的影响

（1）在政权与产权高度重合的宏观产权制度下，由于政府部门的直接干预，产业内的企业往往追求多元目标，既有经济目标，又有公共服务目标。企业的市场绩效直接与政府干预的方式与强度有关。就利润水平而言，政府部门往往要求产业内企业承担公共事务的责任和义务。然而公共事务的内涵并不明确，在现实中，公共事务常常是由特定利益集团所强加的，这势必影响产业内利润水平和绩效状况。如1947年，英国通过了新的《电力法》，对整个电力产业实施国有化。此举引起代表煤炭行业的政治势力关注，迫使英国政府要求电力部门以高于进口煤炭的价格，向国有的英国煤炭公司购买煤炭，这等于要求电力行业变相地为煤炭行业提供补贴。根据1993年英国贸易和工业部发表的报告披露，1990～1992年，电力部门向煤炭部门支付的高价格，使煤炭部门每年多收入10亿英镑。1979～1992年，电力部门向煤炭部门支付的补贴以不变价格计算，相当于电力部门销售收入的19%。① 在这种利益集团的政治压力下，产业内的企业偏离了利润目标。英国对电力产业实施国有化，限制非国有资本进入电力产业，在电力产业领域局部范围内形成了趋近于高度重合的产权制度安排，市场绩效明显受到政府部门的影响和控制。同时，产业内企业在这种产权管制的条件下，企业内部人利用其信息方面的优势，在与政府部门的博弈中，尽量获取信息不对称收益。如国有化后的英国电力部门由于缺乏成本最小化的激励，电站建设成本要比发达国家高50%到100%，工程建造时间是其它发达国家的2倍。②

这样就使产业内的企业所承担的社会目标引致的成本，以及缺乏竞争和信息不对称所导致的低效，被转嫁给普通消费者，因此，在政权与产权高度重合的条件下，产业内企业的绩效与政府所强加的其它社会目标和内部人的运行效率有关。基于此，前计划经济国家和一些发达市场经济国家，在某些产业领域都选择向

① Sevekin Borenstein, Understanding Competitive Pricing and Market Power in Wholesale Electricity Marmots, *The Electricity Journal*, No. 7, 2000, p. 81.

② 孙建国等：《管制产业中的产权制度变革——对英国电力管制改革的分析》，《厦门大学学报》2003年第6期。

中间形式的宏观产权制度过渡。在社会目标减少和市场竞争加剧的条件下，企业为了生存和发展、向高效率和高效益目标回归。如此则有利于产业内企业的竞争，以致产业内企业效率整体改善。如英国电力产业，非国有资本介入后，政府再也不能像过去那样要求电力产业向煤炭产业提供巨额补贴，发电厂可以从国外进口更廉价的煤炭。另外，发电部门裁减了将近一半的员工，这种成本的节约对提高英国电力产业的运行效率起到了关键的作用。随着成本的节约，电价也不断下降，从1990年到2000年，十年之间英国的电价下降了30%。① 政权与产权关系由高度重合向中间形式的转变，使产业内企业的绩效由受制于政府直接干预向有赖于企业之间的竞争演变。

（2）在政权与产权高度分离的宏观产权制度条件下，过量扩张、默契合谋或掠夺性定价等行为都可能广泛存在。一方面，在产业内，当由于企业过量扩张引致产能严重过剩时，产业内企业的绩效将大幅下滑，甚至会发生全产业亏损。尤其当企业退出障碍较高时，这种低效状态将维持较长时期。另一方面，在产业内，由于默契合谋或掠夺性定价导致了市场趋于垄断，产业内剩余的垄断企业或寡头垄断企业按垄断价格定价，生产者获取垄断利润，消费者剩余减少，社会福利出现净损失。仅从生产者利润来看，市场绩效尚可，但考虑消费者剩余和社会总剩余确实存在改进的余地。由此，在上述条件下，大幅亏损或垄断利润在不同产业都有发生的可能。

（3）两种极端形式向中间形式的变迁，政府可以凭借其政治权力抑制产权主体的极端自利行为和调节企业局部最优行为。主要表现在以下方面：①产业管理部门可以收集和获取产业的产

---

① 孙建国等：《管制产业中的产权制度变革——对英国电力管制改革的分析》，《厦门大学学报》2003年第6期。

能信息及市场需求信息，建立产能严重过剩预警机制，从外部人角度警示企业不要进行恶性数量扩张竞争，在必要的时候，运用法律、法规及政策对企业的扩张行为进行限制。这有利于减少全产业大面积亏损现象出现，避免资源过度配置带来的浪费。②市场经济条件下，经济波动是一种正常现象。在不影响国家安全和国计民生的产业领域，政府可以运用国有资本来调控经济波动，当非国有资本愿意且大举进入某一产业领域时，此时产业领域投资过热，政府机构可适度卖出国有产权，平抑产业内的过热现象，避免严重产能过剩局面形成。当经济出现萧条时，政府可选择战略性领域投入，使经济走出低谷。③对默契合谋或不正当垄断行为，政府应制定《反垄断法》予以禁止。在上述法律、法规及政策等强制力作用下，市场绩效波动的范围将收缩，经济运行更趋平稳。

二、关于宏观产权制度完备性程度变迁对产业组织演进影响的分析

在市场经济高度发展和科学技术日新月异的当今社会，产权的内涵不得不作出延伸和拓展，知识产权和人力资本产权应纳入宏观产权制度保护范畴。宏观产权制度完备性就是指国家在充分考虑产权应有内涵的前提条件下，通过正式规则、非正式规则及实施机制，来规范各类产权主体的关系，使其制度化。当然，产权的内涵是不断延伸和扩大并动态变化的，本书此处主要探讨应把知识产权和人力资本产权纳入宏观产权制度保护框架，使宏观产权制度完备。宏观产权制度的完善有利于诱导和促进企业行为演进，从而影响市场结构和市场绩效，推动产业组织的演变。

（一）完备性程度变迁对企业行为演进的影响

1. 完备性程度变迁对企业行为演进的间接影响

宏观产权制度完备性的提升，企业知识产权主体、人力资本

产权主体与有形资本产权主体之间的关系可以通过法律法规、道德伦理、风俗习惯及实施机制等予以明确界定。一方面，对知识产权主体和人力资本产权主体保护的规范化，无疑增强了他们的地位和讨价还价能力，有利于企业中各产权主体关系的明确，即有利于企业产权制度清晰。其原因就在于，如果宏观产权制度缺失和不健全，如知识产权和人力资本产权缺乏法律层面和相应实施层面的有效保护，企业产权关系就只能依赖非正式产权约束予以界定，一旦出现产权纠纷，就无法可依，企业的发展将受到影响，甚至有解体的可能。由此可知，宏观产权制度的不断完备拓展了企业产权关系从模糊向清晰转变的空间，并间接影响企业行为。

2. 完备性程度变迁对企业行为演进的直接影响

知识产权和人力资本产权纳入宏观产权制度保护范畴构建了创新活动的基础性平台，而创新又是人类社会跨越式发展和新产业孕育的根本性动力。如果知识产权和人力资本产权保护制度缺失或不完善，那么这类产权就会被侵蚀，从整个社会层面上看，创新就会萎缩，甚至泯灭。著名经济学家阿罗指出："当由投资产生的知识被不情愿地扩散到竞争者那里时，一个企业从事R&D 的投入的激励将减少。"① 这样，人类社会发展的动力将大大减弱。正如诺思所指出的，一个社会如果没有实现经济增长，那是因为该社会没有为经济方面的创新活动提供激励，也就是说，没有从制度方面去保证创新活动的行为主体应该得到最低限度的报偿或好处。② 为了激发创新行为，应建立"一套鼓励技术

① Arrow, K. J., *The Rate and Direction of Invention Activity: Economic and Social Factors*, Princeton: Princeton University Press, 1962, p. 182.

② 张宗庆：《技术创新与产权制度》，《东南大学学报》2002 年第 3 期。

变化，提高创新的私人收益率，使之接近社会收益率的系统的激励机制”。① 曾任世界知识产权组织总干事的阿·鲍格胥说：“人类的智慧是一切创作和发明的源泉。这些智慧的成果是人们美好生活的保证。每个国家的责任是对这些创作和发明进行精心的保护。”②

知识产权纳入宏观产权制度范畴，国家根据法律将赋予权利人在一定期限内的独占性专有权利，这有利于权利人得到丰厚的回报，使权利人的收益与其承担的成本相称，以此调动他们创新的积极性，保证发明创作主体能从得到的丰厚回报中拿出一部分投入到新的创新活动中去，从而形成良性循环，提高技术和资本的效益。企业本身就是技术创新的重要主体，知识产权保护的加强改变了企业对技术创新收益的预期，使企业行为的选择空间得以扩展，企业将权衡数量扩张、价格竞争和技术创新等行为的效应，作出是否进行技术创新活动的选择。只要技术创新预期净收益足够大，企业将摆脱行为模式单一的局面，如只进行产能扩张，以提高市场占有率；或只进行恶性价格战，以挤出对手。知识产权保护的完善，为企业行为空间的拓展提供了根本性制度保证。

人力资本是进行创新性活动形成知识产权的重要因素，将人力资本纳入宏观产权制度保护范畴，有利于人力资本形成与权能分解建立在自由契约的基础上，而且这些契约又是受法律法规及相应实施机制保护的。企业在该条件下运行，物质资本产权主体不得不尊重人力资本产权主体自由签约的权力。特别是专业技术

① 诺思：《经济史中的结构与变迁》，上海三联书店、上海人民出版社，1994 年，第 185 页。

② 周鸿德：《知识产权制度的形成与技术创新》，《社会科学研究》2002 年第 3 期。

型人力资本和战略型人力资本产权主体在签约过程中获得了更大的主动权，并能分享由自身创新引致的剩余利润。这有利于调动人力资本载体创新的积极性，企业技术创新行为得以提升。

从实际经济运行看，世界上许多区域企业技术创新较频繁，都得益于知识产权和人力资本产权保护的日臻完善，如美国的硅谷就是一个典型例子。当然其反面典型例证也大量存在，如我国中关村地区出现了企业创新活力不足和企业成长缓慢等问题，从1988年实验区成立到1999年底12年的时间，中关村平均每年产生800家企业，同时又有200家企业歇业或撤销。1988年以前成立的527家企业发展至今成气候的也只有四通、联想、北大方正、清华紫光等几十家，技工贸总收入在100万元以下的中小企业占88%，低于50万元的小企业占32%。①其中重要的原因就在于：一方面，虽然我们已经制定了专利法、版权法等知识产权法，但实施成本很高，大量的侵权、仿冒现象使得企业创新的积极性受到打压；另一方面，对人力资本产权主体的激励缺乏有效的法律保护，也使企业中人力资本载体创新不足。

由此可知，宏观产权制度完备性程度提升有利于拓展企业行为决策的空间，这将增大企业技术创新的可能性，有利于企业行为从仅依赖数量扩张或价格竞争向以创新竞争为主并辅以数量扩张与价格竞争的方向演变。

（二）完备性程度变迁对市场结构及绩效演进的影响

1. 完备性程度变迁对市场结构演进的影响

知识产权纳入宏观产权制度的范围并逐步完善，使产业领域内企业技术创新行为的可能性大大增加，企业行为的这一变化，势必影响市场结构。

① 赵海梅：《中关村企业为何难长大》，《中国企业报》2000年6月29日第8版。

在宏观产权制度完备的激励下，企业提供创新的预期净收益增加，企业在研究与开发上的投入加大，这使得成功的技术创新成为现实的可能性增加。企业成功的技术创新将改变产业内企业间的垄断竞争格局，成功进行技术创新的企业将在一定时间内获取竞争优势，市场占有率将向这些企业集中。过去既有的市场垄断竞争格局将被突破，市场结构将重新调整。原有市场领导者若不能进行有效的技术创新，而潜在进入者或处于从属地位的企业成功地进行了技术创新，市场领导者的地位将被动摇，甚至瓦解。原有市场领导者若能成功进行技术创新，而其他企业未能成功进行技术创新，市场将进一步走向垄断。

由于技术创新是不连续的，企业技术创新的间断性和突发性，即一定时间的技术问题的积累到技术问题解决的质的飞跃，将使市场结构在短期内呈现显著变化，甚至是跳跃性的变化。宏观产权制度的完备性程度的变化，企业行为的丰富化，使市场结构的演进有了新的特点，产业中原有优势企业的地位，既可能被劣势企业或潜在进入者颠覆，也有可能被强化，这都源于企业的有效技术创新行为。

2. 完备性程度变迁对市场绩效演进的影响

宏观产权制度的完备性程度的增强，使企业行为由数量扩张、价格竞争向差异化竞争的可能性急剧增加，企业必须在很大程度上关注技术创新，并加大 R&D 方面的投入，这使得有效的工艺流程创新和产品创新大量出现成为可能。

在宏观产权制度完备的条件下，一般而言，产业内能有效进行技术创新的企业，既可获得竞争优势，又可获取高于平均利润水平的超额利润，而且这种利润又是为法律和道德所认可和推崇的。这种转变有利于产业内企业绩效改善方式的转变。从传统的依赖于规模效应、价格战、广告战来改善绩效，向依赖技术创新、降低成本和改善功能来提升企业绩效转变。可见，对知识产权和人力资本产权保护的完善与否，决定了企业行为的空间，特别是创新行为发生的可能性大小，最终决定了企业绩效的提升模式。

在企业行为及绩效改善模式多样化和丰富化以后，规模效应的重要性将被赋予新的含义。由于企业技术范式的转换，过去的规模优势可能成为企业的沉淀成本负担，其原因就在于技术创新可能淘汰原有产品和原有工艺。因此，在发挥规模优势的同时，要考虑技术创新可能带来的颠覆。产业内技术创新越频繁、越剧烈，对企业既有规模优势构成的威胁越大。当然，技术创新可以使原规模企业变为先进技术主导的规模企业，也可使中小企业变为规模企业，提升绩效。

由此可以看出，宏观产权制度的完备性程度的提升，将影响企业行为，并最终使规模经济水平具备一定的柔性,① 即规模经济水平不能僵化，必须考虑技术创新带来的潜在影响，这一点在技术创新迭起的信息产业领域里，表现得尤为突出。

三、关于产权转让有序化程度的变迁对产业组织演进影响的分析

产权转让有序化程度是宏观产权制度对产业组织产生重大影响的又一重要维度。产权转让的有序进行，依赖于宏观产权制度的正式规则、非正式规则及实施机制对产权转让的规范。这一重要维度对企业行为，市场结构及市场绩效的演进产生显著影响，下面予以分析。

（一）产权转让有序化程度的变迁对企业行为演进的影响

1. 产权转让有序化程度的变迁对企业行为演进的间接影响

---

① 这里的柔性意指随着技术范式的变换，规模优势能作出适应性调整。

宏观产权制度对产权转让在法律法规、道德伦理及实施机制等方面的有效规范，构筑了产权转让的基础性平台，使得企业各产权主体在签订契约时，可以通过宏观产权制度明确今后自身产权转让的条件、形式与场所等，减少产权转让的不确定性。也就是说，产权转让有序化程度的提升为企业产权的合理流动提供了制度保护，企业可以选择更为优化的微观产权制度。

在我国上市公司中，产权转让有序化存在缺失。由于对经济改革初始性认识受国有产权一统观念的桎梏，在国有企业改制上市时，安排了大比例的非流通股，到 2005 年为止，上市公司非流通股占总股本的 2/3 左右，国有股占总股本的 1/2 左右。① 非流通股与流通股相比在产权转让的条件、形式及场所都需要明确规范，因而，企业产权在流动性维度上存在先天不足，为股市的机会主义行为，侵害股民利益的败德行为留下了肆意妄为的天地。这显然是由于宏观产权制度在产权转让有序化维度上的缺陷所致。政府必须通过系统的法规政策解决非流通股有序转让的问题，这有利于提升企业产权的流动性，从而改变目前的机会主义和败德行为。

2. 产权转让有序化程度的变迁对企业行为演进的直接影响

当与产权转让相关的法律法规等国家规定的正式产权约束缺失或不完备，或者与产权转让相关的道德观念等宏观非正式约束处于混浊状态，② 或者与产权转让相关的宏观产权实施机制不能保证上述约束有效实行，这将导致企业产权转让行为的异变，致使产权转让过程不公正、不公平及不合理，甚至表现为一方对另

① 胡川：《证券市场非流通股的设计与转让研究》，《商业时代》2004 年第 18 期。

② 混浊状态是指产权转让各方各怀利己的私念，不受道德观念的约束，在交易过程中不讲诚信，以至于败德行为发生的可能性极高。

一方产权的侵害。此情之下，在短期内产权转让过程呈现无序化的状态，使拥有信息优势的产权主体，可能在产权交易中获利过多。从长期来看，由于产权转让得不到有效保护，企业与产权转让相关的行为，如并购、破产、清算等活动将减少，企业行为的选择范围将收缩。

宏观产权制度处于混浊状态，使产权的转让被限制或转让成本较高，产权的可转让性较低，迫使生产要素只能归特定主体使用，各种生产要素只能在企业中“生老病死”，即便原有的要素组合方式早已陈旧和落后，但主体都不能进行要素的置换和进行生产与经营设施的更新，其结果是微观经济中闲置资产的“存量呆滞”，整体经济中资源配置劣化，浪费增大和效率降低，最终形成一种“画地为牢”的封闭经济。

（二）产权转让有序化程度的变迁对交易中市场结构及绩效演进的影响

1. 产权转让有序化程度的变迁对交易中市场结构演进的影响

产权转让的无序与失范，将导致产权主体一方对另一方的侵害。短期内，产业领域内的资源要素将向某些企业转移，这会加速市场结构的变动。但是此种市场结构变换的制度性基础平台是缺失或失范的，因而难以持续。从长期看，宏观产权制度在产权转让方面的混浊状态，将使产业内企业产权转让减少，其原因：一方面在于任何产权主体一般不能容忍产权交易的不公正、不公平；另一方面，即使产权主体或其代理人承担了不公正交易的损失，而长此下去，其资源也将逐步耗尽。产业内企业产权转让的减少，将延缓企业间资源的流动，影响市场结构变动的速度，市场结构不合理状态将难以借助企业产权转让得以调整。

2. 产权转让有序化程度的变迁对市场绩效演进的影响

产权转让的无序将使产业内部分企业获取廉价的资源要素，这类企业短期内无疑利润指标将会改善，但产业内整体利润水平是否改善不确定。假如这类企业在产权转让中获取的资源是来自产业内企业，部分企业的利润改善是建立在其他企业受损的基础上的，产业整体利润水平就难以改善。

以上分析着重于产权转让不规范或混浊状态的宏观产权制度对产业组织演进的影响，即对企业行为、市场结构和市场绩效的负面影响。应该看到，翻开或回顾产权制度变迁史及其理论，可以得出：凡是产权有序化转让程度高且随着经济发展不断调整规范的国家和地区，都对企业行为、市场结构和市场绩效产生正面影响，即使产业组织向合理化方向演进。

第二节　对企业产权制度及其变迁作用于产业组织演进的分析

企业产权制度在产权模糊与清晰、产权融合能力弱与强、产权结构一元与多元及产权流动性低与高等一个维度或多个维度的变迁将深刻影响企业行为，促其演进。① 由企业产权制度变迁所导致的企业行为的变化，将在一定程度上引起市场结构和市场绩效的变化，因而整个产业组织将发生改变，如图 6-2 所示。企业产权制度变迁越剧烈对产业组织演进的作用程度越深。

一、关于企业产权制度及其变迁对企业行为演进影响的分析

企业产权制度变迁将深刻影响企业行为，促其演进。我们将从产权清晰、产权融合、产权结构及产权流动四个维度的变化分析其对运行效率行为、数量扩张行为、技术创新行为和并购行为等四类主要企业行为的影响，如图 6-3 所示。

① 胡川：《提升国企核心竞争力的产权制度创新》，《管理科学文摘》2005 年第 5 期。

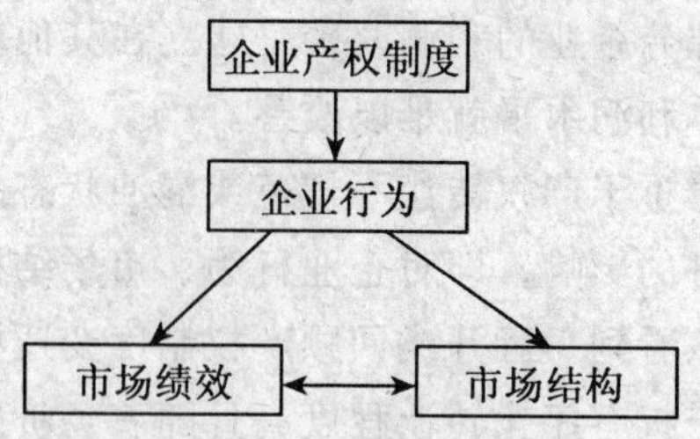

图 6-2　企业产权制度变迁作用于产出组织演进示意图

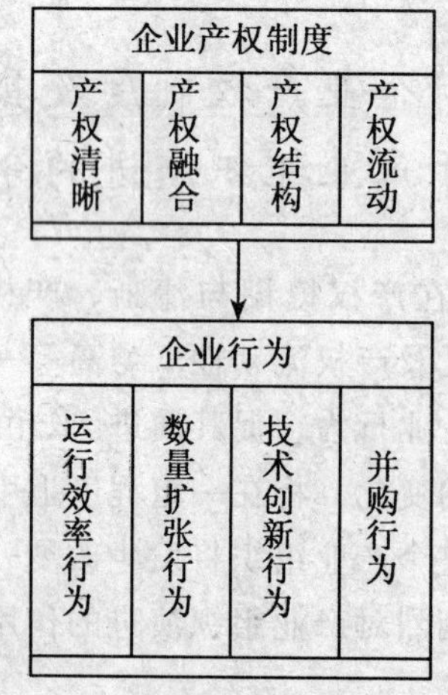

图 6-3　企业产权制度变迁作用于企业行为示意图

（一）企业产权清晰程度的提升对企业行为演进的影响

1. 传统国有企业产权清晰程度的提升对其运行效率行为改进的影响

产权的一个主要功能是导引人们实现将外部性较大地内在化

的激励。① 企业产权制度的构建就是要使各产权主体关系清晰化，清晰产权的排他性将会排除“外部性”和“搭便车”等机会主义行为。企业产权清晰度直接影响着企业内各产权主体的行为方式，不同产权清晰度下的产权主体行为方式迥异，这将决定企业机会主义行为的范围和程度，直接影响运行效率。下面着重分析传统国有企业产权清晰程度的提升对运行效率行为的影响。

传统国有企业的产权从法律层面来看是清晰的，国有企业财产属于全民所有，即国家所有。然而在产权行使过程中却存在产权模糊的现象，由于出资人“全民”难以到位，企业的运作在“政企不分”和“内部人控制”两种模式中徘徊。在“政企不分”运行模式下，国有企业承担了许多社会负担，如国有企业成了充分就业的工具，国有企业为了完成社会稳定的目标，容纳了许多富余人员，运行成本高昂。企业在“内部人控制”模式下，由于产权模糊，激励短期化、隐性化，内部实际控制人有扩大局部人的在职消费，提高职工福利甚至私分企业财产等行为，这也导致了企业行为目标的异变，运行效率不高。

传统国有企业在产权实施层面的模糊需要通过企业产权制度创新予以克服，这也是英、法等发达市场经济国家、前苏联、东欧诸国及我国对其进行产权改革的一个重要原因。促使传统国有企业产权清晰大体有两种思路，其一是加强和完善国有资产监督管理体制。其二是引入其他自然人或法人产权主体。在实际改革过程中，常将两者结合起来。在一般性竞争领域的国有大中型企业内，国有股权可以处于相对控股或参股地位，在此领域的小型

① H. 登姆塞茨：《关于产权的理论》，载 R. 科斯等：《财产权利与制度变迁——产权学派与新制度学派译文集》，上海三联书店、上海人民出版社，1991 年，第 98 页。

企业内，国有股权可以有序退出。在战略性领域①中，国有股权在保持控股地位的同时，引入外部投资者。其他自然人或法人产权主体的介入，一方面有利于制衡政府的非效率干预行为，另一方面减少企业内部人的机会主义行为。在国有控、参股的企业中，国有股权的存在需要国有资产监督管理机构来行使出资人权利，这就需要提高国有资产监督管理效率。上述两方面的改进在保证了经济平稳运行的同时，有利于传统国有企业产权清晰程度的提升，这将减少企业偏离利润目标的非效率行为，降低企业运行的成本。

2. 现代公司制企业产权清晰程度提升对企业运行效率行为的影响

（1）现代公司制企业产权清晰的机理分析。

现代公司制企业财产的归属关系一般是清楚的，即财产归谁所有，谁是财产的所有者或谁拥有财产的所有权是明确的。但是，现代公司制企业所有权与经营权是分离的，企业迫切需要经营管理者来行使经营权，这就使得在财产所有权主体明确的情况下，产权实施过程中不同权利主体之间的责、权、利制衡关系变得极为重要，决定着企业产权制度实施层面的清晰度，影响着企业运行效率行为。

现代公司制企业的产权实施机制有效发挥作用依赖于公司治理结构的优化。公司治理结构一般包括股东大会、董事会、经理层及监事会四个部分，通过分工协作，共同支撑公司。公司治理结构的各个组成部分有机结合、相互制约，以利于产权实施层面的清晰。通常来看，股东大会为非常设的最高权力机构，行使出资人所有权，决定公司重大事项，如决定公司的经营方针和投资

---

① 战略性领域指的是涉及国家安全的产业、公益性产业、自然垄断产业及有支撑及带动作用的部分竞争性产业等领域。

计划、选举或罢免董事会成员和监事会成员并决定其报酬等，将自己的资产交由董事会托管，股东大会不具体干涉董事会的业务决策，也不执行公司的经营业务。董事会是公司常设的经营决策机构，其成员由股东代表和其他方面的代表组成，董事长由董事会选举产生，一般为公司的法定代表人。在董事长领导下的董事会对公司的法人财产具有了极大的支配、收益及处置等权力。如董事会负责审定年度生产经营计划及投资方案，决定公司重要资产的抵押、出租、发包或转让等。而且，董事会有权决定经理人员的任免及薪酬。经理对董事会负责，在董事会决定的授权范围内，全面负责公司的日常行政和经营业务活动。从本质上看，董事会的权力来自于股东的让渡，经理的权力来自于董事会的赋予，这都最终基于出资人所有权与企业法人财产权的分解。由于股东大会是非常设机构，所有股东不可能像业主一样，事必躬亲地监督企业的经营活动，在众多股东不能直接监督管理的条件下，董事会和经理人员可能出现败德甚至违法行为，监事会就被创新出来。监事会依照法律、公司章程及股东会议决议对董事会和经理行使职权的活动进行监督，防止其滥用职权。当董事和经理的行为损害公司利益时，监事会有权予以制止和纠正。监事会的监督权根源于股东的出资人所有权，在全体股东无法亲临一线监督企业财产经营状况的情形下，监事会代替全体股东行使监督权。设置公司治理结构的目的，就是要根据权力机构、经营机构、监督机构相互分离、相互制衡及精干效能的原则，以解决在企业众多的利益相关者中，如股东、债权人、经营者、职工、供应商和用户等，由谁来控制企业，怎样控制企业，风险和收益如何在不同主体之间分配等问题。由此可以看出，现代公司制企业在实施层面的产权清晰度依赖于治理结构的优化。

（2）不同国家的现代公司制企业治理结构的比较分析。

发达市场经济国家的公司治理结构有两种典型类型：一种是

英美国家的“一元制”的公司治理结构，主要凭借资本市场高效运行以维护股东权利的公司治理模式；另一种是以德国为典型代表的“二元制”的公司治理结构，主要通过内部监事会和理事会的制衡来保证公司运行效率。本书将美、德两国公司治理结构进行比较分析，指出其未来的改进方向。

①美国公司治理结构及评价。一般而言，美国的公司治理结构由股东大会、董事会和高层经理组成，不设监事会。股东大会是非常设的最高权力机构，在公司治理中常设机构是董事会，这就是所谓一元制的公司治理结构。股东大会批准公司一切重大决策和选出董事会成员。董事会实际拥有企业资产控制权，在公司治理结构中具有最重要的地位。董事会成员平均约为13人左右，以外部董事为主，约占3/4。外部董事多为曾经担任过公司高层领导职务者或某方面的专家，内部董事则为公司的高级主管人员。不少的董事会实行分组任期制，董事会分成2组或3组，人数相当，各组轮流主持董事会的工作。每次选举只选举部分董事会成员，这样既能使董事会工作具有连续性，又可激励董事勤奋工作，将具有管理才能的优秀人才及时选入董事会。① 在一般情况下，董事会很大一部分实权掌握在外部董事手中，董事长一般由外部董事兼任，外部董事有权对公司人事安排作出决策，董事会特别重视对公司总经理的选任。

美国公司治理结构的特点及评价：第一，公司股权高度分散化，机构投资者和个人是公司的基本持股者，其中最主要的持股者是机构。美国机构持股者越来越成为主要的持股者，但由于机构持股者意在赚取股票买卖差价，为了分散风险，机构持股者往往通过投资组合的方式规避来自上市公司和证券市场的风险，对

---

① 叶祥松：《中外公司治理结构的比较分析》，《经济学家》2003年第1期。

单个公司的持股比例较小。银行不持有公司股票，也不直接参与公司治理。美国法律对单个机构持有一家上市公司股票的比例也有较严格的规定（这一点近年来有所松动），再加之机构持股者对上市公司所从事的业务不熟悉，所以对公司治理不甚关心。① 特别在美国的上市公司中，股权更为分散，美国证券市场上的并购活动很活跃，外部治理机制相对较强，股东对经营者的约束主要通过证券市场中的“用脚投票”来进行。美国式公司治理结构高度依赖于证券市场的规范和投资者的理性。但如果证券市场不规范和投资者不成熟，炒作成风，这种治理模式的效力就会受到严重损害，引起治理机制劣化。第二，在一元制公司治理结构中，虽然也存在董事会与经理人员分权的问题，但在许多经济学家看来，美国公司的经理人员不过是董事会的“仆从”或“助手”。② 在该治理模式的公司制企业中，控股者可以兼任董事长和总经理两个重要职务，在“美国几乎75%的企业总裁和董事长是由同一个人‘双肩挑’。”③ 由此可以看出，美国公司制企业董事会拥有较大的权力，只要需要，董事会完全可以越过或直接领导经理层。这种一元化的治理结构，虽然强化了董事会行使权力的效率，但不存在内部制衡机制，在外部约束失效时，容易诱发内部机会主义行为。

②德国公司治理结构及评价。德国公司的治理结构由股东大会、监事会、理事会组成。德国采取双重董事会即监督董事会和管理董事会，前者简称监事会，后者简称理事会，这就是所谓二

---

① 纪显举：《公司治理结构：比较、借鉴与创新》，《财经问题研究》2003年第9期。

② 沈越：《美德公司治理结构中领导体制比较》，《北京师范大学学报（社会科学版）》2003年第4期。

③ 闻洁：《从经理革命到机构投资者觉醒》，《经济研究》2000年第11期。

元制的公司治理结构模式。股东大会是公司非常设的权力机构，股东大会决定批准理事会和监事会的年度报告、选举监事会中的股东代表等重要事项。股东参与公司事务的重要手段是在股东大会上行使询问权和表决权。监事会是由股东、职工的代表组成的监督机构，具有监督由专业经理人员组成的理事会的行为、任命和罢免公司理事会成员到批准理事会提出的议案等权利。因此有些德国经济学家把它界定为"决策性监督组织"。① 德国的理事会是执行监事会的决议，负责公司日常运作的执行机构，相当于英美国家的经理层。在公司内部，理事会向监事会负责，其主要职责是负责公司的经营管理，向监事会提供预决算报告，向股东提供有关信息等。在公司外部，理事会是公司法人代表，自主领导公司的经营业务。理事会实行集体代表制，在执行公司具体业务时，个别理事由理事会授权可以单独或同其他理事一起代表公司。

德国公司治理结构的特点及评价：第一，公司股权集中程度较高，银行参与公司治理。1992 年，德国个人投资者仅占公司股份总数的 4%。银行是股份公司的大股东，德国所有银行在 33 家大公司中的股权占 82.7%，其中德意志银行、贴现银行、商工银行 3 家最大银行占 45.2%。德国银行还通过长期贷款和作为小股东的代理人来控制企业。德国的 3 家最大银行通过接受小股东的委托，代他们选举公司董事会，从而控制了德国许多公司的大部分权力。据统计，在 100 家最大的股份公司中，银行在其中 75 家派驻了代表，银行代表占股东代表的 22.5%，有些还是

① 沈越：《美德公司治理结构中领导体制比较》，《北京师范大学学报（社会科学版）》2003 年第 4 期。

监事会主席。① 企业融资以股权融资和债务融资相结合，并以债务融资为主。银行既是公司债权人，又是股东，还通过选举代理人进入董事会对公司经营实行监督。公司治理主要靠银行或机构的“用手投票”而不是靠“用脚投票”。第二，德国采取双重董事会的二元制治理模式。在这种模式中，监事会选举产生理事会，监事会成员不得兼任理事会成员，其法律地位高于理事会，理事会作为监事会的派生机构，却享有极大的实际执行权力。也就是说，让执行权力较大的部门，其法律地位低于执行权力较小的监督部门，这种制度安排有利于形成公司治理结构的内部制衡关系。第三，职工参与决策。公司职工通过选举职工代表参与监事会和职工委员会。在监事会中，股东代表、职工代表各占一半名额。监事会的副主席由职工代表担任，以此来实现参与企业管理的“共同决策权”。职工参与制的主要内容是：本企业的职工与工会的代表有权在公司监事会和理事会中占有一定的席位参与决策；监督已经制定的维护职工利益的法规执行情况和劳资协议执行情况；在社会福利方面有与资方对等的表决权；享有对企业生产经营状况的知情权和质询权等。

（3）现代公司在实施层面的产权清晰有利于企业运行效率行为的改善。

现代公司制企业在实施层面的产权清晰，依赖于出资人所有权和企业法人财产权在公司治理结构中各机构间作出合理的分解，这将决定企业运行效率行为的高低。在现代公司制企业中，所有者委托经营管理者从事经营活动，二者即构成委托—代理关系，这种关系被定义为一种契约。在这种契约下，一个人或更多的人聘用另一个人代表他们来履行某些职权，包括把若干决策权

① 叶祥松：《中外公司治理结构的比较分析》，《经济学家》2003年第1期。

托付给代理人。委托—代理理论认为这种委托—代理契约实际上是一种不完备的契约。由于人的自利性、有限理性和风险回避性，以及委托双方的条件各异、需要有别、利益目标不尽相同，如果这种关系的双方当事人都是自身效用最大化者，就有充分的理由相信，代理人不会总为委托人的最大利益而行动，这会导致运行效率行为降低，因此委托人就有必要设计出一个监督约束机制，防止代理人牺牲委托人的利益而追求自身利益的最大化。公司治理结构实质上承担了这一功能，它的优化就是企业在实施层面的产权清晰，有利于企业运行效率行为的改善。

上述两种典型的治理结构模式已经在各自国域环境中取得了成功，但总体上看两种模式都有改进的可能和必要。具体体现在以下方面：①充分维护股东的出资人所有权，恢复股东“用手投票”和“用脚投票”约束经营管理者行为的双重机制，通过一定的机构和程序来行使出资人的权利，尽量减少经营管理者的低效行为。一方面，大力发展资本市场，使公司股权相对分散，通过资本市场的并购机制来约束经营管理者的行为，中小股东通过“用脚投票”来表达自己的意愿，以影响经营管理者的行为。这正是德国模式应改进的地方。另一方面，可以通过以下方面实施“用手投票”机制。第一，由于公司股权结构相对分散，而不是绝对分散，表现为机构持股，特别是银行持股增加，这有利于大股东对公司的适度干预。第二，通过银行或机构作为小股东的代理人参加公司的治理程序。第三，随着信息化的发展，我们既有可能也有必要把群体决策支持系统引入中小股东表决机制，建立信息化的股权表决系统。① 这有利于中小股东参与公司治理，“用手投票”反对经营管理效率低下的经营管理者，克服其

① 胡川：《群体决策支持系统在股权表决机制中的作用》，《产业与科技论坛》2005 年第 1 期。

机会主义行为和道德风险，以保证出资人利益。建立全体股东与经营监督管理团队的动态和重复博弈机制。这正是美国模式应予以完善的地方。②在资本市场不完善的情形下，经营决策权、监督权和执行权可采取德国的二元制模式，监事会拥有较高的地位但具有较小的实际执行权力，理事会拥有较低地位但具有较多实际执行权力，以达到两者的制衡。监事会决定理事会人员的任免，可以否决理事会的提议，监督理事会的日常经营行为，但监事会不能亲自制定提议，也无权参与日常经营。理事会在监事会的监督下运行，有利于保证日常运行效率。③物质资本所有者、外部治理专家和企业内部人力资本所有者共同参与企业的经营决策和监督管理。在股东大会中，物质资本所有者是其主要构成，代表了出资人的意志。在监事会中，物质资本所有者、外部治理专家和企业内部人力资本所有者参与其中，有利于形成合力，提高经营绩效。

（二）企业产权制度融合能力的增强对企业行为演进的影响

企业产权制度融合能力的增强主要体现在企业对一般员工、专业技术人员及经营管理者等人力资本载体的激励机制逐步完善。人力资本与其载体天然不可分割的特性，使得人力资本载体能够在一定程度上决定其供给的大小及其使用的效率。一旦人力资本载体认为其应有权力的一部分被限制或剥夺时，其载体可以将相应的人力资本“关闭”起来，以至于这种资本似乎从来就不存在。由此可以看出，“人力资本的运用只可激励而无法‘挤榨’”。① 因而在经济运行中，要做到有效激励人力资本载体，首先应坚持人力资本所有权归属于人力资本载体；其次人力资本

① 周其仁：《市场里的企业：一个人力资本与非人力资本的特别合约》，《产权与制度变迁——中国改革的经验研究》，社会科学文献出版社，2002 年，第 87 页。

产权各项权能的分解与交易应建立在自由、公平的契约基础之上，使得人力资本载体的基本权利得以保证；最后，在企业中应建立人力资本载体参与分享企业剩余控制权和剩余索取权的机制。

企业产权制度融合能力的增强集中体现在人力资本所有者与物质资本所有者一样，能够参与企业剩余控制权和剩余索取权的分享。企业产权制度设计中若缺乏对人力资本的融合机制，将极大地影响高层管理人员和企业技术人员等的积极性，使其缺乏责任心，出现“消极怠工”，甚至撂担走人的现象，这使得人力资本的经济利用价值大打折扣或者荡然无存。

在现代企业中，为了提高企业产权制度对人力资本产权主体的融合能力，激励其尽可能提高效率，减少代理成本，最有效的途径是确立人力资本产权主体和非人力资本产权主体分享权利、承担责任与获得收益的机制。发达经济国家的许多企业产权制度设计中，已经形成了一些将人力资本载体纳入剩余控制权和剩余索取权分享范围的制度形式，其中主要有年薪制和股票期权，下面予以分析。

1. 企业产权制度融合能力增强的具体形式

(1) 年薪制。

年薪制一般是以年度为单位，根据经营管理者的生产经营成果和所承担的责任、风险确定其收入的分配制度。企业经营管理者的年薪收入包括基本年薪和风险年薪两个部分。前者主要根据企业所在地区职工平均收入水平、企业生产经营规模和经济绩效水平（同行业比较）等因素来确定，其目的是维持经营管理者基本生活需要。后者以前者为基础，根据企业本年度经营绩效状况、生产经营责任大小、风险程度高低等因素确定。由于风险年薪随企业经营绩效的改善而提高，因而是对利润的分享。世界上不同国家采取了不同的年薪制形式，下面主要介绍美国和德国模式：

①美国年薪制模式：美国企业员工的薪酬由劳动力市场供求关系决定，工人一般实行小时工资制，经营管理者实行年薪制。美国年薪包括基本工资、奖金、津贴、红利四个部分。其中，基本工资占总额的45%左右。奖金是一种同公司经营绩效挂钩的短期奖励，一般占25%左右。据《商业周刊》报道，瑞伯克公司总经理费曼1996年获得固定年薪36万美元，而奖励年薪为1200万美元，主要来自于奖金或该公司的股票。在奖金的领取上，高层管理人员有时只能拿到全部额度的三分之一，其余的三分之二，要等到其自身与公司业务活动取得成效时方可领取。美国企业经营管理者在获取巨额报酬的同时也要承担相应的责任和风险，如美国商用电脑公司曾因用错人导致1/3董事自动辞职。①

②德国年薪制模式：德国企业一般雇员的工资由劳资双方谈判决定，企业管理人员实行独立于工资制度之外的年薪制。德国年薪包括固定年薪、浮动收入和养老金预支等三个部分。管理人员固定年薪取决于企业规模的大小，占总额的65%左右。浮动收入取决于企业的经营状况，它包括企业红利提成、年终奖金等，由销售额、利润、红利等综合指标来衡量。由于德国实行社会市场经济制度，所以，德国年薪制最重要的一个特点是企业养老金，养老金占总额的12%左右。德国管理人员在晚年不仅可以享受社会保险机构支付的退休金，而且可以享受企业养老金。②

其他国家在很大范围内也实施了年薪制，如据日本社会生产

① 钟成、李琪：《国外年薪制模式及其启示》，《经济问题探索》2005年第1期。

② 钟成、李琪：《国外年薪制模式及其启示》，《经济问题探索》2005年第1期。

本部2002年的一项调查，40%的上市公司实行了年薪制；① 又如1992年韩国政府首次提出对企业经营者实行年薪制，1993年韩国都山企业在科长级以上管理干部中正式实行新的工资体制——年薪制，据2003年1月韩国劳动部的统计，1996年实行年薪制的企业只有1.6%，但到了2003年已增加到37.5%，尤其是在5000名以上员工的企业中，实行年薪制的已达到82.4%。② 由此可知年薪制在许多市场经济国家已广泛运用，年薪制已成为人力资本载体参与利润分享的重要机制，提升了企业对经营管理者和专业技术人员的融合能力。

（2）股票期权。

股票期权是指企业根据股票期权计划，向主要经营管理者或技术骨干提供的一种在一定期限内（行权期限，一般为3~10年）按照某一既定价格（行权价）购买一定数量本公司股份的权利。在行权前，股票期权被授予者没有收益；在行权时，如果股票市场价格高于行权价，则经营者可以通过行使该期权获得收益。如果股票市场价格低于行权价，股票期权持有人可以放弃行权。

20世纪50年代初，股票期权最早产生于美国。1950年9月23日，美国总统杜鲁门签署了《1950年收入法案》，该法案首次规定任何企业都将有权向雇员发放一种新颖的货币，即股票期权。从此，股票期权获得了“合法”身份，正式登上了世界经济的舞台。③ 但这一激励机制获得长足的发展，是在20世纪90

① 钟成、李琪：《国外年薪制模式及其启示》，《经济问题探索》2005年第1期。

② 金雄：《对韩国企业实行年薪制的思考》，《延边大学学报（社会科学版）》2003年12月第4期。

③ 刘海英等：《经理人股票期权问题的研究》，《山东大学学报（哲社版）》2004年第6期。

年代以后。根据 PearlMeyer 咨询公司的研究，到 1998 年底，美国前 200 家大公司授予的股票期权全部累积已达到总股本的 13.2%；而在 1989 年，这一比重只有 6.9%。在一些高新技术企业，这一比重更高，如 APPLE 公司，这一比重达到 18%，Lehmanh 和 Merrill Lynch 等用于激励的股份已超过 50%；① 从持有股票期权的人数和建立股票期权的比重来看，根据美国职工持股研究中心的报告，拥有股票期权的雇员人数从 90 年代初的不到 100 万人，快速发展至 2002 年的 1 000 万人；另据美国 Frederic W. Cook&Co. Inc. 提供的《2002 年美国前 250 强报告》，目前在美国标准普尔 500 指数所列的前 250 家最大的公司中，有 99% 的公司已建立了股票期权制度。②

正是由于股票期权的实施，使得美国经营管理人员的股票期权收益在薪酬结构中占据了主要地位。20 世纪 80 年代中期，美国 100 家最大企业经理的报酬来源于股票期权的只有 2%，到 1998 年占到 53%。1998 年，标准普尔 500 家公司的首席执行官的收入有 40% 来自于股票期权。③ 2001 年美国收入最高的 20 位首席执行官，股票期权收益占总收入比重达 92.03%，10 位收入最高的非首席执行官，这一比重也达 82.16%（参见表 6-1）。

由此可以看出，美国的股票期权制度已得到较大的发展。股票期权实际上是人力资本载体参与分享公司发展所带来的收益的一种制度安排，股票期权对近 20 年来美国企业竞争力的提高起到了重要作用。

---

① 敖敏霞：《股票期权激励机制及其在我国的应用》，《广西社会科学》2004 年第 12 期。

② 阮小莉、王喜梅：《股票期权激励的制度分析及我国股票期权方案设计》，《特区经济》2004 年第 12 期。

③ 张先治：《股票期权理论及在公司激励中的应用研究》，《会计研究》2002 年第 7 期。

表 6-1　**2001 年度美国经理人收入概况**　单位：百万美元，%

	薪金 & 资金	股票期权	总收入	股票期权占总收入比重
前 20 名首席执行官	107.3	2 142.7	2 250	92.03
前 10 名非首席执行官	203.1	670.4	873.5	82.16
平均收入水平	10.346	93.77	104.116	90.06

资料来源：张筱峰等：《经理股票期权计划存在的问题及成因探析》，《审计与经济研究》，2004 年第 2 期，第 56 页。

2. 年薪制、股票期权等产权融合机制对企业行为的影响

企业产权制度的融合能力强体现在将企业剩余控制权和剩余索取权作适当分解，由人力资本所有者来行使和分享，以激励其责任心，这有利于企业行为逼近利润目标。年薪制和股票期权等具体激励形式指向企业产权融合能力提升的方向。企业经营管理者在适度控制风险的条件下，追求短期利益与长期利益、自身利益与企业利益的结合，这将有利于企业行为的丰富和优化，特别将对企业运行效率行为和技术创新行为产生重大影响，其原因就在于人力资本所有者将与物质资本所有者共同分享企业剩余控制权和剩余索取权，人力资本所有者与物质资本所有者的目标将趋向最大限度的重合。下面主要探讨年薪制和股票期权等具体激励机制对企业运行效率行为和技术创新行为的影响。

（1）年薪制、股票期权等激励机制对企业运行效率行为的影响。

年薪制和股票期权等具体的人力资本所有者分享剩余索取权的企业产权制度安排调动了人力资本所有者的积极性，这有利于企业更充分地利用各类资源。上述分享性企业产权制度安排有利于解决企业的代理成本问题，提升企业运行效率。

在许多股份制企业中，所有权和经营权是分离的，所有者委托经营者从事经营活动。所有者享有剩余索取权的最直接表现就是股息和股票溢价，而经营管理者实际拥有较多的剩余控制权，拥有较少的剩余索取权。经营者自身利益与企业利益不一致，其机会主义行为将不可避免，现实告诉我们，管理者有着偏离企业最优化行为目标的潜在动机，从而很可能损害企业的利益。这使得企业运行成本较高。经营者年薪制和股票期权等措施正是采用奖励和惩罚相结合的方式，诱使经营者提高代理效率，降低运营成本。

企业可以根据经营管理者一个年度以及任期内的经营管理绩效，相应确定与其贡献相称的报酬水平以及获得报酬的方式。年薪制中含有较大的风险收入，风险收入与企业业绩的增长、完成考核目标的情况挂钩，这有利于在责任和收入对等的基础上加大激励力度，使经营管理者凭多种要素广泛深入地参与企业剩余收益分配，使经营管理者的实际贡献直接反映于当期各类年薪收入的浮动之中，并进一步影响其应得的长期收入。薪酬与绩效挂钩不仅能对经营管理者产生激励，同时也抑制了日常运行中低效行为的发生。较高薪酬构成了日常低效行为的机会成本，因此，实施年薪制可以使经营管理者取得较满意的收入，从而在一定程度上削弱了在职消费和管理腐败等损害企业利益的低效行为。

在传统薪酬制度下，经理人员追求的是所有者制定的各项考核指标，以实现自身利益最大化的一种心理行为，这往往忽视公司核心竞争能力和发展后劲的培育。而在具有长期激励特点的股票期权制度下，经营管理者在任职期间就会与股东保持目标上的一致，经营管理者在关注企业短期收益的同时，也关注企业长期价值的创造。克尔·詹森和凯文·墨非的实证研究表明了这一点。他们从《财富》杂志上选取了 1974 ~ 1986 年的大量样本材料，用报酬-绩效敏感度对经理报酬与股东收益之间的关联性进行了个案研究，结果是现金奖励对企业绩效的敏感度为0.002 2%，而股票期权的敏感度则为0.014 5%。① 现代股份制企业对经营管理者实施期权激励的真正目的在于利用股权形式和股票交易过程，把经营管理者部分报酬与企业价值、资产预期收益和企业发展前途联系起来，促使经营者多为股东的资产增值和企业长期发展着想。股票期权成为企业的一种长期性激励报酬制度，其内在逻辑在于：企业所有者通过股票期权将企业价值变成了经营者收入函数中的一个重要变量，这使得企业经营者的目标函数和行为选择与企业的长期发展目标相一致，实现企业价值最大化，进而使企业持续发展和价值最大化成为股东和经营者的共同目标。通过股票期权激励这样一种制度设计，重新调整了剩余索取权和剩余控制权在所有者和经营者之间的配置，将一部分剩余索取权配置给经营者，使经营者享有的剩余索取权与其实际拥有的剩余控制权在一定程度上达到一致，从而尽量使经营管理者的目标函数趋于与所有者一致。股票期权对经营管理者的激励作用受到学者们的肯定，许多经济学家认为，经理的收入应当与公司业绩挂钩而不应当是固定的合同支付，为了促使经理提高公司的长期生产能力而不仅仅是提高总销售收入和短期利润，经理的报酬应当与公司股价密切相关。② Garen、M. Jensen、K. Murphy、Reily等长期研究各种激励手段对经营者的激励效果，认为股票期权的激励作用最大。K. Murphy实证研究的结果还表明，公司首席执行官的收入和股东财富的敏感系数自20世纪70年代以来持续上升，到20世纪90年代中晚期，股东财富每增加100美

① 董雨等：《“年薪制”与“股票期权制”的比较研究》，《经济师》2003年第4期。

② 张维迎：《公司融资结构的契约理论：一个综述》，《改革》1995年第4期。

元，CEO 收入就增加 2 至 5 美元。① 这使经营管理者决策的利益和风险取向符合公司价值目标，使所有者的监督成本降低，代理成本降低，提升了企业运行效率。

（2）股票期权等激励机制对企业技术创新行为的推动作用。

①股票期权可以吸引并留住优秀的经营管理者和技术骨干。

股票期权是一种比年薪制更彻底的剩余索取权实现形式，因为它实际上意味着企业给了经营管理者和技术骨干等核心成员股票购买权，来参与企业剩余索取权的分配。股票期权有助于吸引人才，特别是对尚处于成长过程中的高新技术企业的经营管理者来说，股权的吸引力远大于现金报酬，现在股票期权已经成为高科技产业中一个吸引人才的重要砝码。股票期权是以股权为纽带，通过股票期权的附加条款设计，紧密联结核心成员与企业。核心员工对公司未来的发展至关重要，授予核心员工以期权，能够提供较好的内部竞争氛围，激励员工努力工作。同时，由于期权强调未来，公司能够留住绩效高、能力强的核心员工，是争夺和保留优秀人才并预防竞争对手挖走核心员工的有效手段。经营管理者若在期权持续期内离开公司，将丧失尚未行使的剩余期权，这无疑加大了核心成员离职的机会成本，因而成为吸引与稳定他们的“金手铐”。

在报酬结构中，股权报酬比现金报酬的激励效果更加明显。优秀经营管理者和技术骨干是社会的稀缺资源，企业要使用这一资源必须支付高额的费用。而传统的薪酬方式如工资、奖金，对企业而言是一笔不小的费用。在股票期权制度下，企业授予经营管理者和技术骨干的仅仅是一个期权，公司始终没有现金流出。优秀经营管理者和技术骨干在取得股票期权后，会比较容易接受

① A. Alchian and Harold Demsetz, Production, Information Costs, and Economic Organization, *American Economic Review*, Vol. 62, 1972, pp. 777-795.

相对较低的基本工资和奖金，这一点对处于创业阶段的高科技公司来说尤其重要。大多数科技型中小企业处于创业初期，规模较小。据1997年对我国65 000余家科技型中小企业统计显示，从业员工315.5万人，平均每个企业48人，资产规模绝大多数在千万元以下。① 对于正处于创业初期、资金需求量大而存量小的科技型中小企业来说，如果以现金的形式支付经营者和核心技术人员的报酬，会给企业资金存量带来相当大的影响。股票期权是一种低成本激励机制，还可大大降低创业成本。

②股票期权等激励机制有利于激发核心员工的创造力。

股票期权将企业价值变成了经营管理者或技术骨干等核心成员收入函数中一个重要变量，实现了核心成员与企业所有者利益的一致性，以达到长期激励的目的。股票期权制承认经营管理者、技术骨干与企业所有者一样拥有对企业利润的索取权，并规定在一定期限内行权，避免了企业经营管理者与技术骨干人员的短期行为，使得企业经营管理者、技术骨干与企业所有者的目标最大限度地达到了一致，从而产生一种利益趋同效应，这不仅可以减少企业对经营管理者、技术骨干的监督与约束，节约监督成本，更重要的是减少了他们创新活动所受到的限制与束缚，有利于充分发挥他们的创造性。

公司高级管理者的决策对技术创新的成功往往起着决定性的作用，但在企业高级管理者只取得固定薪酬的情况下，他们不会因创新成功而取得与其贡献相应的收益，这会使高级管理者缺乏推动技术创新的积极性，从而不利于公司的长期发展。在公司内的研发部门，技术骨干按经营管理者作出的决策，利用公司的研究条件，为公司进行研究与开发等活动。由于技术人员成为一种

① 徐炎章等：《股票期权制：科技型中小企业激励机制的创新》，《商业经济与管理》2003年第12期。

雇佣劳动者，他们不再对技术创新成果享有所有权，这些成果往往具有很大的正外部效应，这将严重制约技术骨干的积极性。股票期权等制度的创新，就从一定程度上解决了这个问题。

股票期权等对人力资本载体的激励机制有利于推动企业技术创新行为，在美国硅谷，通过对人才的技术配股、股票期权、职工配股等形式的激励，使公司的每位技术人员都是股东。股票上市或股票期权行权后，职工一夜之间可能成为百万或亿万富翁。由于这种收入的强大激励作用，人们开动脑筋，全身心地投入创造、发明，新的创意和构思、新的发明和专利不断产生。这种分享机制，是成本降低、产品升级换代、公司卓越发展的巨大动力。

（三）企业产权结构多元化对企业行为演进的影响

1. 对企业产权结构与企业运行效率行为关系的辩证分析

企业在自身发展过程中，其产权结构的一元或多元是一种适应外部环境的选择。从理论上分析，我们可以推知一元化的企业产权结构和多元化的企业产权结构都有可能实现较高的运行效率。我们不能简单地得出结论，只有一元化或多元化的企业产权结构才能实现产权清晰，保持较高的运行效率，这需要具体情况具体分析。一元化的业主制企业和多元化的股份制企业都有可能具有较高的产权清晰程度、较强的产权融合能力，这使得企业运行效率行为保持良好，但两者实现的机理是不同的。下面分别予以分析。

在产权结构一元化的业主制企业中，企业要保持较高的运行效率，企业所有者往往需要亲历亲为地参与监督和管理生产经营的众多环节，企业产权关系相对简单，较易规范，产权较为清晰；同时由于物质资本所有者与战略型人力资本所有者重合，对后者的融合能力较高。因此，产权结构一元化的业主制企业能大量存在并富有活力有其内在原因。

在产权结构多元化的股份制企业中，企业保持较高的运行效率的机理是不同于业主制企业的。多元化的股份制企业保持较高产权清晰程度依赖于各产权主体之间的契约以及契约的可实施程度，依赖于股东大会、董事会、监事会和经理层之间形成良好的制衡关系。多元化的股份制企业保持较强的产权融合能力，依赖于人力资本所有者分享企业剩余索取权激励机制的完善，使物质资本所有者与人力资本所有者的目标更趋一致。这都能实现较高的企业运行效率。

在产权结构一元化和产权结构多元化的企业中都有可能出现产权模糊和产权融合能力较低的情形，企业低效运行。前面已经分析，在传统产权结构一元化的国有企业中，由于出资人缺位，企业在“政企不分”和“内部人控制”两种状态中徘徊，产权模糊；同时其基本忽视人力资本的存在和作用，没有相应的对人力资本所有者有效的激励机制，因此在国有资产管理机构难以监管或监管成本较高的一般性竞争领域内，传统产权结构一元化的国有企业会出现产权模糊和产权融合能力较低的情形。企业机会主义行为盛行，效率较低。

由此，我们可以推知在国有资产管理机构难以监管或监管成本较高的一般性竞争领域内，可以通过引入非国有投资主体，使产权结构多元化，让民营和外资所有者介入企业经营管理，使出资人到位。但我们不能简单地认为产权结构只要形式上多元化了，企业运行效率就可以提升。如国有企业集团改制过程中，为了能够在企业改制后仍然行使行政控制权，往往借助产权多元化的形式实行国有企业“翻牌改制”，具体操作表现为两个国有企业法人投资组建一个有限责任公司（见图 6-4）或五个国有企业法人发起设立一个股份有限公司(见图 6-5)。① 由图可知,国有企

① 文宗瑜:《构建高度清晰的现代产权制度》,《经济研究参考》2003 年第 91 期。

业集团为了改制,成立若干家下属国有企业,这些国有企业由集团公司控制,下属企业再联合组建产权结构多元化的有限责任公司和股份有限公司,这些企业虽然产权结构已经多元化,但仍不能摆脱原有国有企业集团的干预,企业运行效率行为无实质改善。

从理论分析可以得出，一元化产权结构与多元化产权结构的企业都能实现较高的产权清晰程度和较强的产权融合能力，保持较高的企业运行效率。但在某些特殊情况下，一元化产权结构与多元化产权结构的企业都可能出现机会主义行为盛行，运行效率低下的情形。因此，我们不能简单地认为，产权结构多元化了，企业产权制度改革就到位了，如果企业的运行效率还没有大的改善，就归罪于企业产权制度改革，这显然是一种误解。产权结构一元化的传统国有企业选择产权结构多元化的改革模式，引入战略投资主体，使出资人尽可能到位，以形成良好的治理结构，抑制政府的直接干预，免除承担过多的社会责任。产权结构多元化是企业保持良好运行效率行为的一种措施，但是否能达到较高运行效率，还依赖于产权结构多元化后能否提升企业产权清晰程度和产权融合能力，我们不能只看现象不看本质。

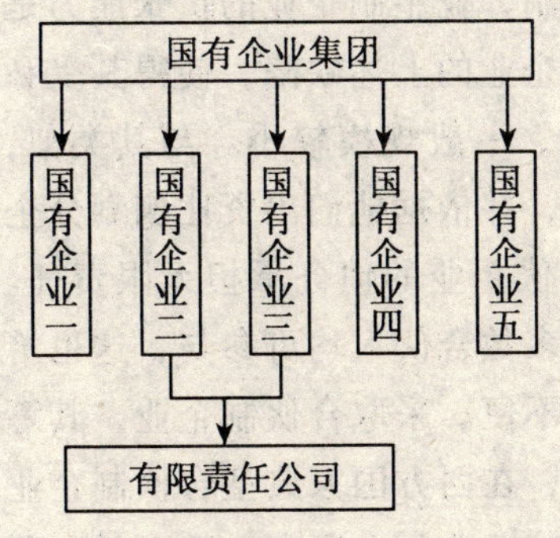

图6-4　有限责任公司

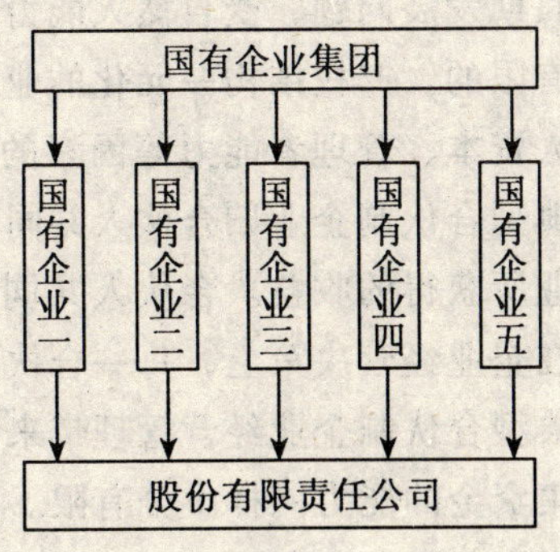

图6-5　股份有限公司

2. 企业产权结构多元化对企业规模扩张行为的支撑作用

产权结构多元化的股份制企业在实现了较高的产权清晰程度、较强的产权融合能力的条件下，对企业规模扩张行为起到了极大的支撑作用。企业规模扩张行为主要包括数量扩张行为和企业间并购行为两种。下面比较分析产权结构一元化的业主制企业、合伙制企业和产权结构多元化的股份制企业对企业规模扩张行为的不同作用。

产权结构一元化的业主制企业是英国工业革命时期的主要生产组织形式，发挥了重大的历史作用，但其在规模扩大时存在局限性。一方面，由于产权结构一元化的业主制企业产权集中、封闭，这些企业股权融资渠道的单一和缺乏进入银行体系的信用保证条件，以贷款安全性为目标的银行多半会将这类企业拒之门外。也就是说，不论是股权融资还是债权融资，产权结构一元化的业主制企业都处于一种不利状态。而单纯凭借企业自身积累，企业的规模扩张行为难以较快实现。另一方面，产权结构一元化的业主制企业的发展，也受到“自然人”的制约。虽然企业财产可以由家族世袭，但是家族世袭并不能解决企业的持续存在和长期发展问题，受自然人能力的限制，业主制企业的扩张能力是有限的。产权结构一元化的业主制企业的上述缺陷，使得其受私人资本、管理者能力等因素的制约，一般规模较小。与其类似，典型合伙制企业归合伙人共同所有，并依据他们出资比例划分企业所获得的收益。合伙人共同对合伙企业的债务承担无限责任。在企业经营决策上，每一合伙人或多数合伙人均可参与，这也给典型合伙制企业经营管理带来诸多不便。采取合伙制企业，其筹集资金的能力同样十分有限。因而，在西方国家典型合伙制企业在全部企业中所占比例较低，而且其营业收入所占比重更低，所以合伙企业一般也都是中小型企业。在产业的分布上，业主制企业和典型合伙制企业主要集中于农业、零售贸易、律师事务所、会计事务所、有价证券经纪行等规模经济并不显著的产业。

产权结构多元化的股份制企业可以通过股权融资和债权融资解决企业发展的资金问题，适于大规模生产经营活动的开展；而专业化的企业管理提高了企业的经营效率，使企业的长期发展不再受到“自然人”能力问题的困扰，使其经营管理人员能够适应复杂多变的市场环境，这有利于企业的规模扩张。正是由于产权结构多元化的股份制企业的这些优势，使其成为规模较大企业的一种重要产权制度形式。这正如日本学者奥村宏所说：“20世纪就成为一个大量生产、大量销售的大企业时代，同时这也是一个以股东有限责任为特征的股份公司的全盛时代，二者并驾齐驱，可以说20世纪是一个巨大股份公司的时代。”①产权结构多元化的股份制企业为企业数量扩张行为和并购行为提供了微观制度支持。

20世纪以来美国许多大企业的规模扩张与产权结构多元化程度相关，多元化的产权结构为企业规模的扩张提供了制度支撑。从1929～1976年，在80%的美国公司中，私人家族的持股比例下降了50%多。如1929年福特家族持有福特汽车100%的股份，1976年持股比例降至40.3%；杜邦家族1929年持有通用汽车32.6%的股份，到1976年持股比例下降到不足8%。② 在股权结构摆脱了个人、家族的控制，走向多元化后，企业的规模也急剧扩张。表6-2表明，随着年代的变化，福特汽车和通用汽车的资产规模的变化。依表6-2绘制成图6-6，我们用实线表示福特汽车公司，用虚线表示通用汽车公司，我们发现在20世纪

---

① 奥村宏：《21世纪的企业形态》，中国计划出版社，2002年，第156页。

② 李鹏：《公司产权结构演变与大规模制造业公司的发展》，《福建行政学院福建经济管理干部学院学报》2003年第1期。

70～80年代，企业规模有加速扩张的趋势，这恰好与企业产权结构多元化加剧的时间吻合。事实上许多产权结构一元化的业主制企业和家族制企业在规模扩张的道路上都经历了产权结构多元化加剧的趋势。我们常说的民营企业二次创业，实际上就是企业旧有的产权安排不适合企业发展的需要，需进行微观产权结构变革。

表6-2　**福特汽车和通用汽车资产规模随年代变化表（百万美元）**

	1930年	1948年	1960年	1970年	1980年	1991年	2001年
福特汽车			4 030	9 900		173 663	180598
通用汽车	1 315	957	8 550	14 170	34 580	180 236	184 632

注：表中1930年、1948年数据来自钱德勒著《企业规模经济与范围经济：工业资本主义的原动力》；1960年、1970年、1980年数据引自龚维敬、甘当善主编《美国垄断财团》；1991年数据引自王晖、杨则瑞编译《世界100财团排行榜》；2001年数据来自《幸福》杂志，转引自国务院发展研究中心网站。

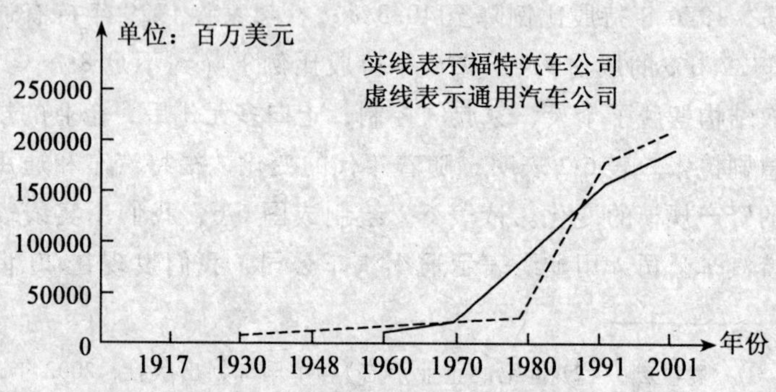

图6-6　福特汽车和通用汽车资产规模随时间变化图

（四）企业产权流动性程度提升对企业行为演进的影响

1. 企业产权流动性程度提升有利于企业行为模式的演进

企业产权流动性程度是影响和制约企业间并购行为的重要因素之一。企业产权保持较高的流动性程度，为产权转让提供了基本条件，这使得企业间并购行为变得可行。当产业内的生存环境恶化时，如随着产业中产能过剩和竞争加剧，企业可摆脱仅仅依赖价格竞争、数量扩张等行为模式，通过企业间并购行为，使企业行为丰富化。企业产权流动性程度的提升对企业间并购行为的发生起到了基础性支撑作用，但企业产权流动性程度的提升并不必定导致企业并购行为，而是为企业间并购行为的发生提供了微观制度安排，使企业间并购行为发生的可能性增大。

2. 企业产权流动性程度对企业间并购行为的影响

业主制企业是由业主个人出资兴办，由业主自己直接经营的企业。一方面，由于企业产权具有封闭、凝滞的特征，且都为实物形态的产权，企业产权转让多为实物形态。当企业规模较小时，这种转让尚且可行。企业有了一定规模以后，相对于股权形态的产权转让，由于产权的不可分性，其转让的难度增加，这将对企业间并购行为有一定的制约。另一方面，由于所有者和经营者合一，物质资本所有者与人力资本所有者的契约关系较为简单。业主作为物质资本所有者可以雇用自己或员工，业主与其他人力资本所有者的契约关系是建立在公平、自愿基础上的，其他人力资本产权具有较高的流动性，这有利于企业间并购行为的发生。由此可知，规模较小的业主制企业产权流动性程度较高，因而被其他企业并购相对容易。随着业主制企业规模增大，被并购的难度增加。

合伙制企业是由两个或两个以上的个人联合出资和经营的企业，合伙人共同分享企业经营所得，并对经营亏损共同承担责任。它可以由部分合伙人经营，也可以由所有合伙人共同经营。

一般在合伙人之间遵循协商一致原则。一位合伙人的退出或一位新合伙人的进入都必须重新谈判建立新的合伙关系，也就是说合伙人股权转让或企业资本的扩张须经全体合伙人同意。因此，企业物质资本和人力资本产权的流动要花费较多的谈判和说服的成本，该类企业并购其他企业和被其他企业并购都会受到自身产权关系安排的制约。

合作制企业是指所有加入者共同投资、合作经营、股本与劳动共同分红的企业。企业的所有者同时又是企业的员工，所有者与劳动者实现结合，这是它与合伙制企业的根本区别（合伙人并不一定都参加本企业的工作）。该类型企业具有劳动者自带资本金的特点，外部人员不能入股。① 也就是说员工具有双重身份，每位员工既是物质资本所有者又是人力资本所有者，两者处于互相锁定状态。这样的企业产权安排，使得外部投资人并购企业较为困难，其原因在于经典合作制企业实行一人一票的民主管理原则，反对投资大户控制和操纵一般职工与社员。② 外部人员要想入股并控制该企业，要付出较高成本或者根本就难以在企业经营状况尚好的条件下做到。

传统国有企业产权流动性程度较低表现在以下方面：第一，实行一元化的产权结构，没有将股权进一步分割和细化，企业的产权转让多为实物形态，对于规模庞大的国有企业，就加大了并购的难度。第二，国有资本转让的行权主体不明确。过去，我们有一种错误观点，认为国有资本不流动就可以保持国有经济的控制力，如在已经改制的上市公司中留下了大比例的流动性极低的国有股及法人股。这些非流通股转让往往要经过多部门审批，手

① 林有孚：《现代企业管理》，中国统计出版社，2000年，第14页。

② 汪海粟：《社区合作经济论》，经济科学出版社，1996年，第191页。

续繁杂，交易成本较高。非上市国有企业的国有股权也处于相应政府部门的控制之中，要想购买股权以达到并购的目的必须说服这些政府部门或直管领导。第三，传统国有企业与其员工实质上签订了长期契约，只要员工不犯大的错误，企业就难以单方面解除契约关系。人力资本所有者进入这类国有企业就等于购买了养老、医疗及失业等多份保险，而且这些福利待遇的提供并未社会化，人力资本所有者就形成了对企业的高度依赖。对这类企业的并购就不仅涉及对国有资本的购买，而且要考虑企业员工由单位人向社会人的转化问题，这需要政府相关部门与并购方的协同努力，从而降低了企业产权的流动性程度。以上三个主要方面限制了对传统国有企业的并购。

现代公司制企业一般是指由两人或两人以上（既可以是自然人，也可以是法人）集资联合组成的法人企业。有限责任公司及股份有限公司是现代公司制企业的两种主要类型。有限责任公司对股权进行了分割，但未划分为等额股份，而且没有公开发行股票，一般而言，内部股东对股权有优先购买权，有的企业甚至事先约定股权转让需要其他股东同意，这实际上约束了股权的流动性。在股份有限公司中，股权被等额细分，并公开发行了股票，持有人可以自由转让，股权流动性提高引致企业被并购的可能性增加，甚至发生敌意外部收购。另外，在现代公司制企业中，物质资本所有者与人力资本所有者的契约关系是建立在自由、公平的基础之上的，物质资本所有者与人力资本所有者的组合是双向选择的关系，出资人可以解聘人力资本所有者，人力资本所有者也可以自主地流动，关键是解聘与流动应依据契约及法律规范地进行，相互之间解除契约关系应承担的费用是明晰的。在股份有限公司中，企业产权流动性程度的提升为企业间并购行为作出了微观制度安排。

二、关于企业产权制度变迁对市场结构及绩效演进影响的分析

（一）企业产权制度变迁对市场结构及绩效演进的显性影响

企业产权制度中产权清晰程度的提升和融合能力的增强将提高企业运行效率，遏制企业内的机会主义行为，企业运行的成本将会减少，产业内的竞争态势将会改变，这会促使产业组织演变，会打破产业内企业间既有的垄断竞争关系，显著地影响市场结构及绩效。下面构建博弈论模型予以分析。

1. 模型假设条件：

假设1：市场中有 m 家股份制企业和 n 家传统国有企业，企业总数为 T，$T=m+n$。市场中 T 家企业在其它方面（如规模、技术等方面）相同，但是企业产权制度方面存在差异。m 家企业是对称的，已建立了产权清晰程度高、产权融合能力强的现代企业产权制度，这 m 家企业内部治理结构合理，运行效率较高；n 家传统国有企业是对称的，存在产权主体缺位，内部人控制等产权模糊现象，而且产权融合能力较弱。为了便于分析，令 $m\geqslant1$，$n\geqslant1$，$T>4$。

假设2：企业产权制度影响企业运行效率行为，体现在企业成本函数上。为简化起见，不考虑固定成本。m 家股份制企业的成本函数相同，都为 $c_i(q_i)=c_lq_i$，$i\in[1,m]$，n 家传统国有企业产权制度创新前的成本函数相同，都为 $c_{m+j}(q_{m+j})=c_hq_{m+j}$，$j\in[1,n]$。$m$ 家股份制企业的边际成本 c_l 小于 n 家传统国有企业的边际成本 c_h，即 $c_l<c_h$。

假设3：需求函数 $p=a-bQ$ 是线性函数，其中 $Q=\sum_{i=1}^{m}q_i+\sum_{j=1}^{n}q_{m+j}$。为保证所有企业的产量为正，假设 $m<\frac{a-c_h}{c_h-c_l}$，令 $r=$

$\frac{a-c_h}{c_h-c_l}$，那么 $m<r$。①

假设 4：T 家企业在市场中展开库诺特竞争，m 家股份制企业产权制度已较为合理，暂不改变。n 家传统国有企业产权制度存在改进空间，即通过传统国有企业产权制度创新，改变运行效率行为，且创新过程是渐进的，边际成本 c_h 逐步向 c_l 趋近。引入企业产权制度优化系数 β 来体现企业产权制度创新对企业成本的影响，$c_{m+j}(q_{m+j})=[c_h-\beta(c_h-c_l)]q_{m+j}, j\in[1,n], 0\leqslant\beta\leqslant1$，这里只考察随着 n 家传统国有企业产权制度逐步完善，n 家传统国有企业的边际成本 c_h 向 m 家股份制企业的边际成本 c_l 趋近对市场结构及绩效的影响，不考虑 $\beta>1$ 或 $\beta<0$ 的情形。令 $\Delta c=c_h-c_l$。

假设 5：仅考虑传统国有企业产权制度创新因素对市场结构及绩效的影响，不考虑其它因素（如企业的进入与退出、技术创新等因素）的影响。n 家传统国有企业改制由政府推动，改制成本由政府承担，其边际成本作出相同改进。由于该产业领域企业规模较大，规模经济显著，n 家传统国有企业不可能改为业主或合伙制企业，只能改为产权清晰程度高、产权融合能力强的股份制企业。

2. 基本模型

T 家企业进行库诺特竞争，m 家股份制企业成本函数不变，n 家传统国有企业产权制度创新，企业成本函数为 $c_{m+j}(q_{m+j})=[c_h-\beta(c_h-c_l)]q_{m+j}, j\in[1,n], 0\leqslant\beta\leqslant1$，$T$ 家企业的收益函数如下：

m 家股份制企业的收益函数为：

① 要保证 T 家企业产量为正，即 $q^*_{m+j}>0$，$a-(m+1)c_h+mc_l+(m+1)\beta(c_h-c_l)>0$，$m<\frac{r+\beta}{1-\beta}$。当 $\beta=0$ 时，$m<r$，此时就保证了，β 在 $[0,1]$ 之间变动时，所有企业库诺特均衡产量为正。

$$\pi_i = (a - b\sum_{k=1}^{T} q_k)q_i - c_l q_i, i \in [1,m]$$

n 家传统国有企业的收益函数为：

$$\pi_{m+j} = (a - b\sum_{k=1}^{T} q_k)q_{m+j} - [c_h - \beta(c_h - c_l)]q_{m+j}, j \in [1,n]$$

求偏导，联立解之得：

库诺特均衡价格 $p^* = \dfrac{a + mc_l + nc_h - n\beta(c_h - c_l)}{m+n+1}$

总产量

$$Q^* = \sum_{k=1}^{T} q_k^* = \frac{(m+n)a - mc_l - nc_h + n\beta(c_h - c_l)}{b(m+n)+b}$$

单个股份制企业均衡产量为：

$$q_i^* = \frac{a - (n+1)c_l + nc_h - n\beta(c_h - c_l)}{b(m+n)+b}, i \in [1,m]$$

单个传统国有企业均衡产量为：

$$q_{m+j}^* = \frac{a - (m+1)c_h + mc_l + (m+1)\beta(c_h - c_l)}{b(m+n)+b}, j \in [1,n]$$

单个股份制企业均衡利润为：

$$\pi_i^* = \frac{[a - (n+1)c_l + nc_h - n\beta(c_h - c_l)]^2}{(m+n+1)^2 b}, i \in [1,m]$$

单个传统国有企业均衡利润为：

$$\pi_{m+j}^* = \frac{[a - (m+1)c_h + mc_l + (m+1)\beta(c_h - c_l)]^2}{(m+n+1)^2 b}, j \in [1,n]$$

3. 市场结构与绩效分析

市场结构方面主要考察赫芬达尔指数、前四位企业集中度。市场绩效主要考察消费者剩余、生产者剩余和社会总剩余。

(1)赫芬达尔指数(H)分析。

$$H = \left[\frac{a - (n+1)c_l + nc_h - n\beta(c_h - c_l)}{(m+n)a - mc_l - nc_h + n\beta(c_h - c_l)}\right]^2 m +$$

$$\left[\frac{a-(m+1)c_h+mc_l+(m+1)\beta(c_h-c_l)}{(m+n)a-mc_l-nc_h+n\beta(c_h-c_l)}\right]^2 n$$

$$=\frac{(Tmn+2mn+n)\beta^2-(2Tmn+4mn-2nr)\beta+m(r+n+1)^2+n(r-m)^2}{(Tr+m+n\beta)^2}$$

令：$A=Tmn+2mn+n$，　　$B=2Tmn+4mn-2nr$

$C=m(r+n+1)^2+n(r-m)^2$，　　$D=Tr+m$

$H=\dfrac{A\beta^2-B\beta+C}{(D+n\beta)^2}$，$H$ 为基本初等函数，H 在 $\beta\in[0,1]$ 之间不存在间断点，即是连续函数，而且 H 在 $(0,1)$ 之间可导，赫芬达尔指数(H)对 β 求一阶和二阶导数得：

$$\frac{\mathrm{d}H}{\mathrm{d}\beta}=\frac{(2AD+nB)\beta-BD-2nC}{(D+n\beta)^3}$$

$$\frac{\mathrm{d}^2H}{\mathrm{d}\beta^2}=\frac{2AD^2+4nBD-4nAD\beta-2n^2B\beta+6n^2C}{(D+n\beta)^4}$$

由于 $2AD+nB=BD+2nC=2mn(r+1)(T^2+2T+1)$，代入上式得：

$$\frac{\mathrm{d}H}{\mathrm{d}\beta}=2mn(r+1)(T^2+2T+1)\frac{\beta-1}{(D+n\beta)^3}$$

$$\frac{\mathrm{d}^2H}{\mathrm{d}\beta^2}=\frac{2mn(r+1)(T^2+2T+1)[(3-2\beta)n+D]}{(D+n\beta)^4}$$

在 $\beta\in(0,1)$ 中，$\dfrac{\mathrm{d}H}{\mathrm{d}\beta}<0$，$\dfrac{\mathrm{d}^2H}{\mathrm{d}\beta^2}>0$，由此可知，赫芬达尔指数 H 在 $\beta\in[0,1]$ 之中单调递减，在 $\beta=0$ 时，赫芬达尔指数取得最大值；在 $\beta=1$ 时，赫芬达尔指数取得最小值。当 $\beta=0$ 时，赫芬达尔指数 $H_0=\dfrac{Tr^2+Tmn+m+2rm+2mn}{(Tr+m)^2}$；当 $\beta=1$ 时，赫芬达尔指数 $H_1=\dfrac{1}{T}$。赫芬达尔指数 H 随 β 的变化曲线如图 6-7 所示，

(2)市场集中度指标(C_4)分析。

由于已经假设 $1\leqslant m<r$，$T>4$，所以需要分情形讨论：

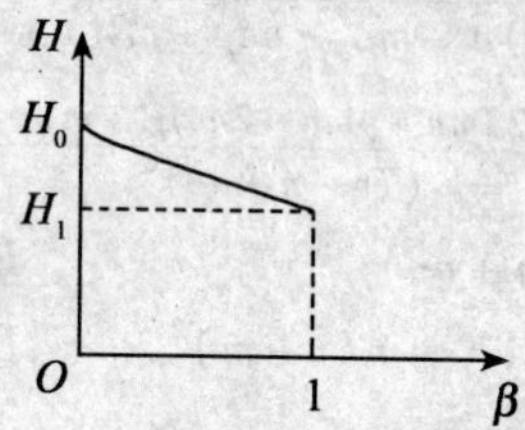

图 6-7　赫芬达尔指数随企业产权制度创新系数 β 的变化图

情形 1：如果 $r>4, m=1$，那么：

总产量 $Q^{*}=\sum_{k=1}^{T} q_{k}^{*}=\dfrac{(1+n) a-c_{l}-n c_{k}+n \beta\left(c_{h}-c_{l}\right)}{b(1+n)+b}$

单个股份制企业均衡产量为：

$$q_{1}^{*}=\frac{a-(n+1) c_{l}+n c_{h}-n \beta\left(c_{h}-c_{l}\right)}{b(1+n)+b}$$

单个传统国有企业均衡产量为：

$$q_{1+j}^{*}=\frac{a-2 c_{h}+c_{l}+2 \beta\left(c_{h}-c_{l}\right)}{b(1+n)+b}, j \in[1, n]$$

市场集中度指标 $C_{4}=\dfrac{q_{1}^{*}+3 q_{1+j}^{*}}{Q^{*}}=\dfrac{4 r+n-2-n \beta+6 \beta}{(n+1) r+n \beta+1}$，可以证明在 $0 \leqslant \beta \leqslant 1$ 时，市场集中度指标连续且单调递减，①如图 6-8 所示。

情形 2：如果 $r>4$，且 $m=2, m=3, m=4$ 或 $4<m<r$，同理可

① 当 $0<\beta_{1}<\beta_{2}<1$ 时，$C_{14}\left(\beta_{1}\right)-C_{14}\left(\beta_{2}\right)=\dfrac{4 r+n-2-n \beta_{1}+6 \beta_{1}}{(n+1) r+n \beta_{1}+1}-\dfrac{4 r+n-2-n \beta_{2}+6 \beta_{2}}{(n+1) r+n \beta_{2}+1}$，化简后等价于比较 $\left(\beta_{2}-\beta_{1}\right)(n-3)$，由于 $T>4, m=1$，所以 $n>3$，而 $\beta_{1}<\beta_{2}$，可以导出 $C_{14}\left(\beta_{1}\right)-C_{14}\left(\beta_{2}\right)>0$。

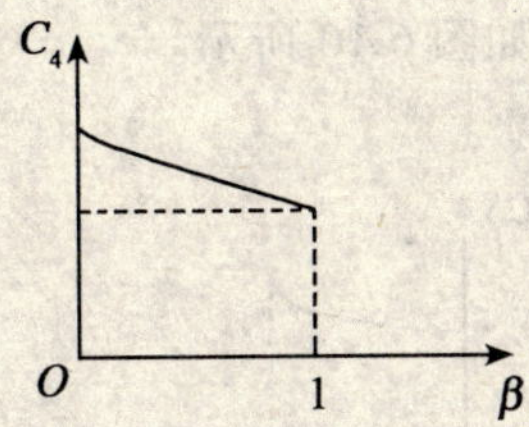

图 6-8 市场集中度指标 C_A 随 β 的变化图

得，市场集中度指标 C_4 连续且单调递减。

情形 3：如果 $r \leqslant 4$，且 $1 \leqslant m < r$ 时，也同理可求，在 $0 \leqslant \beta \leqslant 1$ 时，市场集中度指标 C_4 连续且单调递减。

(3)消费者剩余(CS)分析。

消费者剩余如图 6-9 中三角形面积 AP^*D 所示，即：

$$CS = \frac{1}{2}(a - p^*)Q^*$$

$$= \frac{1}{2}\left(a - \frac{a + mc_l + nc_h - n\beta(c_h - c_l)}{m + n + 1}\right)\frac{(m+n)a - mc_l - nc_h + n\beta(c_h - c_l)}{(m+n+1)b}$$

$$= \frac{[(m+n)a - mc_l - nc_h + n\beta(c_h - c_l)]^2}{2(m+n+1)^2 b}$$

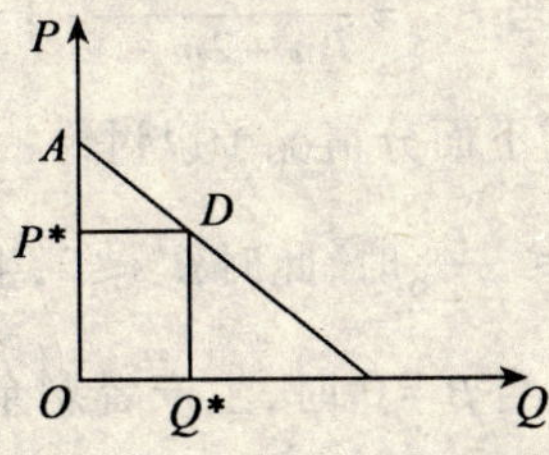

图 6-9 消费者剩余示意图

由上式可知 CS 随 β 的变化成抛物线分布，$\beta\in[0,1]$时消费者剩余 CS 单调增加，如图 6-10 所示。

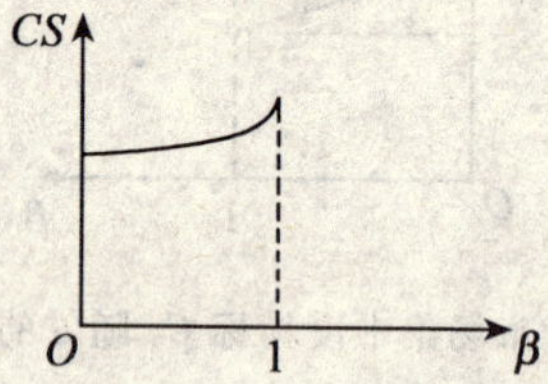

图 6-10　消费者剩余（CS）随 β 的变化

（4）生产者剩余（PS）分析。

生产者剩余 $PS=m\pi_i^*+n\pi_{m+j}^*$，即：

$$PS=\frac{m[a-(n+1)c_l+nc_h-n\beta(c_h-c_l)]^2+n[a-(m+1)c_h+mc_l+(m+1)\beta(c_h-c_l)]^2}{(m+n+1)^2b}$$

令 $E=a-c_h$，$\Delta c=c_h-c_l$，化简，得：

$$PS=\frac{\left\{\left(Tmn+2mn+n\right)\Delta c^2\beta^2+\left(2nE-2Tmn\Delta c-4mn\Delta c\right)\Delta c\beta+n\left(E-m\Delta c\right)^2+m\left[E+\left(n+1\right)\Delta c\right]^2\right\}}{(T+1)^2b}$$

生产者剩余 PS 随 β 呈抛物线分布，由抛物线的特性可知，该抛物线开口向上。① 当 $\beta^*=\dfrac{Tm+2m-r}{Tm+2m+1}$，上述函数取得极值点，由于已假设 $1\leqslant m<r$，下面分情况予以讨论：

情形 1：当 $1\leqslant m\leqslant\dfrac{r}{T+2}$时，此时 $\beta^*\leqslant 0$，生产者剩余 PS 在 $\beta\in[0,1]$之间单调递增，当 $\beta=0$ 时，生产者剩余 PS 取得最小值；当 $\beta=1$时，生产者剩余 PS 取得最大值，见图 6-11。

① 因为 $Tmn+2mn+n>0$，所以抛物线开口向上。

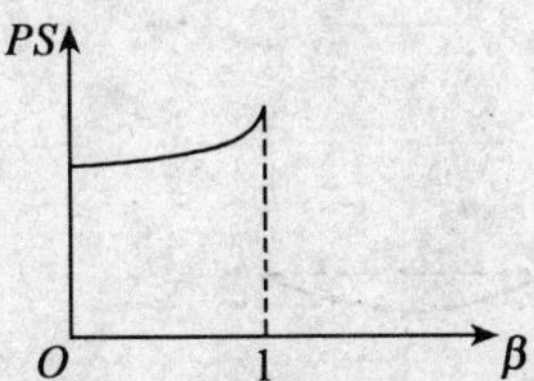

图 6-11 生产者剩余(PS)随 β 的变化

情形 2:当$\frac{r}{T+2}<m<\frac{2r+1}{T+2}$时,$0<\beta^{*}<\frac{1}{2}$,生产者剩余 PS 随 β 变化情况如图 6-12 所示,当 $\beta\in[0,\beta^{*})$ 时,生产者剩余 PS 单调递减;当 $\beta=\beta^{*}$ 时,生产者剩余 PS 取得极小值和最小值;当 $\beta\in(\beta^{*},1]$,生产者剩余 PS 单调递增;当 $\beta=1$ 时,生产者剩余 PS 取得最大值。

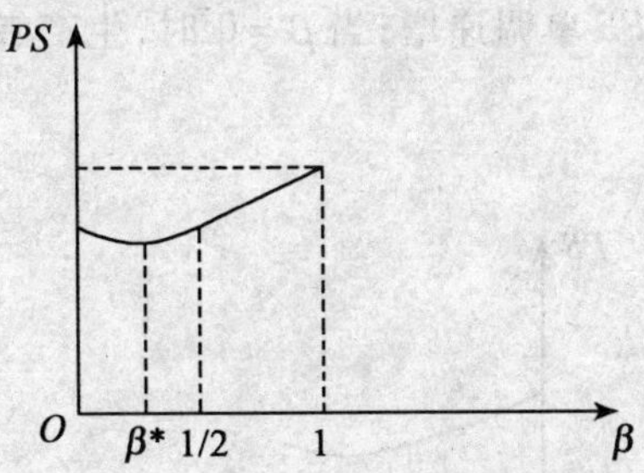

图 6-12 生产者剩余(PS)随 β 的变化图

情形 3:当 $m=\frac{2r+1}{T+2}$时,$\beta^{*}=\frac{1}{2}$,生产者剩余 PS 随 β 变化情况如图 6-13 所示,当 $\beta\in[0,\beta^{*})$ 时,生产者剩余 PS 单调递减;当 $\beta=\beta^{*}$ 时,生产者剩余 PS 取得极小值和最小值;当 $\beta\in(\beta^{*},1]$,生产者剩余 PS 单调递增;当 $\beta=0$ 或 $\beta=1$ 时,生产者剩余 PS 取得

最大值。

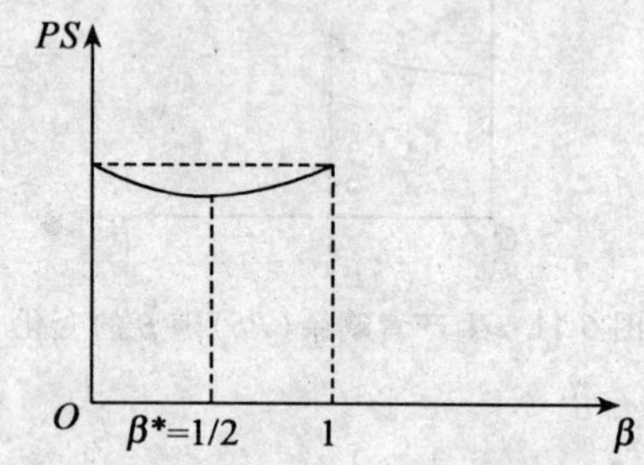

图 6-13　生产者剩余(PS)随 β 的变化图

情形 4：当 $\frac{2r+1}{T+2} < m < r$ 时，$\frac{1}{2} < \beta^* < 1$，生产者剩余 PS 随 β 变化情况如图 6-14 所示，当 $\beta \in [0, \beta^*)$ 时，生产者剩余 PS 单调递减；当 $\beta = \beta^*$ 时，生产者剩余 PS 取得极小值和最小值；当 $\beta \in (\beta^*, 1]$，生产者剩余 PS 单调递增；当 $\beta = 0$ 时，生产者剩余 PS 取得最大值。

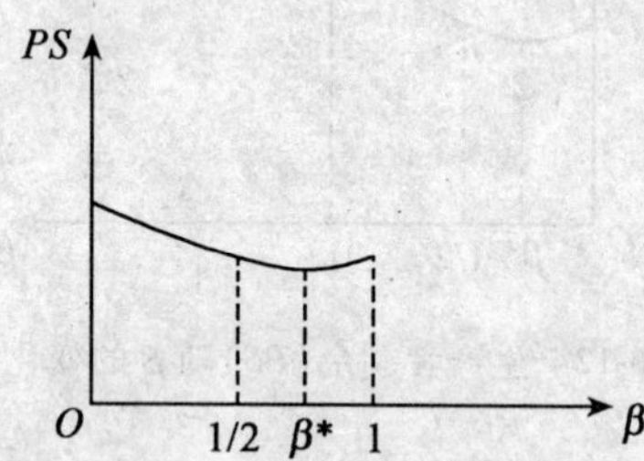

图 6-14　生产者剩余(PS)随 β 的变化图

(5)社会总剩余(TS)分析。

社会总剩余 TS = 消费者剩余 CS + 生产者剩余 PS

$$TS=\frac{\left\{\begin{array}{c}(2Tmn+4mn+2n+n^2)\Delta c^2\beta^2+(4E+2TE-4Tm\Delta c-6m\Delta c)n\Delta c\beta\\+(TE+m\Delta c)^2+2n(E-m\Delta c)^2+2m[E+(n+1)\Delta c]^2\end{array}\right\}}{2(T+1)^2b}$$

社会总剩余 TS 随 β 呈抛物线分布，由抛物线的特性可知，该抛物线开口向上。①

当 $\beta^*=\frac{2Tm+3m-2r-Tr}{2Tm+3m+T+2}$ 时，且 $\beta^*\in[0,1]$ 时，生产者剩余 PS 取得极小值，已假设 $1\leqslant m<r$。下面分情况予以讨论：

情形 1：当 $1\leqslant m\leqslant\frac{2r+Tr}{2T+3}$ 时，$\beta^*\leqslant 0$，如图 6-15 所示，总剩余 TS 在 $\beta\in[0,1]$ 之间单调递增，当 $\beta=0$ 时，社会总剩余 TS 取得最小值；当 $\beta=1$ 时，社会总剩余 TS 取得最大值。

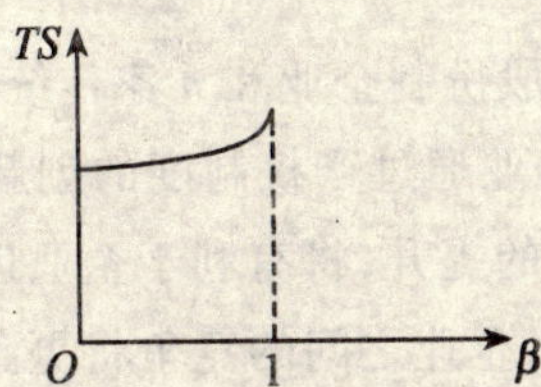

图 6-15　社会总剩余 TS 随 β 的变化图

情形 2：当 $\frac{2r+Tr}{2T+3}<m<\frac{4r+2Tr+T+2}{2T+3}$ 时，$0<\beta^*<\frac{1}{2}$，如图 6-16 所示，社会总剩余 TS 在 $\beta\in[0,\beta^*)$ 单调递减；当 $\beta=\beta^*$ 时，社会总剩余 TS 取得极小值和最小值；社会总剩余 TS 在当 $\beta\in(\beta^*,1]$ 单调递增；当 $\beta=1$ 时，社会总剩余 TS 取得最大值。

由于已假设 $1\leqslant m<r$，而 $r<\frac{4r+2Tr+T+2}{2T+3}$，所以 m 不可能

① 因为 $2Tmn+4mn+2n+n^2>0$，所以抛物线开口向上。

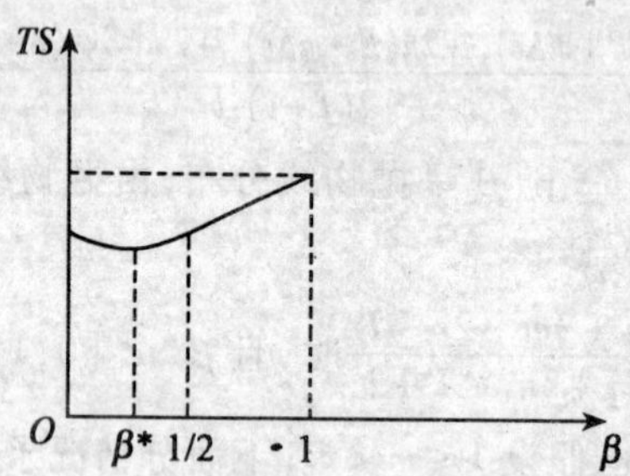

图 6-16　社会总剩余(TS)随 β 的变化图

大于$\frac{4r+2Tr+T+2}{2T+3}$,也就是说 β^* 不可能大于$\frac{1}{2}$。

4. 结论

(1)在上述 m 家股份制企业和 n 家传统国有企业的库诺特博弈中,n 家传统国有企业通过产权制度的创新,在产权清晰程度和产权融合能力等方面的提升,将有利于企业运行效率行为的改进,企业的边际成本降低,企业之间的竞争将更激烈。

(2)在上述假设条件下,n 家传统国有企业在其产权制度多个维度的创新,导致了市场结构的分散化。随 n 家传统国有企业产权制度趋向于 m 家股份制企业,市场结构趋于分散。

(3)在上述假设条件下,随 n 家传统国有企业产权制度在其多个维度不断趋向于 m 家股份制企业,带来了消费者剩余的持续增加。

(4)生产者剩余可能持续增加,也可能先减少后增加。而且生产者剩余可能出现 n 家传统国有企业产权制度全部改制到位,即 $\beta=1$ 时,但改制后生产者剩余还不如改制前生产者剩余的情形,如上述生产者剩余中的情形 3。具体是哪一种变化情形与产业内企业总数、优势企业数目、需求函数及企业初始成本函数等因素有关。

(5)社会总剩余可能持续增加,也可能先减少后增加。当 n 家传统国有企业产权制度全部改制到位,即 $\beta=1$ 时,改制后社会总剩余肯定超过改制前社会总剩余。具体是哪一种变化情形与产业内企业总数、优势企业数目、需求函数及企业初始成本函数等因素有关。

(6)在上述假设条件下,市场结构的变化与市场绩效的变化情形并不一致。如市场结构趋于分散,而消费者剩余持续改善,社会总剩余可能持续改善,也可能先降低后升高。

(二) 企业产权制度变迁对市场结构及绩效演进的隐性影响①

企业产权制度在清晰化程度、融合能力、多元化程度及流动性程度四个维度的变迁将为某些企业行为提供微观支持，在一定情形下能提升特定企业行为发生的频率。前文已经探讨过企业产权融合能力提升对企业技术创新行为的支撑和促进作用，企业产权结构多元化为企业规模扩张行为提供了基础性平台，企业产权流动性程度的改善为企业间并购行为的发生提供了保证。上述企业产权制度变迁对企业行为的几种主要作用方式将隐性影响市场结构及绩效。下面分别予以阐述。

1. 企业产权融合能力的提升对市场结构及绩效演进的隐性影响

社会生产需要人力资本和非人力资本等要素，在企业中，需要实现上述生产经营要素的有机结合。有竞争力的企业需要形成一种融合能力，持续高效地融合人力资本和非人力资本要素，减少要素组合中的磨擦成本，使企业获得市场力量。前文已经分析了对人力资本融合能力的提升有利于改善企业运行效率行为，并

① 隐性影响是相对于前面的显性影响而言的。企业产权制度变迁对市场结构及绩效演进的作用在一定条件下才表现出来。

显性地影响市场结构及其绩效。同时，实践证明，对战略型人力资本所有者和专业技术型人力资本所有者的有效融合，有利于促进企业的技术创新行为，企业可能的成功技术创新将影响市场结构及绩效的变化。

企业产权融合能力的提升体现在对战略型人力资本所有者实施股票期权等长期激励机制设计，这有利于调动企业经营管理者立足于长远来考虑企业未来的发展战略，其中包括技术创新的战略。从长远来看，企业的技术创新能力无疑将在很大程度上决定企业未来的竞争能力和发展状况。企业产权融合能力的提升会促使经营管理者更加重视对研究与开发的投入。同时，企业要进行成功技术创新还必须依赖于专业技术型人力资本所有者的努力。股票期权、技术配股及分红等微观制度安排实质上是企业内部知识产权保护和激励机制的完善，有利于减少专业技术人员进行技术创新的外部性，并使这种外部性内在化。也就是说企业对战略型人力资本所有者和专业技术型人力资本所有者的融合能力的提升，表现在建立一种让他们分享企业剩余的长期激励机制。这种激励机制的建立使企业进行技术创新的可能性大大提高。

这种微观激励机制的建立会通过企业行为的传导，隐性地影响市场结构及绩效。在宏观产权制度完备性提高的情况下，微观激励机制将发挥对企业技术创新行为更大的促进作用。产品或服务创新的可能性增加，将会使产业领域内市场结构由单一产品市场结构向多种产品市场结构演变的可能性增加，市场绩效也呈现出相应变化。如彩电产业中由单一产品（CRT 彩电）市场结构向多种产品（背投彩电、液晶彩电和等离子彩电等）市场结构演变。工艺流程创新的可能性增加，可以获得成本方面的优势，能够分得更多市场分额，在竞争中处于有利地位。产品、服务创新及工艺流程创新对市场结构及其绩效的影响已在第三章作了探讨，不再赘述。

企业产权融合能力的增强通过企业技术创新影响市场结构及绩效是隐性的，体现在企业产权融合能力的提升并不必定产生技术创新，企业产权融合能力对市场结构及绩效的影响要显现还依赖于其它因素，其原因就在于技术创新的成功受多因素影响，如技术创新的成功除受企业产权融合能力影响外还受到专业技术人员知识的积累和人类社会科学进步程度等因素的影响，技术创新往往是间断的、非连续的。也就是说企业对技术创新行为的微观激励机制的创立提高了技术创新的概率，但并不必定就能导致其百分之百的发生。企业产权融合能力的提升，促使企业进行成功技术创新的概率提高，这会使得市场结构及绩效演变的可能性更大。

2. 企业产权结构多元化程度对市场结构及绩效演进的隐性影响

前面已经分析指出，产权结构一元化的业主制企业虽然产权关系较为清晰，对业主自身的人力资本具有较强的融合能力，但由于业主所掌控的物质资本的有限性，其发展受到融资渠道狭窄的制约。市场提供的规模扩张机会不会无限制地等待业主财富的缓慢积累，近乎封闭的自然人产权制度极大地束缚了产权结构一元化的业主制企业的规模扩张行为。即便业主自有资金充足，数量扩张行为能得以实施，企业规模的扩大对其所拥有的经营管理才能也会提出挑战。也就是说，产权结构一元化的业主制企业制度模式对企业规模扩张行为支撑力度有限。合伙制企业投资主体的多元化，拓宽了其融资渠道，但相对于产权结构多元化的股份制企业，还是有其局限性。实践证明，上述两种企业产权关系模式在规模经济较为显著的产业中并不多见。

产权结构一元化的传统国有企业，由于有政府支持，企业资金来源可以由政府提供，企业在规模扩张行为方面有一定优势，如我国四大国有商业银行在中央政府的支持下，在规模上取得了优势。但在市场公平竞争的条件下，这种优势要能保持并形成良好效益，一方面依赖于政府所管控的国有企业数量不能太多、太分散，否则政府受自身财力的限制，无法满足所有国有企业规模扩张对资金的要求；另一方面也依赖于政府不施加过多的社会负担给国有企业和国有企业内部人控制问题的解决，这需要革新传统国有企业的产权制度。目前，我国对四大国有商业银行的产权改革正在紧锣密鼓地进行，剥离历史负担、职工分流、引入战略投资者、治理结构的完善等措施的运用，使企业产权制度的四个维度都得以改善，其终极目标就是建立现代股份制企业。所以，产权结构一元化的传统国有企业对企业规模扩张行为的支撑作用也是有限度的。

总体来看，产权清晰程度高、产权融合能力强的股权结构多元化的股份制企业，对企业规模扩张行为起着极大的支撑作用，在大型企业中，股份制企业占据着明显的优势地位。产权结构多元化的股份制企业通过对规模扩张行为的支撑作用，间接影响市场结构及其绩效的演进。在规模经济较为显著的产业领域内，要发挥规模经济的效应，迫切需要有运行效率较高的大型企业出现，产权结构多元化的股份制企业产权关系模式为大型企业提供了一种可选的微观产权制度安排。许多产权结构一元化的业主制企业和传统国有企业为了有效扩张，发挥规模经济效益，走向了产权结构多元化的股份制企业道路。企业规模的扩张，有利于市场趋于集中，有利于在规模经济显著的产业中形成集中度较高的市场结构，有利于避免出现原子型过度竞争的市场结构。

我们说产权清晰程度高、产权融合能力强的股权结构多元化的股份制企业产权关系模式对市场结构及其绩效的影响是隐性的，意指产权结构多元化的股份制企业并不必定导致企业规模扩张行为和引致市场的集中，而是说产权结构多元化的股份制企业在微观产权制度层面为企业规模扩张和并购行为做了准备。在规模经济显著的产业领域，一旦市场机会出现，该类企业可以获得卓越发展，并形成较合理的市场结构。

3. 企业产权流动性程度对市场结构及绩效演进的隐性影响

企业产权的流动性保持较高程度，为企业间并购行为的发生提供了制度支持，这有利于市场竞争的优胜劣汰机制发挥作用，使劣势企业的资源向优势企业集中。也就是说企业产权流动有利于企业间并购行为的发生，并影响市场结构及其绩效的改善。

前文已经述及业主制企业和合伙制企业的资产多为实物状态，非价值化，在规模较小时，转让较容易；有了一定规模后，与价值化的股份制企业相比，产权转让时由于难以拆分，难度加大。同时，业主制企业和合伙制企业内部信息不公开，转让需进行评估和获得相关信息，这将增大费用，受让方要搜集有关信息，斟酌比较，成交较为困难。

传统国有企业产权制度的缺陷，在于企业的出资主体不到位，这样导致目前国有企业的产权交易，通常要经过政府诸多部门和企业经营者参与的马拉松式的谈判和协调才能进行，如此就大大提高了交易成本。同时，传统国有企业人力资本所有者处于凝滞状态，对国有企业形成了一定程度的依赖，企业国有产权的流动受制于企业与人力资本所有者签订的契约。

这些情形都会降低企业产权流动性程度，阻碍企业间并购行为的发生，企业资源相对封闭地处于不同空间运行，虽然运行效益不高，但仍然低效维持。

建立在不同产权所有者自由签约基础上的价值形态的现代股份制企业在产权流动性方面具有一定优势，为企业间并购行为提供了制度支撑，有利于企业的规模扩张，有利于市场集中度提高，形成垄断竞争和寡头垄断的市场结构。这有利于既发挥规模经济优势，大幅度降低成本，又保持适度竞争的局面，使市场绩效得以改善。企业产权流动性程度对市场结构及绩效演进的隐性影响，意指企业产权流动性程度的提升，并不必然导致企业间并购行为的发生，而是为企业间并购行为做了微观制度准备，在条件具备时，企业可以予以选择，通过企业行为的传导，间接影响市场结构及其绩效。

综上所述，企业产权制度可以由产权清晰度、融合能力、结构状态和流动程度四个方面体现，这四个维度的变化将作用于产业组织，促使其演进。

第七章　产业组织演进与产权制度变迁互动优化的政策与措施

上面研究了产业组织演进与产权制度变迁相互关联的规律。揭示规律在于使其相互有效促进，使其从自发互动更好地转向自为互动，即提高其互动过程的顺利程度和结果的满意度。从研究的规律中发现，其“过程”与“结果”的动力源于产业内企业对预期目标的追求，同时要发挥市场机制的自组织功能和建立良好的市场环境，政府也必须制定相关政策措施。就此，对既往的相关政策措施进行系统分析，对未来的相关政策措施提出建议。

产业组织演进与产权制度变迁是高度关联的，在两者相互作用相互影响的过程中，有可能实现产业组织合理化与产权制度优化的双重目标，即以产业组织内在动力机制和产业组织政策推动产权制度优化，又以产权制度创新促使产业组织合理化。要达到这一理想目标状态，政府一方面要注重产业组织政策的调整与制定，充分发挥市场机制的自组织作用，另一方面要关注产权制度变迁方式的选择及满足，促使产权制度作出调整或提供相适应的产权制度安排，并使两者有机结合。下面分别予以研究。

第一节　产业组织趋向合理的政策

一、产业组织趋向合理的政策目标

产业组织趋向合理主要表现在三个方面：（1）从市场结构方面看，产业组织趋向合理主要指的是在产业内形成有效竞争秩序，有效竞争要求规模经济与市场竞争活力相兼容，即既要保持充分的市场竞争活力，又要使市场结构达到规模经济。（2）从企业行为方面看，产业组织趋向合理主要指的是产业内企业运行效率行为逐步提高，同时企业由单一型的数量扩张行为或价格竞争行为向包括技术创新和并购行为在内的多元化组合行为方向演进。（3）从市场绩效方面看，产业组织趋向合理主要指的是产业内消费者剩余能否趋于改善，同时生产者剩余能否围绕社会平均生产者剩余水平有序波动。①

在现实经济中，产业组织趋于合理的自组织过程往往是有局限性的，表现在以下方面：（1）在市场结构演进过程中，保持规模经济水平与企业竞争活力存在一定程度的矛盾，体现在企业努力实现规模经济时，常常会造成市场集中形成垄断，弱化或消除了市场竞争，造成低效；在企业追求市场竞争活力时，又常常出现过度竞争、规模经济难以形成的局面。（2）由于环境因素的作用，企业行为囿于运行效率行为低下或单一行为模式状态，这也是一种产业组织趋于合理受阻的现象。（3）市场绩效趋于合理受阻会表现在两个方面：一方面，由于垄断局面的形成及市场势力的滥用，消费者剩余有可能长期处于无法改善的状态，市

---

① 平均生产者剩余水平是指在产业领域内，在该领域投入资本一定的条件下，按社会平均水平生产者应获得的剩余，类似于平均利润水平。

场绩效趋于合理受阻。另一方面，由于原子型过度竞争局面的形成，企业由于多方面的原因退出困难，生产者剩余较长时期低于社会平均水平，自发演进过程在一段时间内停滞。以上产业组织自发变化过程中出现的现象，是由产业自组织过程的局限性及市场失灵引致的。在此情况下，就要发挥政府的作用。正如著名经济学家斯蒂格利茨所说，“政府的显著特征——拥有对全体社会成员的强制力——使政府在纠正市场失灵方面具有明显优势”。①因而要实现产业组织有序演进、并趋向合理的目标，政府应通过制定和实施产业组织政策，以实现产业内市场结构、企业行为及市场绩效趋于合理。

二、产业组织趋向合理的政策体系设计的基本原则

（一）政策设计与自组织过程相结合的原则

促进产业组织合理化，既要发挥产业组织的自组织功能，又要依靠政府制定恰当的政策。自组织是在系统内部力量推动下，能动地适应环境，并通过反馈来调控自己的结构与活动的组织过程。产业组织演进，是以自组织过程为基础的，实质上就是产业内企业通过适应性理性选择，力图同环境之间以一种稳定有序的方式进行物质、能量、信息的交换。企业行为的这种适应性理性变换，将改变产业内企业之间的关系。产业内企业行为的适应性理性变换及其对市场结构和市场绩效的影响，将促使产业组织演进。

产业组织政策设计应与其自组织功能相结合。当某种特殊的机制、运行模式或组织形式等被产业群体认为具有更高的效率，并相信能够在群体中成功普及时，它们往往通过群体所承认的某

① 斯蒂格利茨：《政府为什么干预经济》，中国物资出版社，1998年，第74页。

个权威，例如政府，从市场运行体系外借助强力加以推行，这就是我们所说的政策体系设计过程。产业组织政策体系设计是以发挥自组织功能为基础的，并适当调整以促使个体理性与群体理性相结合。

（二）产业组织政策设计应遵循动态性原则

产业自身的特性及其所表现出来的市场结构、企业行为和市场绩效状态，是政府制定产业组织政策的主要依据，而产业自身的特性及其产业组织状态的变换性，决定了政府制定相应政策的动态性。

1. 政策设计应遵循产业自身特性变化的规律

在许多提供公共产品与服务和准公共产品与服务的产业中，由于技术范式的转换及变革，其产品和服务有了一定竞争性和排他性，这一行业自身特性的变化，使政府制定的政策有了调节的空间，很多情况下，政府可以逐步放松直接管制政策，引入竞争机制。这将促使产业整体效率的提高，社会福利的改善。

2. 政策设计应遵循市场结构演进的规律

产业内企业之间的垄断与竞争关系是处于动态变化过程中的，这表现为市场结构的变动。产业的市场结构，一般在垄断性市场结构与竞争性程度较高的市场结构之间变动，市场结构的变动可能导致政府原先制定的政策失效，根据变动情况，政府应及时制定有效的政策或调整原来的政策。在垄断性市场结构中，政府应动态地制定反垄断政策对垄断性市场结构予以确认和规制。反垄断政策的动态性表现在，比如，就某一国内市场而言，某一产业就只有一家企业，但是就国际市场来看，该企业面临着国际市场中企业的竞争，因此，市场一旦国际化，原有的反垄断政策可能面临修订。例如，美国从 19 世纪末制定反垄断法以来，曾多次对反垄断法作了或大或小的修改，以适应当时美国经济和社会的特点。①

而在过度竞争的产业中，政府的产业组织政策，则应偏重于反不正当竞争及提高进入壁垒。但由于过度竞争状态并不是停滞的，规模经济水平在变化，产业可能走向集中。“在实际生活中，规模经济（以及不完全竞争）最重要的根源之一可能是企业和产业改进它们技术的动态过程。”② 技术进步可能促使产业走向集中，甚至垄断，这时产业组织政策又将向反垄断方向调整。

3. 产业组织政策设计应遵循企业行为变化的规律

企业行为在不同的环境下，有不同的表现形式，而环境从来就是动态的，在企业众多，产能严重过剩的产业中，企业之间的恶性价格战往往不可避免。这时政府就会采取反不正当竞争、鼓励联合兼并或者提供产业退出援助政策。一旦形成寡头竞争的市场格局，由于重复博弈的存在，企业可能采取默契、合谋、提高进入壁垒等不正当竞争行为，政府的产业组织政策将向反垄断行为方面变动。

4. 产业组织政策设计应遵循市场绩效变化的规律

产业组织政策的制定、实施在很大程度上是为了改善产业内的市场绩效，市场绩效包括产业内资源配置效率，规模经济水平及技术进步程度等方面。市场绩效受供求状况、市场结构及企业行为等诸多因素的综合作用，处于变动过程中，产业组织政策也应适时变动。如当产业消费者剩余能有效改善，同时生产者剩余

---

① Stephen Martin, *Industrial Economic Analysis and Public Policy*, Macmillan Publishing Company, 1988, p. 44.

② Echanam Helpman and Paml R. Krugman, *Market Structure and Foreign Trade: Increasing Returns, Imperfect Competition, and the International Economy*, MIT Press, 1985, p. 28.

能围绕平均生产者剩余水平合理波动时，政府应少用产业组织政策干预。只有当消费者剩余改善受阻或生产者剩余维持低位时，政府才应区分不同情况，施以相应政策措施予以干预。

三、产业组织趋向合理的政策体系构成

为了优化市场结构、规范企业行为，最终实现市场绩效目标，适当的产业组织政策就很重要，为此构建有效的政策体系非常必要。其政策体系包括两个方面，一是提升规模经济水平的政策体系，二是促进有效竞争的政策体系。

（一）提升规模经济水平的政策体系

为了促使产业中企业达到规模经济水平，以改善市场绩效，政府可使用中观政策调控企业的行为，促进企业的并购。具体而言，主要包括以下政策：

1. 经济规模政策

在这一产业组织政策中，政府应制定进入的经济规模标准，提高进入壁垒，同时对产业内企业进行重组，以提高产业内规模经济水平。这一政策在规模经济显著的产业，如钢铁、汽车、石油、化工等尤为重要。

2. 企业并购政策

企业并购政策，在于改变企业行为的可行选择空间，使企业在并购与竞争两者间进行权衡，不仅发挥竞争对绩效的改善作用，而且促使并购以提高协同效率。使产业内企业竞争程度进入合理状态，以实现规模经济效应。

3. 产业退出援助政策

产业退出援助政策是指对竞争力逐步丧失，产品需求渐弱而居于不利地位的衰退产业，打破产业内企业过度竞争的低效状态，并引导企业转产、清算，将资源重新配置到其他领域而采取的援助政策。

（二）促进有效竞争的政策体系

1. 反垄断政策

一般认为，产业内垄断企业会操纵资源的配置方向，阻滞竞争过程及程度，在一定条件下会对资源的配置效率产生不利影响。为此要制定控制市场结构和企业行为的反垄断政策，并予以实施，以此发挥市场竞争机制、淘汰机制的功能，促进竞争，使其在适度竞争中促进效率与绩效的改善。

2. 中小企业政策

中小企业的存在，可以保持产业组织内的竞争活力，中小企业群往往是大型企业的摇篮，即中小企业抓住了市场机遇和技术进步，将可能成为产业内的龙头大企业。这样对原有大企业形成一定的竞争压力。中小企业在企业技术创新方面也扮演了重要角色，中小企业群的存在分散了技术创新的集中风险，使多种技术实现范式在各企业内并存，有利于技术范式的比较与选择。因此，制定中小企业政策，就是要有效地促进中小企业的技术创新，推动并保护大、中、小企业的平等合作竞争，使大、中、小企业能双向演进。优势中小企业发展为大型企业，劣势大型企业分裂为中小企业。

上述产业组织趋于合理的政策，一般能促进其优化，但是其优化的程度还要视其他相关环境因素而定，其中与其相关的产权制度因素尤为重要。通过产业组织政策的实践，有利于揭示产业组织趋于合理过程中的产权制度障碍，辨明产权制度变迁的方向，以此推动产权制度变革。下面阐明产权制度变迁的可选方式。

第二节　产权制度变迁方式的选择

诺思在《制度变迁理论纲要——在北京大学中国经济研究

中心成立大会上的讲演》中认为，制度变迁是一个制度不均衡时追求潜在获利机会的自发交替过程；林毅夫认为制度变迁是人们在制度不均衡时追求潜在获利机会的自发变迁（诱致性变迁）与国家在追求租金最大化和产出最大化目标下，通过法令政策实施强制性变迁。因为产权制度属制度范畴，在制度中居于核心地位，所以笔者把产权制度变迁方式分为：强制性产权制度变迁和诱致性产权制度变迁。

一、强制性产权制度变迁方式分析

（一）强制性产权制度变迁的要义

1. 强制性产权制度变迁的概念

强制性产权制度变迁指的是由政府通过法令政策牵动的变迁。强制性产权制度变迁的主体是政府。根据新制度经济学的理论，政府在使用强制力时，有很大的规模经济性。作为垄断者的政府可以比竞争性组织（如初级行动团体）以低得多的费用，提供一定的产权制度等公共产品。政府在产权制度供给上除了规模经济这一优势外，在产权制度实施及其组织成本方面也有优势。[①] 强制性产权制度变迁，在一定程度上会对现有既得利益集团的利益分配产生影响，会改变人们的预期。

2. 强制性产权制度变迁的特征

（1）强制性。强制性产权制度变迁是由政府强制推行的，故而不需要所有有关的人一致赞成，只要政府的预期收益高于其强制推行产权制度变迁的预期成本，就将采取措施和行动推行新的产权制度，以促使其由非均衡向均衡转化。

（2）新的强制性产权制度实施过程是自上而下的。因为这

---

① 由政府在提供制度等公共产品上的优势推演而来。详见卢现祥：《西方新制度经济学》，中国发展出版社，1996 年，第 113 页。

种产权制度变迁的主体是政府，当政府制定新的产权制度后，其推行过程是由上往下逐次推动的。

（3）激进性。这种产权制度变迁因为不需要群体一致同意，是强制性产权制度变迁，这样将使一部分既得利益群体受损，可能引起冲突，乃至对抗。

在宏观产权制度变迁中，政权与产权的关系、有形及无形财产所有权及其派生权能的保护、产权转让的规范等，需要在国家规定的正式产权约束内及其实施层面上予以完善，并由政府强制推行。传统国有企业产权制度的变革，在一定程度上也需要政府的强制推动。

（二）强制性产权制度变迁的优劣分析

1. 强制性产权制度变迁的优势分析

（1）政府可作为第三方打破不同利益集团的僵持状态，重新对产权制度作出安排，调整现有利益格局，并对受损群体作出适当补偿。

（2）对产权制度变迁中引发的矛盾及冲突，政府可用强制力予以控制，保持推进的力度和速度，缩短产权制度变迁的时间。

（3）弥补产权制度供给不足。政府强制性安排的产权制度是一种公共产品，而公共产品一般是由政府提供的，按照经济学的分析，政府提供公共产品比私人提供公共产品更适宜、更有效。产权制度由私人部门自发提供，会使产权制度安排创新的密度和频率少于整个社会的需求量，即产权制度供给不足。

2. 强制性产权制度变迁的劣势分析

（1）政府的有限理性和其存在的偏好。一方面，政府的效用最大化目标与作为整体的社会财富最大化目标可能不一致，强制推行的产权制度安排从社会角度看不一定是最优选择，这会影响到产权制度重新安排的实际绩效。另一方面，政府在知识方面的缺陷，即其不一定知道哪种产权制度更有效，盲目照搬或强制推行会遗害无穷。

(2) 强制性产权制度变迁不要求一致同意，其运作过程中常常会出现制度变形。从某种意义上讲一致赞成原则是经济效率的基础，尽管某一产权制度强制运作着，但一些不赞同的成员消极抵抗，这类产权制度就很难有效率。利益冲突可能导致产权制度实施过程变形，预先设计的理想产权制度难以达到预期绩效。

二、诱致性产权制度变迁方式分析

(一) 诱致性产权制度变迁的要义

1. 诱致性产权制度变迁的概念

诱致性产权制度变迁是一群（个）人或一个团体，为获得由于产权制度非均衡产生的获利机会，而进行的自发性变迁。产权制度由非均衡状态到均衡状态的演变所带来的预期潜在利润，是激发个人、群体作出新的产权制度安排的动因。

2. 诱致性产权制度变迁的特点

(1) 诱致性产权制度变迁主体来源多元化。变迁主体可以是个人、社团或者企业，这些多元化的主体看到了潜在的获利机会，而提出了产权制度创新的需求。他们成为新产权制度的需求者、推动者。

(2) 诱致性产权制度变迁遵循自下而上，从局部到整体的路径。诱致性产权制度变迁，往往是由局部的行为主体首先尝试，当这些主体取得成功后，由于这种产权制度无法密存，其他主体就会效仿，这就会造成产权制度创新的扩散。

(3) 冲突较小。诱致性产权制度变迁，一般会通过相关利益主体的谈判、博弈，来协调产权制度变迁后的利益重新分配，因此不同利益主体之间冲突的可能性减少，冲突的激烈程度较低。

在宏观产权制度中，宏观非正式产权约束及其实施机制一般遵循诱致性产权制度变迁。因为与产权相关的意识形态、道德观念及社会习俗的演变多是自发的、渐进的，往往很难强制。企业产权制度变迁，在大多数情况下是企业为了适应环境而作出的调整，一般属于诱致性产权制度变迁。但国有独资及其控股企业是否进行企业正式产权约束及其实施机制的创新，必须由政府作出决策，在一定程度上具有强制性。

（二）诱致性产权制度变迁的利弊分析

1. 诱致性产权制度变迁的优势分析

（1）诱致性产权制度变迁能满足多层次的产权制度由非均衡状态向均衡状态转化的需求。变迁主体在权衡新产权制度安排的净收益超过产权制度变迁的成本时，就会自发地进行产权制度变迁。不同变迁主体的产权制度需求是有差别的，因而诱致性产权制度变迁极有可能形成产权制度的差异性。

（2）诱致性产权制度变迁方式常常要遵循一致性赞成和经济原则，因而一般而言其实施起来，当事人之间的冲突较少，实施效率较高。

2. 诱致性产权制度变迁的劣势分析

（1）谈判成本高，使得产权制度变迁缓慢。在行动团体内就某一产权制度方案，达成一致赞成，可能费时费力，以致于产权制度变迁滞缓甚至难以发生。

（2）诱致性产权制度变迁总是在局部范围内首先设计实施，但局部最优，并不意味着全局最优，局部与全局常常存在不协调的方面，以致不利于社会福利的改善。

上述两种产权制度变迁方式虽然有不同的特征和主体，但它们并非绝对分开。表现在：一方面，在诱致性产权制度变迁过程中，遇到一定的阻滞因素时，政府为了顾及多数主体的愿望和自身的效应，采取相应的强制措施解决其过程中的阻滞因素而实现产权制度变迁，即先是以“诱致性”为主，后辅以“强制性”，最后两者结合完成其变迁。另一方面，强制性产权制度变迁中，在考虑原有产权主体利益格局被打破后，可能会引起遭损主体若明若暗的抵制或反抗，为了稳定，可采取相应补偿措施，即“强制性”中辅以“诱致性”。所以在制定和实施政策时，要将上述两种方式结合。

第三节　产业组织政策与产权制度变迁方式的结合

在产业领域内，政府制定产业组织政策，其目的就是要优化企业行为，使市场结构趋于合理，市场绩效达到最佳。但影响企业行为的因素，不只是产业组织政策，企业产权制度及宏观产权制度也是重要的影响因素。企业产权制度是企业微观运行的基础性激励、约束安排，它在极大程度上制约着其他因素发挥作用。宏观产权制度是企业运行的平台，框定了企业产权制度选择集合的范围，限制着企业产权制度创新的程度与空间。因此要优化微观企业的激励、约束安排，改善企业行为，以提升市场结构和绩效水平，必须在实施产业组织政策的同时，审视现有产权制度的不足之处并促其完善。下面仅就经济规模政策、企业并购政策、产业退出援助政策、反垄断政策和中小企业政策的有效实施，而需要产权制度变迁相配合予以论述。

一、经济规模政策与产权制度变迁

规模经济显著的产业，如何遏制小企业盲目进入，以防形成恶性竞争局面，是一个至关重要的问题。经济规模政策能否发挥应有作用也同样需要产权制度创新予以配合。

政府通过制定最小经济规模标准，限制达不到经济规模标准的新企业进入产业内，这就从源头上杜绝了产业内规模不经济现象的产生和恶化，有利于发挥企业规模经济效应，降低单位产品或服务成本。如日本政府在 1962 年制定了《石油工业法》，政府掌握着新企业进入产业和进行技术改造的审批权，根据这一法规，日本通产省在 1965 ~ 1967 年规定乙烯装置的最小经济规模为 10 万吨，1967 年又提高到了 30 万吨。① 日本政府对新进入产业的企业制定最小经济规模标准，实质上就是用增量产能的规模经济，替代存量产能的规模不经济，完成产业整体向规模经济水平方向的演进。

产业内现有企业能否实现规模经济，以及是否有符合规模经济标准的企业进入，直接关系到产业实现规模优化的进程。在经济规模政策制定后，这种增量式的规模水平提高，有可能处于停滞状态。其中重要原因之一就在于与规模水平相适应的企业产权制度短时期内难以形成，制约了潜在进入者的进入，妨碍规模水平提高的进程。也就是说，制定了最小经济规模标准后，产业进入壁垒提高，意欲进入产业领域的潜在进入者，必须在资金、企业产权制度及组织结构等方面作出适当安排，其原因在于有了规模标准要求后，投入资金需要量必然大幅增加，而且对企业产权制度会产生革新性的诱致性需求。特别是当产业内出现供不应求的局面，并具有一定的持续性时，在利润的驱使下，新进入企业常常在企业产权制度创新后，如企业产权结构多元化，企业产权清晰程度及企业产权融合度提升后，才能进入该产业领域。由此可以看出，经济规模政策要发挥尽可能大的作用需要企业产权制度作出适当创新，才能促进产业组织合理化。

① 王俊豪：《市场结构与有效竞争》，人民出版社，1995 年，第 207 页。

二、企业并购政策与产权制度变迁

企业并购的结果将减少产业内企业的数量，抑制企业间过度竞争，“这种合并过程使得被合并的企业的资产无论在名义上还是实际上都成为合并企业资产的一部分，从而失去了它原来独立的经济实体的地位。”① 最终有利于市场集中度的提高，形成具有规模经济效应的大型企业。日本通产省1963年提出的“新产业体制论”，揭示了日本产业组织存在的问题：（1）产业规模小；（2）企业过度竞争。运用产业集中化政策推动特定产业内企业间的兼并，支持中小企业合理化卡特尔行为，实现规模经济。随后几个《特殊产业振兴临时措施法》都明确指出：为实现产业合理化目标，主管大臣有权批示特定产业采取一定内容的联合行动。② 并购减少了供给环节的盲目性，从一定程度上缓解了竞争的无序状态。

基于经济发展趋于全球化、一体化与国际经济自由化，许多国家都相继制定了促进企业并购和联合的政策措施。

日本政府通过资金补贴、特别贷款等方式支持企业间的并购，1972年，日本政府建立了“促进开发电子计算机补助金制度”，以政府补贴吸引企业改组。在570亿日元补贴的吸引下，日本六家计算机企业改组为三个企业集团，实现了计算机生产经营的集约化，同时产权结构也发生了变化。③

在日本、欧洲大型跨国企业参与国际市场竞争的情况下，美

---

① 霍卑德：《美国反托拉斯法与贸易法规——典型问题与案例分析》，中国社会科学出版社，1991年，第143页。

② 同勃：《日本产业组织政策研究》，《改革》1999年第6期。

③ 李悦、李平：《产业经济学》，东北财经大学出版社，2002年，第294页。

国企业受累于较为严格的反托拉斯法，难以进一步通过并购与联合扩大规模，巩固或加强其在传统产业中的优势，因此美国不断放松对并购与联合的限制。如 1984 年，美国里根政府修改了“横向合并指南”。较大的修改包括：今后司法部在审批并购申请时，将考虑新技术开发、外国企业的竞争和市场范围扩大等因素，这实质上是放宽了企业并购的条件。1984 年，美国政府还制定了“合作研究法”，它针对企业难以承担复杂开发项目投入的新变化，允许企业采取合作开发新技术和新产品的方式。1992 年，美国政府再次修改了“横向合并指南”，明确指出：只要不是为了产生或增强市场势力或者推动市场势力的并购，都将被批准。①

美、日上述一系列政策，都促进了企业的并购，推动产业组织的演进。政府除制定支持并购政策外，必须考虑产权制度因素对企业规模水平提高的制障。只有将并购政策与产权制度创新结合起来，才能保证企业规模效应的发挥，并使之具有可持续性。

企业间并购涉及产权变动，不同产权制度的企业将重新整合，企业剩余索取权和企业控制权将解构和重构，人力资本产权主体与非人力资本产权主体的契约关系会骤变，这无疑都将触及企业产权制度的创新。政府制定优惠的并购政策无疑将改变企业的目标函数，诱致企业行为选择集合丰富化，但企业是否进行并购还依赖于企业产权制度变迁与否。并购过程中原有企业产权关系解构和重构的成本，直接影响着并购行为的发生。如产权确认、产权评估、人力资本产权主体与非人力资本产权主体解除契约与重新签约等成本，以及人们对重构企业产权制度的观念、态度都将影响着并购行为的实施。因此，政府应将优惠政策的制定

---

① 李悦、李平：《产业经济学》，东北财经大学出版社，2002 年，第 295 页。

与产权制度创新结合起来，才能缓解过度竞争、规模不经济等现象的发生。

具体而言，政府应从法律和道德等层面完善宏观产权制度，从法律上界定清楚产权的归属，规范各类产权流动的程序，理顺人力资本产权主体与非人力资本产权主体签约与解约关系；在实施层面大力加强产权交易市场、人力资本市场的建设；通过宣传、教育与思想工作促进非正式规则的转变，如改变人们对产权关系的意识形态、道德观念和习俗惯例。只有实现正式规则、非正式规则与实施机制三个方面的转变与结合，才能有效地创新宏观产权制度，克服企业并购的宏观产权制度约束，降低并购实施的成本。

如果政府在某一产业领域拥有大量的国有产权，那么政府还负有强制推动微观国有控、参股企业产权制度变迁的义务。并购行为是企业行为集合中的重要构成部分，国有控、参股企业也不能回避并购行为，由于国有产权主体不能到位，政府必须扮演这类企业并购决策的主体，承担产业走向规模经济的责任。通过政府推动并购与联合促成企业产权清晰、产权结构多元化、产权融合度提升及产权流动性增强，为促成日后的市场化并购作出铺垫，也就是为国有控、参股企业产权制度的再次变革做准备。

由此可知，并购优惠政策发挥尽可能大的作用需要宏观产权制度及企业产权制度创新配合，才能提高产业组织合理化演进的速度，并保证其持续性。

三、产业退出援助政策与产权制度变迁

张伯伦在20世纪30年代有关产业组织问题的开创性研究中，就已使用了“能力过剩”的概念（Chamberlin，1933）。以后贝恩又使用了“过度竞争”的概念（Bain，1963）。过度竞争指的是这样一种状态：某个产业中由于进入的企业过多，已经使

许多企业甚至整个产业处于低利润率，甚至负利润率的状态，但生产要素和企业仍不从这个产业中退出，使整个产业的低利润率或负利润率的状态持续。产业内各类产权制度企业的效率水平差别较大，市场竞争应该能够产生显著的优胜劣汰作用，但由于沉淀成本与信息的不对称，劣势企业未必能及时作出退出产业领域的决策，形成一种“囚徒困境”状态，再加之劣势企业若能获得某种形式的补贴，那么过度竞争、市场绩效不佳将在短时期内难以缓解。为了解决市场过度竞争长期凝滞的状态，政府应该制定产业退出援助政策，使产业走出严重开工不足的整个产业低效率的状态。产业退出援助政策的主要内容包括：对退出和转产企业的资金支持、失业救济、再就业援助等。① 产业退出援助政策的作用就是减少产业的退出障碍，打破产业内存在的企业关系的僵持状态，是诱致企业清算和转产的政策措施。产业退出援助政策有诱致微观产权主体改变既有产权关系的功效，产业内企业将在苟延残喘和断腕退出间作出选择。这一政策有利于产业内不同产权制度的企业作出调整，使得产权制度实施成本高昂的企业被淘汰，产业内企业产权制度的类型趋于减少，实际上随着劣势企业的退出，产业内的企业产权制度得以优化。退出援助是有条件的，不是无条件的，即侧重于退出，接受援助的企业必须退出和转产，企业旧有的产权关系必须解构或重新整合。从本质上说，这是政府诱致性政策引致的企业产权制度变迁，这有助于促进产业组织内的有效竞争局面的形成和产业内企业产权制度的优化变迁。

① 江小涓等：《体制转轨中的增长、绩效与产业组织变化》，上海三联书店、上海人民出版社，第 191 页。

四、反垄断政策与产权制度变迁

为了发挥竞争机制带来的活力，提高效率，许多市场经济国家制定了反垄断政策，来抑制垄断可能带来的效率低下。反垄断的产业组织政策可以分为两方面：一是控制市场结构；二是控制市场行为。西方经济学的鼻祖亚当·斯密提出了他著名的“看不见的手”的原理，认为只要保持充分的竞争，经济资源的配置最终总能达到最优。在斯密之后，以马歇尔为代表的传统的西方经济学一直把自由竞争作为一切经济活动的原动力，认为市场支配力分散的竞争性市场具有抑制与均衡的机能，可以排除垄断的弊害，实现有效的资源配置，同时企业间的激烈竞争会促进技术革新，能取得比垄断状态更好的效果。传统的自由竞争理论的反垄断政策，依据的是企业市场份额过高，经济力量过分集中，即主要是针对抑制市场结构的反垄断政策。现代竞争理论提出，只要进入壁垒较低，潜在的进入者会抑制在位企业滥用垄断权力。新的创新理论认为，只有垄断竞争的市场结构，最能推动技术创新。上述理论对政府的反垄断政策产生了重大的影响，使政府的反垄断政策从主要针对结构向主要针对行为转变。

反垄断政策实施带来的结构、行为及绩效的改善，并不仅仅取决于反垄断政策本身，而且还取决于产权制度的既有状态。在经济发达国家和经济转型国家经济发展的过程中，有许多产业由于历史及自身特性的原因，形成了国家垄断，即其产业领域内基本上都是国有企业。国有资本控制了整个产业领域，形成了政府对产业领域内企业的强干预。这种干预企业的方式不同于宏观政策与产业政策的间接干预，而是作为出资人产权代表对企业剩余索取权和企业控制权的直接干预。在这种产业领域内，企业产权制度可选择范围大大缩小，因为企业产权制度的优劣不能像竞争产业中的企业那样经过充分市场比较，其效率高低也难以知晓。

如我国电力、银行等产业领域一直实施传统国有企业控制，没有与产权清晰、融合度高的现代股份制企业贴身比较，其效率不可能确知。

对被政府行政垄断的竞争性产业领域，一方面要制定政策实施反垄断，消除市场进入壁垒，鼓励不同产权制度的企业特别是民营企业进入并形成竞争，使产业内的企业产权制度出现多样化并能同场竞争的局面；另一方面，对竞争中由于企业产权制度缺陷落后的国有及其控股企业，政府不能一味给予补贴或政策支持。特别是加入 WTO 后，国际市场潜在进入者的存在，形成强大竞争压力，而应对其采取强制性企业产权制度变迁，使产业领域内企业产权制度得以优化，只有这样才能充分展开竞争，提高竞争力。因此，反垄断政策与产权制度创新应结合起来进行，才能使产业组织合理化，使企业产权制度得以适宜的变迁。

五、中小企业政策与产权制度变迁

在产业内部，保持一定数量中小企业的健康发展，使大、中、小企业并存，有利于增强产业组织内部的竞争。现代经济运行发展中，无论从生活需要还是从生产需要，以及从社会化大生产发展的要求来看，中小企业都是不可缺少的，为此必须制定恰当的中小企业政策。中小企业政策是指影响中小企业发展的一系列方针、规定和措施。

法国政府对中小企业开发新技术的扶持政策比较完备，具体包括：向从事研究与开发的中小企业提供低息贷款；对新成立的高新技术中小企业实行税收减免；建立向高新技术中小企业提供资金及人才支持的中介组织等，这些金融、税收及环境政策支持了中小企业进行技术创新。日本中小企业在全部企业总数中约占99.4%，是日本经济中非常重要的一部分。20 世纪 50 ~ 60 年代，日本政府先后制定了“中小企业振兴资金助成法”、“中小企业现代化促进法"、"中小企业现代化扶植法"等法规和政策，经过贯彻实施有效地推动了中小企业现代化。20世纪70年代以后，日本政府通过财政和金融政策，支持中小企业开发和应用高新技术，提高独立创新能力。①

中小企业在技术创新方面有重要作用，中小企业的研究与开发，增强了其核心竞争能力，在激烈的市场竞争中能占据一席之地。事实证明，很多大型企业都是由中小企业发展而来的，其原因在于中小企业通过研发获得了颠覆性的技术突破，促成了中小企业发展为大企业，其产权主体结构也发生变化。大企业与中小企业是双向演进的，市场结构因而是动态变换的，其中一个决定因素就是对技术等核心资源的掌控。

政府制定实施的中小企业政策，特别是税收、金融及财政政策对中小企业发展的促进作用，的确功不可没。但仅有上述政策显然是不全面的，其效果会受到影响。中小企业对技术创新是否孜孜以求，不仅取决于政策优惠与支持，而且取决于知识产权受保护的程度，即宏观层面知识产权制度的完备性程度。政府在强制完善宏观层面知识产权制度方面具有重要责任与义务。知识产权有效保护的缺失，将导致创新收益不足以抵偿创新成本及风险，久而久之技术创新将减少，研发活动处于停滞状态。大多数企业都等着不付费而享用技术创新企业的技术扩散效应。为了鼓励技术创新，确定技术保护的时期，以提高创新收益，是政府不得不做的。中小企业政策的实施和宏观层面知识产权保护的完善，将是中小企业加大研发投入必不可少的两个重要因素。除了知识产权保护外，政府应强制放开企业产权制度的选择集合，应允许人力资本产权主体和非人力资本产权主体的自由签约，从法

① 李悦、李平：《产业经济学》，东北财经大学出版社，2002年，第303页。

律及其实施层面支持和保护战略型和技术型等人力资本主体参与分享剩余控制权和剩余索取权。企业可以选择人力资本和非人力资本融合度更高的企业产权制度。

在宏观层面知识产权制度日渐完善，企业选择企业制度的空间扩宽的条件下，政府辅以促进中小企业开发新技术的政策措施，诱致微观企业产权制度作出调整，以利于融合更多技术型人力资本和创新型企业家，推动企业技术和制度创新在中小企业中的拓展。

根据以上论述，世界经济发展到今天的水平，政府有必要通过经济政策措施，促使产权制度变迁和产业组织演进的良性互动，使资源有效优化配置，产生最大的绩效。

第八章 结 论

国内外的相关文献资料表明，对产业组织及其演进和产权制度及其变迁是分别展开研究的，即没有把各自包含的主要要素结合起来进行关联研究的专门文著，对现实中的有关的经济问题难以作出令人满意的解释，使决策产生偏颇。在此背景下，本书对产业组织演进与产权制度变迁及其关联互动的经济现象进行了综合系统研究，阐明了产业组织合理演进与产权制度有效变迁的规律，揭示了产业组织合理演进需要产权制度作出哪些相应创新，探究了产权制度的有效变迁需要产业组织作出哪些调整。在此基础上，应研究制定适宜于强制性或诱致性产权制度变迁方式的产业组织政策，使两者充分结合，以利于实现市场结构、企业行为、市场绩效的合理化及产权制度的优化。可以作如下归结：

一、产业组织总是处于运动变化的过程中

本书系统地分析、论证了产业组织在多种因素的作用下，处于不断变化的过程中，得出了相关的结论。产业组织演进的动态过程体现在市场结构、企业行为及市场绩效的演进中。

1. 本书研究发现产业性质的转变、供求关系的变化、技术创新及制度创新等因素的变化促使产业组织演进。具体表现在以下几个方面：

（1）由于技术的变化，有些产业提供的公共产品具有了一定的竞争性和排他性，公共产品向私人产品转化。这一转化从长

远看，企业间竞争程度的加剧，将导致价格下降，消费者剩余增加，生产者原有超额垄断利润会趋于社会平均利润水平，社会整体福利水平改善。

（2）运用博弈论量化分析了供求关系的变化对产业组织演进的影响。供不应求时，企业行为主要表现为数量扩张竞争，企业盈利水平较高；供过于求时，企业产销水平降低，产业内企业盈利水平下降。在企业对称的假设条件下，供求关系变化对市场集中度没有影响。

（3）技术创新是影响产业组织演进的又一重要因素。工艺流程创新和产品创新本身就是企业行为的丰富，并用博弈论论证了工艺流程创新和产品创新也会导致市场结构和市场绩效的演变，从而促使整个产业组织演变。

产业内已进行工艺流程创新的企业将对未进行工艺流程创新的企业形成竞争压力，表现在未创新企业的产量相对较少、利润相对较低。随着产业内工艺流程创新企业数目的增加，市场集中度出现了先增加后减少的态势，市场价格持续下降，市场总产量持续上升，消费者剩余持续增加，社会总剩余持续增加，而生产者剩余可能持续增加，也可能先增加后降低。生产者剩余遵循何种变化与需求函数、成本函数及工艺流程创新引致的成本降低幅度有关。由此可知，在工艺流程创新的影响下，市场结构与市场绩效的关系不能简单地一一对应。

企业进行产品创新，产业内的产品数量将增多，产业内竞争将由单一产品市场结构向多种产品市场结构转变。从本书分析可知，率先成功进行产品创新的企业在新产品市场获得了垄断地位，绩效获得改善。如果新产品对原有产品有很强的替代效应，原有产品市场趋于收缩，市场极有可能转向集中。新产品对原有产品的替代程度，决定了该项产品创新对原有产业组织演进影响的大小。

(4) 制度变迁从制度环境和制度安排两个层面影响着企业行为，企业行为的变化将会引致市场结构、市场绩效的变化。

2. 从产业生命周期视角可以探寻，产业组织存在着规律性的变化，本书从产业的育成、成长、成熟、衰退四个阶段，分析了产业组织演进变化的规律。

(1) 在产业育成、成长阶段，由于企业的进入，市场集中度有降低的趋势，市场结构呈现出向竞争性结构转变的规律；当产业进入成熟、衰退阶段，由于企业的退出，市场集中度上升，市场结构呈现出向垄断性结构转变的规律。

(2) 在产业生命周期的每一阶段，企业行为都表现为不同特征，处于演变的过程中。在育成阶段，产业内企业主要行为是技术创新；在成长阶段，产业内企业的行为主要是扩大产能，占领市场；在成熟阶段，产业内企业的行为主要是适度开展价格竞争，以巩固已有优势；在衰退阶段，产业内企业的行为主要是寻找新的经济增长点，创新产品和服务，或者选择并购、转产、退出。

(3) 由于市场结构、企业行为处于变化过程中，市场绩效在不同阶段有不同效应。一般而言，在产业育成阶段，企业既可能因技术创新获得高额利润，也可能因为技术范式被颠覆而被淘汰。但随着技术范式的转换，产业整体技术水平提升，推出的新产品或新服务趋于成熟，有利于满足消费者的效用水平。在产业成长阶段，产业内供不应求，产业利润率水平高于社会平均利润水平。在产业成熟阶段，供求趋向平衡，产业利润趋于社会平均利润率，企业的扩张和兼并活动的展开，使产业规模结构效率提升。在产业衰退阶段，产业利润率水平低于社会平均利润率，产业内资源在全社会范围内将重新配置。

二、宏观与微观产权制度的界定及其多维度变迁

本书运用分类法研究提出了宏观产权制度的概念，以及与微观产权制度的关系。从多个维度描述了宏观产权制度和微观产权制度的变迁。

产权制度按涉及的范围为标准，可分为宏观产权制度和微观产权制度。宏观产权制度是微观组织运行的制度平台，决定着微观产权制度选择的集合范围，影响着微观产权制度的效率；微观产权制度是宏观层面产权制度的基础，体现了宏观产权制度的影响效应。

宏观产权制度变迁和企业产权制度变迁，可以用多个维度予以描述，具体而言，政权与产权的关系，产权的完备性程度及产权转让的有序化程度等三个主要维度的变化体现着宏观产权制度变迁。产权清晰、产权融合、产权结构及产权流动四个维度的变化体现着企业产权制度变迁。

三、产业组织演进作用于产权制度变迁

本书通过定性定量相结合研究了产业组织演进对产权制度变迁的作用，得出的结论是：产业内企业间的垄断竞争程度、企业行为及相应市场绩效的演进，对产权制度的变迁形成了强大的推动作用。

（一）市场结构演进作用于产权制度变迁

1. 促使企业产权制度变迁。（1）用博弈论研究证明：垄断性市场结构向竞争性市场结构演进，这会带来绩效的变化，逼迫现有劣势企业进行企业产权制度创新。（2）过度竞争的原子型市场结构在趋向市场集中的过程中，促使一些企业在并购重组中改变了产权结构，另有一些企业将变革其产权制度，降低运营成本，仍留在企业中参与竞争。

2. 对宏观产权制度变迁的要求。(1) 行政性垄断的产业领域向竞争性产业领域转变的趋向，迫切要求政府对宏观产权制度重新作出安排。政府既要从法律框架上保证产业领域内企业选择不同产权制度形式的合法性，又要在存在不同产权制度的企业竞争的情形下，理清“政权”与“产权”之间的关系。(2) 市场集中性垄断向竞争性市场结构演进的趋向，要求政府变革宏观产权制度。若是因技术创新引起的垄断，政府应将知识产权纳入宏观产权制度保护和规范的范畴。若是因规模经济引起的垄断，且处于垄断地位的企业用不正当手段维护垄断地位，政府应进行干预。(3) 过度竞争的原子型市场结构向垄断竞争市场结构的演进，劣势企业将被整合。政府需要为整合完善宏观产权制度，为产权转让提供有效的制度平台。

(二) 企业行为演进作用于产权制度变迁

企业行为由单一的数量竞争或价格竞争，转向以企业技术创新、企业间并购为主要方式的多元组合的行为，将促使产权制度创新。

1. 促进了企业产权制度的变迁。把技术创新纳入企业行为组合框架，企业产权制度将调整。在产业内率先实施以微观产权制度来激励技术创新的企业，技术创新成功后，将对无微观产权制度激励技术创新的企业形成竞争压力，逼迫其变革微观产权制度。企业行为把并购行为纳入组合范围后，并购行为使得企业产权结构和企业内各要素契约关系发生变化，企业产权制度将变迁。

2. 对宏观产权制度变迁的要求。企业行为转向以技术创新为主要方式的组合行为，客观上要求把知识产权及人力资本产权保护纳入宏观产权制度范围内。企业行为转向以并购行为为主要方式的组合行为，将促使政府重构产权交易的正式规则，消除产权流动的障碍，建立和完善产权交易市场。

四、产权制度变迁促进产业组织演进

本书通过分析，结论是宏观和微观两个层面的产权制度变迁促使了产业组织演进。

（一）宏观产权制度变迁促使产业组织演进

1. 政权与产权关系的变化是影响产业组织演进的一个重要维度。政权与产权高度重合与高度分离反映了宏观产权制度的两种极端模式，大多数国家采用的宏观产权制度往往界于两种极端模式之间。宏观产权制度在政权与产权关系维度的变化将一方面制约着企业产权制度的选择与建立，间接影响企业行为的演进；另一方面也直接影响企业行为，企业行为的演变将引致市场结构和绩效的变化。

在高度重合的政权与产权关系模式下，产业内的企业行为、市场结构与市场绩效在很大程度上受到政府干预的影响。在高度分离的政权与产权关系模式下，非公有产权主体追逐利润的行为达到极致，市场处于无序状态。两种极端形式向中间形式变迁，产权主体的地位和权能范围得以规范。在绝大多数产业领域内，政府不实施直接产权管制，政府主要凭借法律、法规和政策等间接手段来影响企业行为。企业行为既摆脱了政府直接干预的樊篱，又远离了极端自由带来的垄断或恶性竞争。这样有利于优化市场结构及绩效。

2. 宏观产权制度的完备性程度影响着产业组织演进。本书主要探讨了将知识产权及人力资本产权纳入宏观产权制度保护范围内，使宏观产权制度在知识产权和人力资本产权方面的完备性提高，以扩大企业行为的选择集合，激发企业的技术创新行为，企业技术创新的可能性加大，市场结构及绩效调整的概率提高。

3. 产权转让有序化程度制约着企业调整既有资源的可能性与合理性，影响着企业间的并购行为的难易程度。产权转让从

"无序"到"有序"的转变将使企业行为选择集合得以规范，非阳光下的许诺和掠夺性的产权转让将减少，企业间公平、公正的并购行为将纳入企业行为选择集合。企业间并购将使市场结构趋向集中化，规模效应显现。

（二）企业产权制度的多维度变迁促使产业组织演进

企业产权制度在产权模糊与清晰、产权融合能力弱与强、产权结构一元与多元及产权流动性低与高等一个维度或多个维度的变迁将深刻地影响着企业行为，促其演进。由企业产权制度变迁所导致的企业行为的变化，将在一定程度上引起市场结构和市场绩效的变化，

1. 企业产权制度及其变迁对企业行为演进的影响

企业产权关系清晰化程度是一切企业行为的基础，尤其直接决定着企业运行效率，企业产权关系清晰化程度的提升，促进了企业运行效率行为的改善。企业产权融合能力的提升，有助于企业行为趋于利润目标，促进企业运行效率行为改善和技术创新行为的增强。产权结构多元化的股份制企业，在实现了较高的产权清晰程度、较强的产权融合能力的条件下，对企业规模扩张行为起到了极大的支撑作用。企业产权流动程度的增强，有利于企业采取并购行为和产业内企业资源的整合。

2. 企业产权制度及其变迁对市场结构和市场绩效演进的影响

企业产权清晰程度的提升和融合能力的增强将提高企业运行效率，遏制企业内的机会主义行为，企业运行的成本会减少，这会打破产业内企业间既有的垄断竞争关系，将显著地影响市场结构及绩效。本书构建了博弈论模型，论证了在一定的条件下，企业产权制度创新会导致市场结构趋于分散，同时消费者剩余却持续改善，生产者剩余和社会总剩余可能出现持续增加的态势，也可能出现先减少后增加的局面。生产者剩余和总剩余出现何种变

化情况与需求函数、产业内企业总数、优势的企业数目及企业的原有成本函数等因素有关系。

对战略型人力资本所有者和专业技术型人力资本所有者的有效融合，将提高企业技术创新的概率，使得市场结构及绩效演变的可能性更大而且周期更短。产权清晰程度高、产权融合能力强的股权结构多元化的股份制企业，在微观制度层面支撑着其规模扩张行为，这将影响市场结构及其绩效的演进。企业产权的流动性保持较高程度，为企业间并购行为提供了制度支持，有利于企业间并购行为的发生，并影响市场结构及其绩效的改善。

五、政府应制定有效政策和措施促进产业组织演进与产权制度变迁互动双优

要实现产业组织合理化与产权制度优化的双重目标，政府一方面要注重产业组织政策的调整与制定，另一方面要关注产权制度变迁方式的选择，促使产权制度作出调整或提供相适应的产权制度安排，并使两方面有机结合。

1. 为了优化市场结构、规范企业行为、最终实现市场绩效目标，适当的产业组织政策就很重要。产业组织政策设计应坚持政策设计与自组织过程相结合，并且能随产业自身的特性、市场结构、企业行为及市场绩效的变化而动态调整。产业组织政策体系包括两个方面，一是提升规模经济水平的政策体系，具体包括经济规模政策、企业并购政策和产业退出援助政策等。二是促进有效竞争的政策体系，具体包括反垄断政策和中小企业政策等。

2. 产权制度变迁方式可分为：强制性产权制度变迁和诱致性产权制度变迁。在宏观产权制度变迁中，政权与产权的关系、有形及无形财产所有权及其派生权能的保护、产权转让的规范等，需要在国家规定的正式产权约束内及其实施层面上予以完善，并由政府强制推行。宏观非正式产权约束及其实施机制一般

遵循诱致性产权制度变迁。企业产权制度变迁，在大多数情况下是企业为了适应环境而作出的调整，一般属于诱致性产权制度变迁。但国有独资及其控股企业是否进行企业正式产权约束及其实施机制的创新，必须由政府作出决策，在一定程度上具有强制性。

3. 在产业领域内，政府制定产业组织政策，其目的就是要优化企业行为，使结构趋于合理，绩效达到最佳。但影响企业行为的因素，不只是产业组织政策，企业产权制度及宏观产权制度也是重要的影响因素。因此要优化微观企业的激励、约束安排，改善企业行为，以提升结构和绩效水平，必须在实施产业组织政策的同时，审视现有产权制度的不足之处并促进其完善。具体包括以下方面：

（1）政府通过制定最小经济规模标准，以利于发挥企业规模经济效应。在经济规模政策制定后，产业内企业规模水平的提高，有可能处于停滞状态。其中重要原因之一在于与规模水平相适应的企业产权制度短时期内难以形成，制约了潜在进入者的进入，妨碍规模水平提高的进程。由此可知，经济规模政策能否发挥应有作用需要产权制度创新予以配合。

（2）企业并购的结果将减少产业内企业的数量，抑制企业间过度竞争，促使规模经济水平的形成。政府除制定支持并购政策外，必须考虑产权制度因素对企业规模水平提高的制约。政府应完善宏观产权制度，从法律上界定清楚产权的归属，规范各类产权流动的程序；在实施层面大力加强产权交易市场、人力资本市场的建设；通过宣传、教育与思想工作促进非正式规则的转变。只有这样才能有效地克服企业并购中的宏观产权制度约束，降低并购实施的成本。如果政府在某一产业领域掌控大量的国有企业，那么政府还有责任强制性地使企业产权清晰、产权结构多元化、产权融合度提升及产权流动性增强，为促成日后的市场化并购作出铺垫。

(3) 为了解决市场过度竞争长期凝滞的状态，使产业走出严重开工不足的低效率的状态，政府应该制定产业退出援助政策。退出援助应侧重于退出，接受援助的企业必须退出和转产，企业旧有的产权关系必须解构或重新整合。从本质上说，这是政府诱致性政策引致企业产权制度变迁，这有助于促进产业组织内的有效竞争局面的形成和产业内企业产权制度的优化变迁。

(4) 反垄断政策实施带来的市场结构、企业行为及市场绩效的改善，并不仅仅取决于反垄断政策本身，而且还取决于产权制度的既有状态。对被政府行政垄断的竞争性产业领域，一方面要制定政策实施反垄断，使产业内的企业产权制度出现多样化并能同场竞争的局面；另一方面，对竞争中由于企业产权制度存在缺陷的国有及其控股企业，政府不能一味给予补贴或政策支持。而应对其采取强制性企业产权制度变迁，使产业领域内企业产权制度得以优化，只有这样才能提高竞争力，展开充分竞争。因此，反垄断政策与产权制度创新应结合起来进行，才能使产业组织合理化，使企业产权制度得以适宜的变迁。

(5) 在产业内部，保持一定数量的中小企业，有利于增强产业组织内部的竞争。为此政府必须制定恰当的中小企业政策，但仅此是不全面的，中小企业对技术创新是否孜孜以求，不仅取决于政策优惠与支持，而且取决于知识产权、人力资本产权等受保护的程度。政府应放开企业产权制度的选择集合，企业可以选择人力资本和非人力资本融合度更高的企业产权制度。在宏观层面知识产权、人力资本产权保护完善和企业选择企业制度的空间扩宽的条件下，政府辅以促进中小企业开发新技术的政策措施，诱致企业产权制度作出调整，以利于融合更多技术型人力资本和创新型企业家，推动企业技术和制度创新在中小企业中的拓展。

综上所述，产业组织演进与产权制度变迁是高度关联的，在两者相互作用相互影响的过程中，有可能实现产业组织合理化与产权制度优化的双重目标，即以产业组织内在动力机制和产业组织政策推动产权制度优化，又以产权制度创新促使产业组织合理化。要达到这一理想目标状态，政府一方面要注重产业组织政策的调整与制定，充分发挥市场机制的自组织作用和市场的功能，另一方面要关注产权制度变迁方式的选择及满足，要促使产权制度作出调整或提供相适应的产权制度安排，并使两者有机结合互动优化。

六、本书有待深入研究的问题

本书受能力、信息和时间等因素的制约，对产业组织演进和产权制度变迁关联的许多问题的研究，还有待进一步深入，这些问题也是本人后续研究的方向和重点。

(1) 市场结构演进、企业行为演进及市场绩效演进三方面，包含的内容非常丰富，本书仅对若干主要方面进行了讨论，并用之于对产权制度变迁推动作用的分析。

(2) 本书建立了若干博弈论模型，模型分析必然是对现实的抽象，是建立在假定条件之上的，因而舍弃掉了许多因素，若要逼近现实，就要放松假设条件，考虑更多因素，这是今后应努力的方向。

(3) 本书虽然应用了一些案例和表格数据来印证所阐述的理论，但主要侧重于理论分析，所提出的相关理论还有待今后实证研究的完善。

参 考 文 献

[1] 马歇尔：《经济学原理》，商务印书馆，1964 年。

[2] 奥斯特罗姆等：《制度分析与发展的反思——问题与抉择》，商务印书馆，1992 年。

[3] 巴泽尔：《产权的经济分析》，上海三联书店，1997 年。

[4] 曹建海：《过度竞争论》，中国人民大学出版社，2000 年。

[5] 陈维：《制度的成本约束功能——对中国经济体制变迁的分析》，上海社会科学院出版社，2000 年。

[6] 陈钊：《经济转轨中的企业重构：产权改革与放松管制》，上海三联书店、上海人民出版社，2004 年。

[7] 代驰鹏等：《产权、市场结构与企业行为改良》，《经济问题》1998 年第 1 期。

[8] 戴伯勋等：《现代产业经济学》，经济管理出版社，2001 年。

[9] 丹尼尔·W. 布罗姆利：《经济利益与经济政策——公共政策的理论基础》，上海三联书店、上海人民出版社，1996 年。

[10] 丹尼斯·卡尔顿、杰弗里·佩罗夫：《现代产业组织》，上海三联书店、上海人民出版社，1998 年。

[11] 德姆塞茨：《所有权、控制与企业》，经济科学出版

社，1999 年。

［12］邓俊荣等：《中国市场结构和产业组织政策分析》，《西安电子科技大学学报（社会科学版）》1999 年第 3 期。

［13］杜传忠：《西方国家寡头垄断市场结构的发展及其机制》，《产业经济评论》，经济科学出版社，2002 年。

［14］多纳德·海、德里克·莫瑞斯：《产业经济学与组织》，经济科学出版社，2001 年。

［15］樊纲等：《公有制宏观经济理论大纲》，上海三联书店、上海人民出版社，1994 年。

［16］范恒山：《所有制改革：理论与方案》，首都经济贸易大学出版社，2000 年。

［17］黄乾：《高新技术企业的人力资本与物质资本契约关系及其所有权安排》，《天津社会科学》2003 年第 1 期。

［18］贾怀京等：《产权结构、企业类型与企业行为——日本电气机械产业上市企业的实证研究》，《管理科学学报》2001 年第 6 期。

［19］江小涓：《国有企业的能力过剩、退出及退出援助政策》，《经济研究》1995 年第 2 期。

［20］杰克·J. 弗罗门：《经济演化——探究新制度经济学的理论基础》，经济科学出版社，2003 年。

［21］靳文志：《人力资本的崛起和企业产权制度的变迁》，《经济师》2002 年第 3 期。

［22］卡布尔：《产业经济学前沿问题》，中国税务出版社，2000 年。

［23］柯武刚、史漫飞：《制度经济学——社会秩序与公共政策》，商务印书馆，2000 年。

［24］科斯、哈特等：《契约经济学》，经济科学出版社，1999 年。

[25] 科斯等:《制度、契约与组织——从新制度经济学角度的透视》,经济科学出版社,2003 年。

[26] 孔泾源:《中国经济生活中的非正式制度安排》,《经济研究》1992 年第 7 期。

[27] 李宝元:《企业人力资本产权制度史论解析》,《财经问题研究》2002 年第 10 期。

[28] 林毅夫等:《国有企业改革的核心是创造竞争的环境》,《改革》1995 年第 3 期。

[29] 刘芍佳等:《超产权论与企业绩效》,《经济研究》1998 年第 8 期。

[30] 刘诗白:《主体产权论》,经济科学出版社,1998 年。

[31] 刘伟等:《中国银行业改革的侧重点:产权结构还是市场结构》,《经济研究》2002 年第 8 期。

[32] 刘志铭:《动态市场中的竞争与产业组织:理论发展及其政策含义》,《华南师范大学学报(社会科学版)》2004 年第 3 期。

[33] 罗伯特·考特等,《法和经济学》,上海三联书店、上海人民出版社,1994 年。

[34] 罗伯特·吉本斯:《博弈论基础》,中国社会科学出版社,1999 年。

[35] 马建堂:《组织与行为——中国产业组织研究》,中国人民大学出版社,1993 年。

[36] 马忠东:《试析马克思垄断理论及我国市场结构优化》,《聊城师范学院学报(哲社版)》2001 年第 6 期。

[37] 迈克尔:《交易成本经济学》,经济科学出版社,1999 年。

[38] 迈克尔·波特:《竞争战略》,华夏出版社,1997 年。

[39] 毛林根:《结构·行为·效果——中国工业企业产业

组织研究》，上海人民出版社，1996 年。

[40] 苗壮：《论制度变迁的改革战略选择问题》，《经济研究》1992 年第 2 期。

[41] 潘卡基·格玛沃特：《产业竞争博弈》，人民邮电出版社，2002 年。

[42] 戚聿东：《中国现代垄断经济研究》，经济科学出版社，1999 年。

[43] 青木昌彦、奥野正宽：《经济体制的比较制度分析》，中国发展出版社，1999 年。

[44] 斯韦托扎尔·平乔维奇，《产权经济学》，经济科学出版社，1999 年。

[45] 苏东水：《产业经济学》，高等教育出版社，2000 年。

[46] 孙天法：《市场结构范式的标准与构建措施》，《中国工业经济》2002 年第 11 期。

[47] 孙天琦：《产业组织结构研究——寡头主导、大中小共生》，经济科学出版社，2001 年。

[48] 汪丁丁：《制度创新的一般理论》，《经济研究》1992 年第 5 期。

[49] 王玉珍等：《资本人格化研究》，经济科学出版社，2000 年。

[50] 魏后凯：《中国制造业集中状况及其国际比较》，《中国工业经济》2002 年第 1 期。

[51] 魏杰：《现代产权制度辨析》，首都经济贸易大学出版社，2000 年。

[52] 魏杰：《中国企业二次创业》，中国经济出版社，2000 年。

[53] 邬义钧：《企业兼并及美国企业五次兼并浪潮的启示》，《中南财经大学学报》2000 年第 1 期。

[54] 吴汉洪:《西方寡头市场理论与中国市场竞争立法》,经济科学出版社,1998 年。

[55] 熊彼特:《经济发展理论》,商务印书馆,1990 年。

[56] 杨惠馨:《集中度、规模与效率》,《文史哲》2001 年第 1 期。

[57] 杨蕙馨:《企业的进入退出与产业组织政策——以汽车制造业和耐用消费品制造业为例》,上海三联书店、上海人民出版社,2000 年。

[58] 杨蕙馨:《中国产业组织理论中的进入退出壁垒理论及演进》,经济管理出版社,2000 年。

[59] 杨瑞龙:《论我国制度变迁方式与制度选择目标的冲突及其协调》,《经济研究》1994 年第 5 期。

[60] 杨瑞龙:《论制度供给》,《经济研究》1993 年第 8 期。

[61] 杨瑞龙:《现代企业产权制度》,中国人民大学出版社,1996 年。

[62] 杨涛:《我国产业组织合理化的途径——有效竞争》,《财经科学》2001 年第 5 期。

[63] 姚伟等:《公司治理理论前沿综述》,《经济研究》2003 年第 5 期。

[64] 袁庆明:《技术创新的制度结构分析》,经济管理出版社,2003 年。

[65] 约翰·N. 德勒巴克、约翰·V. C. 奈:《新制度经济学前沿》,经济科学出版社,2003 年。

[66] 张军:《现代产权经济学》,上海三联书店、上海人民出版社,1994 年。

[67] 张克难:《作为制度的市场和市场背后的制度——公有产权制度与市场经济的亲和》,立信会计出版社,1996 年。

[68] 张曙光：《论制度均衡与制度变革》，《经济研究》1992年第6期。

[69] 张维迎：《博弈论与信息经济学》，上海三联书店、上海人民出版社，1996年。

[70] 张维迎：《企业的企业家——契约理论》，上海三联书店、上海人民出版社，1995年。

[71] 张维迎：《企业理论与中国企业改革》，北京大学出版社，1999年。

[72] 张宇燕：《经济发展与制度选择》，中国人民大学出版社，1992年。

[73] 植草益：《产业组织论》，中国人民大学出版社，1988年。

[74] 植草益：《微观规制经济学》，中国发展出版社，1992年。

[75] Aghion, Philippe, Olivier J. Blanchard and W. Carlin, The Economics of Enterprise Restructuring in Central and Eastern Europe, *Center for Economic Policy Research*, No. 1058, September, 1994.

[76] Alchian and Armen., Uncertainty, Evolution and Economic Theory, *Journal of Political Economy*, Vol. 58, No. 3, 1950.

[77] Bain, *Barriers to New Competition*, Harvard University Press, 1956.

[78] Borch, *The Economics of Uncertainty*, Princeton University Press, 1963.

[79] Chandler, *Strategy and Structure: Chapters in the History of Industrial Enterprises*, Cambridge: MIT Press, 1962.

[80] Chandler and Alfred, *Scale and Scope: The Dynamics of Industrial Capitalism*, Massachusetts: The Belknap Press of Harvard University Press, 1990.

[81] Crozier, *The Bureaucratic Phenomenon*, University of Chicago Press, 1967.

[82] Easterbrook Frank and Fischel Daniel *The Economic Structure of Corporate Law*, Cambridge: Harvard University Press, 1991.

[83] Georski and Paul, *Market Structure*, *Corporate Performance and Innovative Activity*, Oxford: Clarendon Press, 1994.

[84] J. Fred Weston, Kwang S. Chung and Juan A. Siu, *Takeovers*, *Restructuring and Corporate Governance*, Prentice Hall, 1998.

[85] Keister, Engineering Growth: Business Group Structure and Firm Performance in China's Transition Economy, *American Journal of Sociology*, Vol. 104, No. 2, 1998.

[86] Kim and Sukkoo, Economic Integration and Convergence: U. S. Regions, *Journal of Economic History*, Vol. 58, No. 3, 1998.

[87] Kirzner, *Competition and Entrepreneurship*, University of Chicago Press, 1973.

[88] Kirzner, *Discovery and the Capitalist Process*, University of Chicago Press, 1985.

[89] Maskin, *Uncertainty and Entry Deterrence*, Mimeo: Harvard University Press, 1986.

[90] Mirrlees, *The Theory of Moral Hazard and Unobservable Behavior*, Mimeo, Oxford: Nuffield College, 1975.

[91] Mowery and Necson, *Resources of Industrial Leadership*: *Studies of Seven Industries*, New York: Carobrides University Press, 1999.

[92] Nelson and Sidney, *An Evolutionary Theory of Economic Change*, Harvard University Press, 1982.

[93] Penrose, *The Theory of the Growth of the Firm*, Oxford University Press, 1959.

[94] Pierce, Kostova, and Dirks, Towards a Theory of Psychological Ownership in Organizations, *Academy of Management Review*, Vol. 26, No. 2, 2001.

[95] Pierce, Rubenfeld, and Morgan, Employee Ownership: A Conceptual Model of Process and Effects, *Academy of Management Review*, Vol. 16, No. 1, 1991.

[96] Pisto Katharina and Chenggang Xu, Incomplete Law: A Conceptual and Analytical Framework and its Application to the Evolution of Financial Market Regulation, *Journal of International Law and Politics*, Vol. 35. No. 4, 2003.

[97] Porter, Clusters and the New Economics of Competition, *Harvard Business Review*, Vol. 76, No. 6, 1998.

[98] Porter, *The Competitive Advantage of Nations*, New York: Free Press, 1990.

[99] Richard C. Hula, *Market-Based Public Policy*, Hampshire: Macmillan Press, 1988.

[100] Robbins, *Organizational Behavior*, Prentice Hall, 1996.

[101] Robinson, E., *The Structure of Competitive Industry*, University of Chicago Press, 1958.

[102] Romer, Endogenous Technological Change, *Journal of Political Economy*, Vol. 98, No. 5, 1990.

[103] Rousseau and Shperling, Pieces of the Action: Ownership and the Changing Employment Relationship, *Academy of Management Review*, Vol. 28, No. 4, 2003.

[104] Takahashi, *The Relationship between Industrial Policy and Competition Policy in Japan*, Mimeo: Meiji University, 2004.

后　记

本书是在我的博士论文的基础上修改而成的。我的博士论文从选题、修改到定稿，都得到了导师汪海粟教授的悉心指导、严格要求，凝聚着导师的心血。同时也得到了邬义钧、胡立君、陈池波和熊胜绪等教授的指导，受益匪浅。

论文答辩委员会，是以武汉理工大学万君康教授为主席，由张中华、邬义钧、李必强、余鑫炎、汪海粟、胡立君等教授组成的，他们一致评定为："论文选题新颖，内容创新，结构严密，论证充分，文笔流畅，是一篇有较高学术水平的优秀博士学位论文。"感谢他们的鼓励与鞭策。

本书的内容属于经济学中的两个"共生"范畴多要素相互交叉作用及效应的研究，即对产业组织演进中和产权制度变迁中两者发出的交叉互动信息的梳理，对交叉互动作用点的分析与确定，对交叉互动效应的估量，发掘它们密切关联的规律。其"交叉互动"的研究既是创新，又是难点，难得我忘食难眠，但我坚持下来了。"难点"的攻克，创新的实现，启示着我们对相关的"共生"的经济现象或范畴相互交叉作用及产生的效应的研究，应该开拓和深入。也正是"难点"，使本书不足之处难免，请读者雅正。

本书的付梓出版，得到了武汉大学出版社的大力支持，在此由衷地感谢他们。

三十多年来，一贯对我严厉与慈爱兼施的父亲胡瑞生，仍不顾古稀之弱态，朝夕跟踪督促了我论文的撰写和修改的全过程，远远超越了父责，永远激励着我！重病待愈的母亲仍关照孙子，每天工作十多个小时的妻子，给予了我很大的支持，这无疑有损她们的健康，对此我深感内疚。

本书献给朝气蓬勃的追求卓越的大学生们、学人！

胡　川

2007年3月于汉口万松园